BRAD

Du même auteur

Lettres d'amour en Somalie, Regard, 1983.
Tous désirs confondus, Actes Sud, 1988.
Destins d'étoiles, 4 tomes, P.O.L./Fixot, 1991-1992.
Monte-Carlo : la légende, Assouline, 1993.
L'Ange bleu : un film de Josef von Sternberg, Plume, 1995.
Madame Butterfly, Plume, 1995.
Une saison tunisienne, avec Soraya Elyes-Ferchichi, Actes Sud, 1995.
Les Aigles foudroyés, France 2 Éditions/Robert Laffont, 1997.
Mémoires d'exil, France 2 Éditions/Robert Laffont, 1999.
Un jour dans le siècle, Robert Laffont, 2000.
Tunisie entre ciel et terre, Mengès/Place des Victoires, 2003.
La Mauvaise Vie, Robert Laffont, 2005.
Le Festival de Cannes, Robert Laffont, 2007.
Maroc, un certain regard, avec Abdellah Taïa, Actes Sud/Malika Éditions, 2007.
Le Désir et la Chance, Robert Laffont, 2012.
La Récréation, Robert Laffont, 2013.
Une adolescence, Robert Laffont, 2015.
Mes regrets sont des remords, Robert Laffont, 2016.
Napoléon III et Victor Hugo, le duel, XO Éditions, 2019.
Sans rancune et sans retenue, XO Éditions, 2021.
1938, L'Œil du cyclone, XO Éditions, 2022.

Frédéric Mitterrand
de l'Institut

Brad

XO
EDITIONS

ISBN : 978-2-37448-458-7

Pour mes petits-enfants,
Alexandre, Thomas, Mathilde

« I call you when I need you, my heart's on fire
You come to me, come to me wild and wild
When you come to me
Give me everything I need

You're simply the best
Better than all the rest
Better than anyone
Anyone I've ever met[1]*. »*

« The Best », Tina TURNER

« If my answers frighten you, then you should cease asking scary questions[2]*. »*

Quentin TARANTINO

1. « Je t'appelle quand j'ai besoin de toi, mon cœur est en feu / Tu viens vers moi, viens vers moi sauvage et libre / Quand tu viens vers moi / Tu me donnes tout ce dont j'ai besoin / Tu es tout simplement le meilleur / Mieux que tout le reste / Meilleur que quiconque / Que tous ceux que j'ai rencontrés. »
2. « Si mes réponses vous effrayent, alors vous devriez arrêter de poser des questions angoissantes. »

Chapitre 1

Thelma et Louise, un orgasme à six mille dollars

> *« Je vais y aller, faire tout ce qu'il faut et rien ne m'en empêchera. J'avais compris que c'était l'entrée, c'était là, pas ailleurs, une question de vie ou de mort, en somme. »*
>
> Vanity Fair

Les deux filles sont en cavale. Elles étaient parties pour un week-end pêche et nature, mais ça a foiré dès le début. Louise a descendu un type qui voulait violer Thelma dans le parking d'un restau-dancing où ça picolait sec. Thelma est mariée à un beauf qui lui parle mal, Louise est serveuse dans un *diner*, elle a un copain sympa mais c'est une histoire qui ne marche plus très fort. Maintenant, il faut se tirer fissa de l'Arkansas avec la vieille T-Bird décapotable. Direction le Mexique en évitant les autoroutes. Louise est celle qui décide, Thelma celle qui hésite encore à rentrer. Dans la T-Bird, elles se disputent, elles rigolent, elles écoutent à la radio de la country music, du rock, Marianne Faithfull. Elles sont inquiètes mais elles se sentent libres, et puis l'Amérique des grands espaces est tellement belle. Un flic est à leurs trousses. C'est un type qui ne leur veut aucun mal, il essaie seulement de comprendre ce qui s'est passé sur le parking, mais c'est déjà trop tard, il ne sait comment les rattraper, elles sont décidément mal barrées.

Arrêt dans un drugstore paumé, au milieu de *nowhere.* Louise va chercher un journal au cas où il y aurait quelque chose sur le meurtre. Thelma téléphone à son mari depuis une cabine. Les portables n'existent pas encore. À l'autre bout du fil, le mari beauf est furieux. Elle le dérange, il est en train de regarder le foot à la télé, il exige qu'elle revienne tout de suite. Elle essaye de lui expliquer qu'elle est avec Louise et que tout va bien, mais il refuse de l'écouter. Finalement, elle s'engueule avec lui et elle lui dit d'aller se faire foutre. C'est bien la première fois. En sortant de la cabine, Thelma heurte un jeune mec accroupi qui est en train de jouer avec un tuyau d'arrosage. Elle est de très mauvaise humeur et elle s'excuse à peine. Il n'a pas du tout l'air de le prendre mal et tente d'engager la conversation en lui demandant ce qu'il peut faire pour elle. Elle lui répond du bout des lèvres, ne le regarde pas plus et va s'asseoir dans la T-Bird. Elle attend Louise. Elle se calme, remet de l'ordre dans ses cheveux en se servant du rétroviseur. Le jeune traîne derrière la voiture. Une silhouette en jean et chapeau de cow-boy avec un gros sac en toile, le genre de mecs qu'on trouve *on the road* et qui attendent on ne sait quoi. Une voiture, peut-être, pour continuer la route. Thelma n'a jamais lu Kerouac. Il a l'air de jouer de l'harmonica mais pas du tout perdu ni agressif. C'est flou. Thelma se concentre sur le rétroviseur. C'est qu'il est sacrément beau gosse, bien foutu, la vingtaine, elle regrette déjà de ne pas lui avoir répondu. Ça tombe bien, le voilà qui s'approche et qui frappe poliment sur l'aile de la T-Bird, comme pour entrer. On n'entre pas dans une décapotable. On saute dedans, mais voilà un jeune homme qui respecte les usages. Pas question de le rembarrer, cette fois. Une vraie gueule d'ange, un sourire à décrocher la Lune, un fort accent du Sud, c'est souvent rassurant. L'accent du Sud, ça sent l'innocence. Il demande à Thelma où elle va. En Oklahoma, par là-bas. C'est bon pour lui, il va dans la même direction, il est étudiant, il fait du stop pour regagner son école. Thelma n'est pas contre un auto-stoppeur sympa, il est si poli et il a tant de charme. Mais ce n'est pas elle qui conduit, il faudra que sa copine soit d'accord... Le jeune ne savait pas qu'il y a une copine quelque part, il comprend tout à fait, il n'a pas l'air surpris. Louise survient, Thelma lui explique la situation, un étudiant qui fait du stop, on pourrait peut-être le prendre. Avec le sourire aux lèvres de celle qui en a déjà beaucoup vu, Louise considère l'étudiant bien attentivement et tranche que non, ce ne serait pas une bonne idée de l'emmener. Il est bien gentil, il n'insiste pas: réflexion faite, lui non plus n'a pas l'air de trouver que ce serait une bonne idée. Il leur souhaite bonne route mais il fait quand même une drôle de tête quand elles partent en trombe. Tout bas: « tarées, ces nanas », ou quelque chose dans le genre. Thelma regrette tout haut la décision de Louise, mais bon, elle a pris le pli de ne pas se rebeller contre la volonté de sa copine et de se tenir tranquille depuis le meurtre du violeur dans le parking. Après, bien après et bien plus loin sur la route, les deux filles retombent sur le jeune. Il a dû trouver une voiture plus rapide qui les a dépassées, voilà un garçon bien débrouillard. Il est assis sur un bac de ciment devant un motel en ruine. Encore seul, décontracté, disponible. Cette fois, Thelma jappe comme un petit chiot devant la baballe et Louise cède. Les deux filles l'embarquent dans la T-Bird et il s'installe à l'arrière. Brad vient d'entrer dans la vie de Thelma, et dans la mienne par la même occasion.

Là, il y a une scène coupée au montage dans la version définitive. Ils sont tous les trois dans la T-Bird qui trace la route, Thelma, Louise et Brad, qui s'appelle J.D. dans le film. D'ailleurs, les deux filles ne se posent pas la question de savoir si ce nom est un peu bizarre. J.D., ça ne serait pas, par hasard, les initiales de *juvenile delinquent*, les termes qu'on entend à la télé pour les jeunes qui ont eu des bricoles avec la justice ? Non, tout se passe gaiement dans la voiture tandis que défilent les paysages, les camions, le long ruban d'asphalte vers l'Oklahoma. Thelma et J.D. se partagent un sachet de chips, le pauvre chéri meurt de faim, il n'a rien mangé depuis des heures. À une réflexion un peu sèche de Louise, « *Watch your feet* », il retire en riant ses pieds qu'il a posés sur le dossier avant. Thelma lui demande ce qu'il étudie à l'université, J.D. ne se démonte pas. La nature humaine ; il étudie la nature humaine. Louise ne savait pas que c'est une matière qu'on enseigne et, comme elle lui demande à son tour ce qu'il compte faire plus tard, il lui répond « serveur ». « Serveur », c'est un peu court ou un peu vague comme ambition pour un étudiant à l'université. Louise ne réplique rien mais elle esquisse le même sourire que lorsqu'il était candidat à l'auto-stop, la première fois. C'est peut-être pour cela que la scène, quoique très enjouée et amusante, a été coupée au montage. Elle laissait trop entrevoir que le si gracieux J.D. n'est sans doute pas très net, et que Louise s'en doute.

Après la coupe, les trois, encore dans la T-Bird, bonne ambiance. Louise se concentre sur la conduite, Thelma est tout le temps tournée vers la banquette arrière. J.D. s'exprime toujours aussi poliment, « Miss Thelma », « Miss Louise ». Les grands voyages incitent à faire des confidences aux inconnus. J.D. en profite. Il demande à Thelma si elle a des enfants, si elle est mariée. Oui, elle est mariée depuis quatre ans, son mari ne veut pas d'enfants. Réponses un peu tristes, un peu amères. Puis elle y va franco : « *It's a pig.* » « Un porc », en somme. Décidément, le coup de téléphone ne passe pas. Louise confirme : « *It's a pig.* » C'est parfait pour J.D. À son avis, un mari qui s'occupe mal de sa femme est « *an asshole* », « un trou du cul » pour les sous-titres. Rigolade. Soudain, J.D. prévient Louise : il y a des flics qui arrivent en face. Un bon réflexe, question d'habitude sans doute ; ces trois-là sont de l'autre côté de la barrière, J.D. l'a bien senti. Louise ne se le fait pas dire deux fois, elle oblique vivement par une petite route. J.D. apprécie la manœuvre. Goguenard, il tente une explication, Louise a sans doute trop de contraventions de stationnement impayées pour subir un contrôle, mais c'est un malin, peut-être se doute-t-il vaguement de quelque chose de plus grave. Pas de réaction. La T-Bird traverse des champs de pétrole avec leurs derricks comme de gros insectes mécaniques forant inlassablement le sol. C'est le soir, maintenant, un orage menace, Louise doit s'arrêter à un motel. Elle a appelé son copain, celui qu'elle aime encore un peu, afin qu'il la dépanne de six mille dollars. C'est une forte somme, un transfert qu'elle doit toucher dans le motel. Mais ça ne se passe pas comme prévu, le copain est venu en personne pour remettre l'argent à Louise, la rattraper dans sa fuite, la convaincre de revenir. Un type bien, beau mec, la quarantaine, il ne sait rien de ce qui s'est passé, il veut toujours faire sa vie avec elle. Il prend une chambre dans le motel, il va rester pour tenter de la convaincre. À travers la vitre du lobby, on aperçoit Thelma et J.D. qui batifolent dans la décapotable. De vrais gosses, J.D. fait des photos de Thelma avec un Polaroid. Donc la situation a changé, Louise va devoir passer la nuit avec son copain pour qu'ils s'expliquent, Thelma aura sa propre chambre, J.D. n'a plus qu'à repartir de son côté. Chacun sa route, de toute façon c'était convenu comme ça, on ne s'était pas dit quand, mais le moment est venu. Il est temps de se séparer. Mauvaise nouvelle pour ceux qui s'amusent sur la banquette arrière. En plus, J.D. n'inspire aucune sympathie au copain de Louise. « C'est qui ce cow-boy dans la voiture ? » J.D. sent que la situation se complique. On abrège les présentations, J.D. sort de la T-Bird, « *Nice to meet you* », il s'éloigne avec ses clichés Polaroid, sous la pluie qui a commencé à tomber. Il ne se retourne pas, Thelma regrette de le voir partir. « Enfin, Louise, regarde-le, tu as vu son cul, quand je pense à celui de mon mari… » Il est loin, maintenant, aussi loin et seul que lors de la première rencontre. Il y avait du soleil ; désormais, la pluie tombe de plus en plus fort. Il se retourne enfin brièvement, Thelma est affreusement triste. C'est comme cela que l'on s'éprend follement d'inconnus qu'on ne reverra jamais et à qui l'on repensera pour tout le reste de sa vie.

Au motel, la vie s'organise. Louise confie l'enveloppe avec les six mille dollars à Thelma et va retrouver son copain dans sa chambre. Thelma reste seule. Dehors, la pluie pianote furieusement. Dans le motel plutôt bas de gamme, les portes des chambres ouvrent directement sur l'extérieur. Les pauvres, ça entre et sort sans s'éterniser à la réception. On frappe, Thelma entrouvre, elle est en chemise de nuit. C'est J.D., il tombe des trombes d'eau, il est complètement trempé, son chapeau dégouline mais il est aussi gai et gentil que d'habitude; encore plus beau peut-être sous l'éclairage nocturne et les rafales de pluie, si tant est que ce soit possible. Et puis il fait quand même un peu pitié, comme un chat tout mouillé qui chercherait à s'abriter. Il voulait revoir Miss Thelma, il n'a pas d'endroit où aller. Thelma se tient sur le seuil, elle hésite, le crush pour un auto-stoppeur c'est une chose, le faire entrer en pleine nuit dans sa chambre en est une autre. Et puis, ils se sont dit adieu. Mais J.D. est décidément un as du baratin façon charmeur tout-terrain. Il la joue tout en douceur. En fait, il voudrait seulement prendre une douche bien chaude pour se laver de toute cette pluie froide, se sécher, mettre des vêtements propres. Ça, juste ça. Elle ne peut pas le laisser à supplier sous ce Niagara, elle cède, il entre. Qui donc oserait lui jeter la pierre ? Louise, sans doute, mais elle est en train de s'expliquer avec son copain dans leur chambre, il n'y a aucune raison pour qu'elle revienne engueuler Thelma et virer J.D.

Là, il y a une nouvelle scène coupée au montage. L'imprudente Thelma est sortie un instant, faire on ne sait quoi. Récupérer une petite bouteille d'alcool dans la T-Bird au cas où, pour une petite fête dans la chambre, peut-être. J.D. a pris sa douche et remis son jean. Il est en train de se sécher les cheveux, sa braguette est ouverte. Il fanfaronne, « Oups, la fille est revenue ! », et il referme sa braguette. Dire « la fille est revenue », c'est un peu vulgaire, quand même, il n'y a plus de Miss Thelma, juste une fille qui le mate lorsqu'il est torse nu. Enfin, comme s'il était tout à fait nu, le jean est taille basse, c'est comme ça que ça se porte chez les jeunes. Rayon beau gosse, il n'y a pas de contestation qui tienne, tout est parfait, les épaules, les tablettes de chocolat, la peau si nette et qui doit sentir bon, les cheveux mouillés et plaqués en arrière, les traits fins et réguliers, les dents super Colgate, le sourire en coin. Pas vraiment le même sourire qu'avant, d'ailleurs, moins enjôleur, avec quelque chose d'arrogant ; narquois, truqueur. Le démon était un ange tombé du ciel, à ce qu'il paraît. Il demande à Thelma pourquoi elle le regarde comme ça. Elle est gênée… Elle ne sait pas quoi répondre. On peut comprendre, et lui aussi il a compris. Ce n'est pas la première fois que ça lui arrive, il connaît la musique, une fille qui n'en peut plus de le voir tellement sexy devant elle. Lui, le maître du jeu qui n'a plus besoin de faire le joli cœur, elle, qui a perdu l'usage de la parole, quand ils pensent l'un et l'autre à quelque chose de bien plus précis et qu'ils ne peuvent pas le dire, vu qu'ils se connaissent à peine. Jusqu'au fin fond de l'Amérique, même parmi ceux qui ont franchi la ligne jaune, on a encore de ces pudeurs. Une courte séquence qui n'a pas survécu aux rushs. Trop évidente, pas assez de suspense, la suite est prévisible mais il faut laisser un peu de temps au désir pour qu'il monte encore. De toute façon, dès que Thelma autorise J.D. à entrer dans sa chambre, on devine qu'il va y régner une température de chaudière. Pas la peine d'insister. Séquence à garder en revanche avec les bonus en vidéo, au coffre-fort secret des gays, succès garanti.

Le film enchaîne. Louise et son copain continuent à se parler dans leur petit enfer d'incompréhension mutuelle. Il voudrait l'épouser, elle refuse, ce n'est pas le moment, il ne se doute de rien. Une serveuse, sympa et avec du caractère, ça ne colle pas avec une criminelle en fuite. Quand même, il sent bien qu'il a dû se passer quelque chose de grave. Il lui a trouvé six mille dollars, c'est une sacrée somme. Mais elle ne lui lâche rien. C'est une femme qu'il n'a jamais comprise, et c'est d'ailleurs pour ça qu'il l'aime. Il se résigne à devoir repartir le lendemain et à attendre pour la récupérer d'une manière ou d'une autre. Il en a l'habitude. Pendant ce temps, ça s'accélère du côté de chez Thelma. J.D. se livre à diverses facéties plus ou moins tactiles, il saute sur le lit comme sur un trampoline, il retombe sur elle, il la serre. Elle le laisse faire, elle est contente. Et voici venu le temps des confidences. J.D. n'est évidemment pas un gentil étudiant pressé de retrouver son université. Celle où il apprend « la nature humaine », le genre de détails qui avait mis la puce à l'oreille de Louise et pas à celle de Thelma, qui s'en fiche du cursus pédagogique du beau gosse. J.D. est un hors-la-loi en rupture de contrôle judiciaire. Pas un assassin, ah non, pas ça. Il se justifie avec véhémence, ça sonne vrai. On ne l'imagine pas massacrant toute une famille avec une batte de base-ball ou semant les meurtres sur son passage comme un *serial killer* à la dérive. Thelma est convaincue mais elle voudrait en savoir plus. Elle insiste, il résiste un peu, mais à quoi bon, cette fille est conquise, elle n'est pas dangereuse. J.D. est un voleur. Il prend son pied à braquer des supérettes et des stations-service dans des trous perdus à l'écart des flics. C'est un voleur bien entraîné. Son charme opère pleinement, il lui permet de faire de belles prises. Mais Thelma demande encore, comment ça se passe vraiment, le passage à l'acte, l'adrénaline, le danger, tout le côté excitant de l'aventure. J.D. est fier de ses exploits, elle n'a plus besoin de le pousser beaucoup pour qu'il raconte. Au pied du lit, toujours torse nu, son chapeau sur la tête, avec le sèche-cheveux de Thelma en guise de flingue, il débite son boniment de petit gangster à l'assaut d'un drugstore. Tout y passe : l'intuition de l'occasion favorable, l'approche attentive et prudente, le discours fort aimable tenu aux clients terrorisés par le revolver et couchés par terre, le caissier qui refile l'argent sans discuter. Du travail soigné de professionnel expérimenté, accompli bien poliment avec la joyeuse assurance de celui qui n'a pas besoin d'élever la voix pour obtenir qu'on lui obéisse. La vie est un jeu où la seule règle est de se servir sans s'occuper du reste. J.D. raconte si bien, comment lui résister ? C'est un roi de la tchatche autant qu'un as de la cambriole. Selon Thelma, c'est quand même autre chose que de rester coincée avec un type qui passe des heures à regarder le sport à la télé, affalé sur un canapé avec une canette de bière. C'est aussi une leçon pour Thelma, elle pourrait lui servir un jour ou l'autre, en cas de force majeure. En attendant, l'affaire est dans le sac. J.D. est voleur, c'est une affaire entendue, mais il est revenu dans le lit. Il murmure à Thelma qu'elle est bien pire que lui puisqu'elle lui a volé son cœur. Il y a une douceur incroyable dans ce garçon quand il prend son temps et donne l'impression d'hésiter, quand il dit certaines choses, des airs de gravité insoupçonnée quand il approche son visage. La tendresse, toute la tendresse du monde dans son regard. Ses mots comme ses caresses. Ce sont peut-être encore des mensonges mais son corps, lui, ne ment pas, la douceur de sa peau, la précision de ses gestes non plus. Arrive donc ce qui devait arriver. On en a d'ailleurs assez entendu comme ça. Pourtant, le film ne nous montre pas grand-chose, mais assez pour que l'on devine que ça se passe très bien, très, très bien, même.

Le lendemain matin, J.D. a disparu en volant tout l'argent. Un orgasme à six mille dollars, c'est assez cher payé, quand même. Thelma et Louise sont dans la mouise, et il n'y a pas de raison pour que ça s'arrange. Ça ira même de pire en pire. Thelma dévalise un drugstore, en douceur, selon la méthode J.D., la bonne petite élève. Louise enferme un flic dans le coffre de sa voiture de service, sous la menace du flingue qui lui a déjà servi. À deux, elles font exploser le camion-citerne d'un routier au comportement obscène. Elles se rapprochent de la frontière mexicaine, elles pensent que ça va aller, elles se sentent bien dans la T-Bird avec la musique à fond, la liberté du grand voyage. Mais avec toutes ces embrouilles qu'elles ont semées sur leur route, ça commence à faire beaucoup. Le flic sympa qui voudrait leur venir en aide poursuit son enquête. Il s'installe chez le mari de Thelma avec toute son équipe, près du téléphone au cas où elle appellerait. Il a plus ou moins reconstitué l'histoire de la dégringolade, la tentative de viol sur le parking, le sale coup joué par J.D. Cet auto-stoppeur de malheur leur a apporté la poisse, il est le dernier à les avoir vues suffisamment longtemps, il faut le faire parler. Courte scène coupée au montage : l'arrestation de J.D., à un péage d'autoroute. Vue de loin, belle à regarder mais sans doute pas nécessaire et supprimée pour ménager la surprise de le retrouver ensuite.

On le revoit donc quand il arrive chez les flics. Il y a plein de monde dans le couloir. Le mari de Thelma est là, très agité. J.D. demande qui est ce « schmok » au flic sympa, il lui répond que c'est le mari de Thelma. Il perd de sa superbe pendant son interrogatoire par le flic sympa et son collègue du FBI. Ce sont des durs à cuire, insensibles à son charme. Il n'est plus qu'un vulgaire voyou dont tous les « warnings » sont en alerte. Il la ramène encore un peu mais il suinte l'inquiétude. Il ment piteusement. Les six mille dollars, c'est un ami qui les lui a donnés. Avec Thelma, ils étaient sur la même longueur d'onde, en quelque sorte, sans plus de précisions. Il n'a rien remarqué de bizarre chez les deux filles, même si elles lui ont semblé un peu *jumpy*, « nerveuses », en somme.

Le flic sympa pense que ça ne mène à rien de parler normalement à cette petite frappe cynique. Ses réponses, sa fourberie lui déplaisent. Il demande à son collègue du FBI de les laisser seuls, J.D. et lui, pour continuer l'interrogatoire. Le collègue fait une moue bizarre, une sorte de sourire canaille, comme si le flic sympa voulait rester seul avec J.D. pour lui proposer la botte. Au fond, on ne sait rien de la sexualité du flic sympa. Peut-être qu'il en pince pour les jeunes voyous qui ont des bricoles, peut-être que J.D. pourrait marcher dans la combine. Il a certainement fait pire dans sa vie de *juvenile delinquent*, avec tous ces matons pédés, à l'affût dans les centres de redressement, qui abusent de la situation. Mais non, ce n'est pas du tout de cela qu'il s'agit. Le type du FBI pense simplement que J.D. va passer un sale quart d'heure. Quand le flic sympa n'est plus sympa, il tourne vraiment méchant, il peut faire peur, sacrément peur. J.D. tente encore un peu de faire le malin, le gars qui n'en a rien à cirer de toute cette histoire. Mauvaise pioche, il se prend une volée comme le sale gosse qu'il est encore et qui mérite bien de la recevoir. Le flic sympa qui est devenu méchant tient J.D. pour responsable de la chute annoncée des deux filles, il lui en veut personnellement, il lui pourrira la vie jusqu'à sa mort s'il ne dit pas tout ce qu'il sait pour qu'on les retrouve. J.D. n'a pas besoin de calculer les années de prison. Cette fois, il a compris le message, l'inquiétude lui déborde des yeux. Ce type penché sur lui et qui ne le lâchera plus, il acquiesce à tout ce qu'il lui demande. En fait, ce qui est terrible avec J.D., c'est qu'il est aussi beau quand il est apeuré et lâche que lorsqu'il est sûr de lui et charmeur. Magie de Brad Pitt.

Pourtant, J.D. n'en a pas fini avec son insolence, il a un mauvais fond, c'est dans son caractère. En sortant de l'interrogatoire, il croise à nouveau le mari de Thelma, toujours aussi agité. Il lui glisse en passant qu'il a beaucoup aimé baiser sa femme. L'autre est fou de rage, il faut plusieurs flics pour le retenir. Mais ça ne suffit pas à J.D., le beauf n'a pas encore été assez humilié. Comme un joyeux au revoir au bas de l'escalier, il lui décoche un grand sourire d'ironie méprisante avec le geste obscène de remuer les hanches avec le cul qui va et vient. Histoire de rappeler qu'il a bien fait jouir Thelma quand cet *asshole* n'en a jamais été capable. Rien que pour cette dernière provocation avant de disparaître, on peut tout lui pardonner. J.D. appartient à un autre monde, celui des *bad boys* incorrigibles, il sort de cette histoire la tête haute, si on peut le dire ainsi, sans transiger sur son propre code d'honneur.

Avec J.D., Brad Pitt invente un personnage de voyou qui n'existait pas encore à Hollywood. Le cinéma américain regorge de gangsters, d'arnaqueurs et de violents de tout acabit et en tous genres. Depuis l'ensorcelant Paul Muni, le *Scarface* de Howard Hawks, jusqu'au Robert De Niro des films de Scorsese et beaucoup d'autres ensuite. Ces rebelles sont animés par leur haine de l'ordre social et de ses agents : politiciens marrons, détenteurs abusifs d'un pouvoir quelconque, femmes trop séduisantes, garces sans scrupules, flics, juges, autres hors-la-loi tapis dans la contre-société du crime. Hormis quelques cow-boys portés par un esprit de vengeance, ce sont surtout des hommes de la ville enracinés dans des communautés précises d'Italiens ou d'autres ethnies marginalisées. J.D. est un petit plouc de l'Amérique profonde des grands espaces, qui traîne sur les routes. Lui non plus n'a pas lu Kerouac, et encore moins Jean Genet ; il se reconnaîtrait dans leurs livres, s'il avait de l'instruction. Il menace ceux qu'il veut dépouiller avec un flingue qui ressemble au sèche-cheveux de Thelma, mais sa meilleure arme est la puissance sexuelle qu'il dégage et qu'il utilise à fond. Son personnage a certes été imaginé, on pourrait même dire reconnu par une scénariste remarquable, Callie Khouri. Il a été dirigé par un formidable réalisateur, Ridley

Scott, qui a repéré celui à qui il confierait le rôle parmi une pléthore de jeunes acteurs prometteurs. Mais c'est Brad Pitt et lui seul qui a su l'incarner. Silence médusé de toute l'équipe du tournage lors de la projection des premiers rushs et *overnight sensation* pour Brad lors de la première. J.D. est absolument neuf.

Avant lui, d'autres rebelles se sont approchés de son personnage. John Garfield autrefois, Marlon Brando, James Dean ou Warren Beatty. Mais ceux-là avaient lu John Steinbeck et Tennessee Williams ou des scénaristes les avaient lus pour eux. Ils étaient déjà construits, en quelque sorte, alors que J.D. est inachevé, en rupture de toute écurie, avec la seule charge érotique qu'il trimballe constamment. *Fatal weapon* dont même le flic sympa mesure la dangerosité. Au fond, Elvis Presley à ses débuts aurait pu nous prévenir de son arrivée inéluctable, mais on sait ce qu'il est devenu, l'Amérique du show-business et du fameux colonel impresario ont été les plus forts, ce qui n'enlève rien d'ailleurs à son génie. Brad Pitt, donc, seulement Brad pour se coltiner le chantier et finir le boulot.

Curieusement, dès les années soixante, une nouvelle vague de films européens avait déjà révélé quelques pionniers en rupture de morale ambiante, jeunes gens en colère imposant leur rage d'exister sans entraves par leur charme ravageur et leur sex-appeal incandescent. L'Anglais Albert Finney, le Suédois Per Oscarsson, le Polonais Zbigniew Cybulski, les Français Alain Delon et Jean-Paul Belmondo. *Plein soleil* et *À bout de souffle*. On peut même inclure le Japonais Toshirō Mifune dans cette liste idéale des voyous irrésistibles. Puis ils ont vieilli, les temps ont changé, ils ont fait carrière mais n'ont pas été remplacés. Pasolini a pris le relais en Italie en allant chercher ses chenapans dans les marges du cinéma ou carrément dans la rue. Mépris de l'ordre bourgeois, transgression narrative, caméra amoureuse, langue populaire avec accent, sexe omniprésent. Ce Brad Pitt de *Thelma et Louise* est un lointain cousin du Franco Citti d'*Accattone*, même s'ils ne se sont jamais rencontrés et n'ont pas su que les faubourgs de Rome pouvaient s'étendre jusque dans des coins perdus du Middle West.

En 1989, trois ans après être arrivé à Hollywood, Brad est encore devant la vitrine. D'autres, et du même âge, se sont mieux débrouillés que lui. Tom Cruise, Sean Penn, Matt Dillon, ce tombeur de Rob Lowe, ce chérubin de River Phoenix, ce psychopathe de Mickey Rourke, et même ce gamin de Leonardo DiCaprio sont déjà passés de l'autre côté. Celui des portraits dans *Vanity Fair*, des nominations aux trophées de prestige et des liaisons amoureuses à sensation. Brad n'a pas de relations familiales, ni d'amis bien placés pour l'affranchir sur le mode d'emploi des débuts de carrière, pas d'agent à la mâchoire d'acier pour l'aider à faire le forcing dans les castings. Il ne couche pas avec des stars sur le retour pour piocher dans leur téléphone, il se tient à l'écart de la filière gay qui fait cyniquement payer des promesses qu'elle ne tient pas, il s'ennuie aux cours d'art dramatique où on lui parle dans une langue qu'il ne possède pas. En somme, il vit avec l'angoisse de ne pas avoir compris comment ça marche. Pourtant il ne se décourage pas, il le doit à son caractère optimiste et positif, qu'il impute à son enfance heureuse dans une famille unie – et d'ailleurs il ne s'en est pas détaché bien qu'il ait pris ses distances avec un rigorisme moral qui lui pesait. Il le doit aussi au magnétisme mystérieux qu'il dégage. Il en a conscience, ça ne le rassure qu'à moitié, mais voilà, ce serait stupide de s'en plaindre, c'est comme ça et il doit faire avec. (Un réalisateur de série télé : « Sa seule entrée dans une pièce produit plus d'excitation que toute une scène interprétée par un autre acteur. » Un agent célèbre : « Si j'étais gay, rien qu'à le regarder bouger devant moi, j'en serais tombé aussitôt amoureux. ») Or, ce qui contribue encore à son charme, c'est qu'il n'en profite pas. Il entretient même une sorte de distance avec cette impression merveilleuse qu'il suscite autour de lui. Toujours courtois et apparemment joyeux, porté à saisir le *fun* de chaque situation, ni allumeur ni manipulateur. Mais cette distance impalpable est telle qu'on ne sait jamais comment l'atteindre. Il y a un secret en lui qu'on ne connaît pas et qu'il ne connaît pas lui-même. Plus tard, quand les papillons noirs de la déprime fondront sur lui en lui infligeant une grande souffrance, il tentera d'y réfléchir. Jusqu'à remettre en cause ce qu'il croyait posséder. Mais il lui faudra se résigner à ne pas savoir ce qui lui a manqué. Et les papillons noirs de resserrer encore leur étreinte. Plus tard, bien plus tard.

Depuis son arrivée à Hollywood, il ne s'en est d'ailleurs pas si mal sorti, pour un plouc du Missouri qui ne connaissait personne : plusieurs séries télé, trois ou quatre bons petits rôles au cinéma, des invitations à des talk-shows, des couvertures de magazines. Il n'est pas encore vraiment célèbre, mais il est connu. On ne lui raccroche plus au nez et on ne lui conseille plus non plus d'aller prendre des cours de diction. Pourtant, il ne se fait pas d'illusions. On oublie les séries dès qu'elles sont diffusées, il y en a toujours une après l'autre, et les beaux gosses y sont interchangeables. Les petits films sont vite envoyés au placard des circuits vidéo, les talk-shows, rien de plus que la bande-son de l'après-midi des ménagères esseulées, les magazines des feuilles de chou pour minettes remplies de photos criardes et de pseudo-confidences imbéciles, juste bons à être punaisés au-dessus de l'ours en peluche ou à emballer le poisson dans le panier du marché. Et quand il se rend à des premières avec sa compagne du moment, pour qui ça fonctionne souvent un peu plus fort, c'est surtout vers elle que crépitent les flashes des photographes. Étrange impression de se retrouver dans le noir quand les vraies étoiles se pointent sur le tapis rouge.

On croise à Hollywood des tas d'anciennes graines de star qui couraient après des étincelles de notoriété et qui ont vu passer le train du succès sans avoir eu le bon réflexe ou la chance de monter dedans. Elles se sont retrouvées bien des années plus tard à balader leur brushing et leur sourire Colgate sur les plateaux des émissions de remise en forme et de téléachat, quand elles n'ont pas disparu dans une lessiveuse de cocaïne. En 1989, Brad Pitt est seul et il a vingt-six ans. C'est déjà presque trop tard pour enquiller des rôles de jeune tueur angélique dans des films d'horreur fauchés ou de *college boy* turbulent mais avec un bon fond que toutes les filles aimeraient présenter à leur maman. Des rôles dont il ne veut plus mais qui lui collent à la peau comme un tee-shirt trempé de sueur, et pourtant des rôles qu'il ne peut s'offrir le luxe de refuser.

En ce temps-là, le scénario de *Thelma et Louise*, de cette inconnue de Callie Khouri, circule parmi les agents branchés et les pontes des grands studios. S'il a franchi l'obstacle généralement insurmontable des secrétaires qui ne rappellent jamais et des *script doctors* qui n'ont pas leur pareil pour bousiller une bonne histoire en ajoutant des idées qu'ils trouvent formidables, c'est parce que l'on sait que Ridley Scott en a racheté les droits. Même si ses derniers films n'ont pas bien marché, le Britannique exilé à Hollywood a déjà touché le jackpot avec *Les Duellistes*, *Alien* et *Blade Runner.* Soit, c'était il y a dix ans, mais dans une industrie où le comeback est une des règles du jeu quand le réalisateur n'a pas brûlé ses dernières cartouches, en se noyant dans l'alcool ou en se ruinant en pensions alimentaires pour des ex-épouses qui pratiquent le divorce comme une compétition sportive, Ridley Scott, homme taiseux et calme, inspire encore confiance. C'est aussi un professionnel impeccable qui a monté sa propre maison de production, a toujours plusieurs scénarios sur le feu et n'a aucune intention de quitter la Californie. Tout le monde s'accorde d'ailleurs à trouver le script original et intéressant mais, à l'exception d'Alan Ladd Jr., le fils du célèbre acteur des années cinquante qui avait atteint des sommets de popularité, juché sur des talonnettes suppléant à sa petite taille, hormis donc le rejeton sympathique du nabot charmeur, personne n'est prêt à risquer un dollar pour s'associer au projet de Ridley Scott. Un road-movie avec des bonnes femmes pour piloter la bagnole, mais enfin vous n'y pensez pas. Les road-movies sont des films de mecs qui traversent les États-Unis pour sceller leur amitié virile, se battre dans des bars avec des routiers, courir les filles et se coltiner de grands espaces à leur mesure. Les nouveaux pionniers déjantés de l'Amérique sans frontières, et pas des nanas à problèmes qui traitent en gros les hommes comme des ennemis. Depuis que les manifestations féministes ont pris le relais des rassemblements contre la guerre au Vietnam, il y a déjà assez de coupeuses de couilles qui secouent le cocotier à Hollywood pour qu'on leur abandonne les territoires réservés aux vrais hommes. Les road-movies, et pourquoi pas les westerns ou la science-fiction, tant qu'on y est ? Justement, Ridley Scott n'a pas hésité à confier le pilotage d'un vaisseau spatial à Sigourney Weaver dans *Alien*, ça a rapporté beaucoup d'argent, soit, mais ce n'est pas bon signe. Et pourtant, Ridley Scott s'obstine. Mimi Polk, sa directrice de production, a bien essayé de lui faire refiler le projet à un autre réalisateur, Bob Rafelson ou Richard Donner, des types *bankable* et qui ne pensent pas que toutes les belles gosses avec du caractère doivent se contenter d'être des playmates dans *Playboy*. Pour eux comme pour Ridley Scott, le temps où Darryl F. Zanuck fermait son bureau à clé à 17 heures pour faire passer un test à des starlettes est révolu. « Je reste assis, vous passez sous la table, ma poulette, on parlera de votre carrière après. » C'était peut-être le bon temps, mais c'est fini, maintenant, même s'il en reste quelque chose, comme on aura l'occasion de s'en rendre compte plus tard quand le cocktail argent fou, sexe addictif et petites poudres euphorisantes aura repris des couleurs. Pour l'instant, ce vicelard de Harvey Weinstein n'est qu'un fouille-merde de producteur qui ne pense qu'à niquer les goys et courser des *bunnies* imprudentes dans une suite du

Château Marmont, mais encore assez malin pour ne pas faire de vagues. Enfin, la situation n'est pas claire, avec Jane Fonda et ses copines en embuscade, ces messieurs des studios n'ont pas l'intention de baisser la garde. Donc, pour Thelma et Louise qui flinguent un violeur et mettent le feu partout où elles passent au volant de leur T-Bird, c'est niet. Le scénario est peut-être très bon et dans l'air du temps, mais on n'en veut pas, il faut trouver autre chose. L'affaire est décidément difficile, les potes de Ridley s'éclipsent, mais Mimi Polk est une coriace, elle respecte son patron, ils se parlent d'égale à égal, elle rogne sur le budget et convainc l'*English* taciturne de diriger le film lui-même. « C'est ton projet, il n'existera pas sans toi. » Rien de tel qu'une partenaire de confiance pour se remettre les idées en place. Ridley Scott ne peut pas vivre sans tourner, il s'appuie sur une petite équipe qui lui est dévouée corps et âme, il a même réussi à persuader son frère, Tony, également très doué, de le rejoindre. Entre deux films, ils tournent l'un et l'autre des publicités pour des grandes marques de luxe qui leur permettent de voir venir et de continuer à s'entraider.

Au fond, Ridley s'est facilement laissé convaincre par Mimi Polk. Et puis il en a assez des films de science-fiction, des budgets faramineux qu'on arrache à coups d'engueulades contre des types planqués dans leurs studios qui lisent les scripts avec des calculettes dans le cerveau, des critiques qui s'achètent et qui sont toujours prêts à vous trahir. Marre de tout ce cirque hollywoodien dont il a su si bien se servir mais où la violence des relations humaines ne lui pardonnerait pas un nouvel échec. Il a vu trop d'Oscars finir à la poubelle.

À mourir pour mourir, autant que ce soit avec un petit film auquel il tient. Ridley Scott a toujours aimé les femmes fortes comme sa mère qui les a élevés à la dure, son frère et lui. À ce point incertain de sa carrière, Thelma et Louise lui permettront de la retrouver. Et de découvrir enfin l'Amérique profonde des espaces infinis. Depuis les villas avec piscine de Beverly Hills, les fusées qui partent à la conquête des étoiles, les *parties* flamboyantes cernées par des mecs à oreillette où les invités qui n'ont pas été refoulés surjouent la gaieté et l'enthousiasme frénétique, le soleil permanent qui tape sur le système, le survoltage général contre l'angoisse qui efface les rides et tuméfie les visages à coups de Botox et de bistouri, on ne voit plus la Terre telle qu'elle est, et l'Amérique tout entière des longues routes, des motels perdus et des gens ordinaires. Trop de bleu, vivement la couleur du sable et des canyons, de la nuit sous la pluie, des maquillages effacés par le chagrin et par le vent. Ridley Scott dirigera le film avec les moyens du bord que lui fourniront Mimi Polk, Alan Ladd Junior et toute la petite bande qui l'aime et l'admire. Une fois que sa décision est prise et que *Variety*, la bible de l'industrie, annonce la nouvelle, *Thelma et Louise* cesse d'être un projet, c'est déjà un film même s'il reste à construire. Afin d'y parvenir, il faudrait aussi convaincre des stars pour les rôles principaux, cela permettrait d'arrondir les angles avec les banques. Jodie Foster et Michelle Pfeiffer sont intéressées, mais le budget n'est pas encore bouclé et elles ne peuvent pas attendre. Quand elles sont *hot*, les stars sont impatientes. Jodie préfère finalement *Le Silence des agneaux* et Michelle *Love Field*, qui leur porteront d'ailleurs chance. Goldie Hawn hésite et n'attend pas non plus. Avec Meryl Streep, c'est presque bon. Animal de pure race et particulièrement civilisé de la grande ménagerie, déjà parvenue aux sommets qu'elle ne quittera plus, d'ailleurs, elle sait depuis longtemps que Ridley est un spécimen assez rare de *male feminist*. Elle a seulement un problème avec le scénario dont le dénouement fatal la gêne. La mort comme prix de la liberté, c'est faire encore le jeu du pouvoir mâle. Discussions argumentées et courtoises, mais Ridley ne veut pas céder. Bye-bye, Meryl. Espérons qu'on se retrouvera plus tard. En tout cas, il y a une petite nouvelle, trente-deux ans quand même, une femme, pas une gamine, sculpturale, beaucoup de cordes à son arc, elle est d'ailleurs une championne dans cette discipline sportive. Elle a traversé avec succès l'épreuve d'endurance séries télé, et décroché un Oscar du second rôle pour *Voyageur malgré lui*. Elle y redonnait le goût de vivre à William Hurt, écrivain dévasté par la mort de son fils et la dégradation de sa relation avec sa femme, Kathleen Turner. Gros succès, pluie de récompenses. Elle joue déjà dans la cour des grands. Donc c'est bon pour Geena Davis dans le rôle de Louise.

Reste à trouver sa partenaire. Susan Sarandon a dix ans de plus que Geena. Elle a déjà deux décennies de carrière au compteur, avec Jack Nicholson, Marlon Brando, elle transpire l'intelligence et la volonté. Elle n'acceptera le rôle que si Ridley maintient bien la fin dramatique. C'est elle qu'il faut pour Louise, Geena s'incline avec élégance, elle prend Thelma la fofolle. Le duo est formé. Bon, ce ne sont pas des stars de toute première grandeur mais des noms bien connus tout de même et elles s'entendent à merveille. Pour le personnage du flic sympa, une autre idée qui tient sacrément la route : Harvey Keitel. Il excelle dans les rôles de méchant, maniant sadisme et perversité. Un emploi où Martin Scorsese l'a révélé. Ces deux-là s'adorent, littéralement. En revanche, il s'est beaucoup engueulé avec Ridley pendant le tournage des *Duellistes* ; l'Anglais lui avait confié le rôle du plus enragé des deux manieurs de sabre qui se poursuivent durant les guerres napoléoniennes. Question de tempérament. Martin Scorsese est un tendre déguisé en dur, Ridley Scott un bourru qui ne partage pas ses émotions. Comme souvent les salauds de cinéma, Harvey est un homme charmant et délicat dans la vie. Il pouvait rigoler avec Martin entre les prises ; les questions qu'il posait à Ridley restaient sans réponse. Enfin, jouer un type humain et sensible dans un film où les autres hommes se comportent mal, l'expérience valait la peine d'être tentée.

Réconciliation définitive et Harvey prend le rôle, où il va faire merveille. Ridley, qui est avare de critiques comme de compliments et qui se contente en général de grommeler « lis ce foutu scénario, tout est écrit, me casse pas les pieds avec tes états d'âme », a aussi mis de l'eau dans son vin avec Harvey qui navigue dans son personnage en profondeur et le surprend par tout ce qu'il est capable d'inventer. Distribution robuste, donc, méticulosité toute britannique dans le choix des seconds rôles, jusqu'aux plus petits, pour constituer une galerie de portraits extraordinairement exacte de l'infra-classe moyenne des péquenots et des gens de la route, repérages aux petits oignons, c'est grand, la Californie, même avec un budget serré, on peut y trouver toute l'Amérique. Celle dont rêve Ridley Scott, celle dont il s'est nourri avec les tableaux de John Register et d'Edward Hopper, et celle des panoramas grandioses et de la rupture sauvage avec la vie urbaine. Ah oui, pour le rôle de J.D., Ridley Scott a aussi fait son choix : ce sera Billy Baldwin, le plus jeune d'un clan familial d'acteurs expérimentés, un peu trop classe pour le rôle, mais enfin les costumières ne sont pas là pour rien et puis le temps presse, maintenant, le tournage commence bientôt. Mises bout à bout, les séquences avec l'auto-stoppeur ne sont pas les plus importantes, elles n'occuperont l'écran que dix minutes, et ce sera à Geena Davis d'emporter le morceau. Ce qui différencie les grands metteurs en scène, c'est leur capacité à faire des erreurs et à les réparer en vitesse. Pour l'instant, Ridley Scott n'a pas conscience d'en avoir commis une, toute l'équipe est contente du choix de Billy Baldwin, à l'exception de Geena Davis qui le trouve moche. Tourner des scènes d'amour et de séduction avec un rejeton privilégié d'une dynastie hollywoodienne ne l'impressionne pas plus que ça, elle a eu une enfance privilégiée, fait des études brillantes, connu un tas de célébrités. Mais elle sait aussi que le désir est dans la rue et qu'aucune barrière sociale ne lui résiste quand il frappe. Billy Baldwin sent l'after-shave. Pour J.D., elle veut respirer l'odeur de la rue. C'est une fine mouche, Geena Davis, QI maximum détecté à l'université. Plutôt que de déranger le patron qui planche sur son story-board, elle en parle à Mimi Polk qui se pose aussi des questions. À deux, elles persuadent Ridley de tourner un nouvel essai avec d'autres jeunes acteurs. La production contacte un agent de casting, Lou DiGiaimo, qui a la réputation d'en avoir plus de quatre cents dans son tiroir. Avec ses cravates à fleurs façon pelle à tarte, ses cheveux teints et son étrange sabir américano-italien, Lou n'appartient certes pas au gratin des directeurs de casting qui sont à tu et à toi avec Jack Nicholson ou Warren Beatty, mais il sait lire un scénario à toute allure et il n'a pas les yeux dans sa poche. Il a remarqué Brad depuis un certain temps et il vient surtout de voir le spot publicitaire qu'il a tourné pour les jeans Levi's 501. Il passe en boucle à la télé. Le jeune type est-il un acteur, un mannequin, une fleur de marketing ? Lou ne trouve pas le mot exact, il sait seulement que c'est une star. Il sait aussi qu'il est bien le seul à le savoir à Hollywood, et même pas Brad, qui se marre à l'autre bout du fil quand il lui annonce qu'il a la nuit pour lire le script et qu'il y aura une lecture filmée demain matin à 7 heures dans les bureaux de la production avec Geena Davis et en présence de Ridley Scott. Des lectures filmées, Brad en a déjà fait beaucoup, ça ne marche à peu près jamais. Mais il ne se fait pas prier, demain 7 heures, tope là, j'y serai. Il ne reste plus à Lou que de se passer un peigne dans sa tignasse blondasse, de rajuster sa pelle à tarte et d'appeler Mimi Polk de sa voix la plus mélodieuse pour la prévenir qu'il a trouvé l'oiseau rare. Surtout, qu'il ne soit pas en retard, le patron déteste ça, et puis qu'il sache ses lignes, car Geena connaît déjà très bien les siennes. Et qu'il ne se fasse pas d'illusions, Billy Baldwin doit passer au bureau de la production après le week-end pour signer son contrat. Brad ne sera pas en retard, il sait déjà ses lignes par cœur et, pour les illusions, il sait les traiter à l'instinct, bien calmement. Lou a peut-être déjà compris l'essentiel, mais il ne se doute pas que Brad a quand même une longueur d'avance sur le directeur de casting persuadé d'être le premier à avoir levé une nouvelle star.

En fait, cela fait plusieurs mois que Brad suit la genèse de *Thelma et Louise*, les péripéties du projet sur le chemin rocailleux de la production. Dans les bars branchés de Hollywood Boulevard, on croise des assistants qui ont forcé sur les mojitos et qui parlent à tort et à travers. Le film se fera, se fera pas, la rumeur court, les malveillants sont à la fête, il y a toujours une information à glaner dans les ragots qui se contredisent. Brad a pu se procurer un scénario, ce n'était pas compliqué puisqu'il a traîné un peu partout. Aucun doute, le rôle de J.D. a été écrit pour lui. Mais comment atteindre Ridley Scott, qui vit retranché dans une sorte de forteresse sévèrement gardée par sa petite bande ? Il ne sort jamais dans les *parties*, ne se rend pas aux premières, n'a pas de restaurant favori aisément repérable. Passer par l'une de ses proches ? Callie Khoury ne parle à personne, Mimi Polk est aimable comme une porte de prison. Assister à l'une de ses conférences auprès d'étudiants en cinéma, le suivre sur la plage de Malibu où il se rend parfois pour se baigner, profiter de ses habitudes quand il lui arrive de quitter brièvement son repaire et jouer de la rencontre comme par hasard ? Ce serait une maladresse qui risquerait de tout foutre par terre. Les agents de Brad lui conseillent de laisser tomber. La marche est encore trop haute, alors qu'il y a toujours un bon petit film de genre, une série télé pour ados avec la petite blonde qui monte, qui n'attendent que lui. Six semaines de tournage, un bon petit paquet de dollars à se partager. La presse people, qui adore Brad, est dans les starting-blocks, électrisée par sa liaison avec Juliette Lewis. Quelle ironie de devoir s'appuyer sur les conseils à gerber des gens à courte vue et qui n'ont pas les bonnes connexions. C'est un cercle vicieux, à petite carrière, petits agents, mais plus d'agent et plus de carrière du tout. Brad s'en remet à la providence, il attend qu'elle se manifeste, elle ne lui fera pas défaut. « Je savais que ce rôle était pour moi, J.D., c'était moi, tout simplement. Je ne savais pas l'expliquer mais je savais que je l'obtiendrais, ce rôle qui paraissait hors de ma portée. Je ne peux pas dire pourquoi, mais j'en étais sûr et certain, il ne m'échapperait pas. Parfois j'étais patient, parfois j'étais anxieux, en tout cas j'étais prêt. Et quand ce petit futé de Lou m'a appelé avec son air triomphant, je n'étais pas surpris. Il n'était pas question que je me plante, j'avais attendu J.D. trop longtemps et il allait me sortir de tout ce bourbier. »

L'avantage de se ramener pour faire un essai à 7 heures du matin, c'est qu'il y a plein de gentils petits camarades qui ne se sont pas encore réveillés. Ça fait de la place. Le frétillant Lou n'a pas pu s'empêcher de convoquer aussi quelques-uns de ses poulains, sans prévenir Brad bien entendu, mais ils ont tous l'air de sortir d'un *after* bien arrosé et marchent à côté de leurs pompes alors que Brad, en jean et tee-shirt impeccables, est frais, *clean*, charmeur et tranquille comme à son habitude. En vérité, il n'est pas un inconnu pour Ridley Scott qui regarde compulsivement la télévision quand il ne trouve pas le sommeil. Il a déjà remarqué Brad et vu le spot Levi's 501. Le garçon qui se tient devant lui, si net, si poli, si nature, qui donne l'impression de ne rien demander et d'être prêt à tout, lui tape aussitôt dans l'œil. Il est encore mieux que l'impression un peu vague qu'il en avait gardée. Une fois n'est pas coutume, Ridley se montre très aimable, presque paternel, et le jeune lui répond sur le même ton, pas du tout intimidé, ni bafouillant ni obséquieux. On parle un peu du personnage de J.D. : surprise, Brad le connaît sur le bout des doigts. Un voyou charmeur avec quelque chose de mauvais dans l'âme. Le genre du petit profiteur égoïste qui a plus d'un tour dans son sac pour emballer les filles et qui va son chemin sans se retourner et sans se compliquer la vie, à se demander si elles lui pardonneront ses saloperies. Ni regrets ni remords. Enchanteur et dangereux, allumeur et immoral, irrésistible et irrécupérable. L'essai avec Geena fait des étincelles. Chose rare, en l'occurrence, Ridley tourne plusieurs prises. Ces deux-là ne se connaissaient pas avant et on ne peut plus les séparer, on se croirait déjà en plein tournage. Mais l'atterrissage est difficile. Ridley s'est refermé, il quitte le plateau sans rien dire. Geena retourne dans sa loge. Pas de commentaire non plus. Un assistant dans le genre super sympa glisse à Brad, plutôt songeur : « Pas la peine de te fatiguer, mon gars, c'était très bien mais le patron a déjà choisi Billy Baldwin. » Un autre que Brad lui aurait déjà flanqué son poing dans la figure, mais la déception et l'amertume sont de mauvaises conseillères. Alors « *keep smiling*, tu ne vas pas m'apprendre comment ça marche dans ce foutu métier, ce sont des choses qui arrivent, mon pote, et voilà tout ». La journée se passe ensuite mornement, Juliette, sa régulière, est partie sur un tournage, la maison est vide, les deux clébards implorent pour leur pâtée, le système d'arrosage dans le petit jardin est en panne, il y a une flopée de scripts débiles qui traînent dans le salon, il va bien falloir les lire. Ce n'était qu'un essai de plus, comme tous ceux qui se passent bien et se perdent ensuite dans le brouillard. Ce n'est même pas la peine de surveiller le téléphone, pour un peu on pourrait croire que la ligne a été coupée.

Mais Brad a tort de penser que son sort est plié. Pendant qu'il parle à ses clébards de la solitude du comédien et que Juliette n'en finit pas de traîner avant de rentrer à la maison, ça discute ferme à la production. La plaie avec les essais, ce sont les séances de débriefing qui suivent, avec l'équipe de production. Tout le monde donne son avis et, comme il arrive souvent, c'est la moins bonne solution, celle du consensus minimum, qui risque de l'emporter. Callie Khouri trouve que Brad a trop l'air d'une petite frappe pour se faire passer pour un charmant cow-boy en rupture de bahut, Mimi Polk pense au contraire qu'il est *too sweet* pour un vaurien, le patron continue à se murer dans son silence. Ridley Scott, qui n'aime que les femmes fortes et décidées, n'a jamais la main qui tremble pour choisir ses actrices, mais il a un problème avec les beaux gosses, une question de rivalité sexuelle qu'il n'a jamais résolue, peut-être. Pourtant, plus la conversation s'enlise, et plus l'option Brad l'intéresse. J.D. n'est pas un étudiant en vadrouille et ce n'est pas non plus un gentil dragueur qui fait de l'auto-stop. À croire que Callie n'a pas écrit le scénario et que Mimi ne l'a pas lu. J.D. est un sale petit voyou à gueule d'ange et au cœur sec, un truqueur de sentiments tellement sexy qu'on ne se méfie pas de lui. Et puis ce vicelard d'assistant qui s'est payé le plaisir d'humilier Brad vient de faire passer au patron un écho paru dans *Variety* le matin même. Billy Baldwin, le favori de ces dames, envisagerait de lâcher le film pour un premier rôle dans une production plus importante. Ridley Scott déteste qu'on fasse monter les enchères. C'est alors que Geena, l'actrice à qui on ne demande pas son avis, comme de juste, retourne la situation et emporte le morceau pour Brad. Elle veut « le blond » pour partenaire, tous les autres lui ont paru fades, Billy compris. « Oui, le blond de ce matin, comment s'appelle-t-il, en fait, on s'en fiche de tout ce qu'il a pu faire avant, l'avez-vous seulement bien regardé, il y avait une alchimie entre nous, je ne saurais pas dire ce que c'était, mettons une alchimie particulière, *Thelma et Louise*, c'est aussi un film sur le désir des femmes, Ridley, vous ne me contredirez pas, n'est-ce pas ? » La nuit est tombée sur Los Angeles, Juliette est rentrée, les clébards se sont endormis, le téléphone sonne, c'est la voix mielleuse de l'assistant au bout du fil. « Alors, mon pote, comment ça va depuis ce matin ? Billy Baldwin abandonne le film, il va tourner dans un blockbuster à la con. Tu as décidément le cul bordé de nouilles. Le patron a décidé de te refiler le rôle. Passe à la production demain pour signer ton contrat. Et quand tu verras Geena Davis, rappelle-toi que ce n'est pas un film de pédés. »

Tournage d'été, la Californie sous un soleil de plomb et bombardée par de violents orages, parfait pour Ridley Scott, un orfèvre de la lumière qui prend son pied à poursuivre les nuages, les rafales de vent, les striures d'argent de la pluie, le temps qui change d'une heure à l'autre. Une centaine de lieux différents, sans compter les déplacements incessants de la T-Bird qui demande grâce et qu'il faut remplacer par quatre sœurs jumelles. Deux cents durs à cuire dans l'équipe, ce qui est paraît-il normal pour une production américaine *low cost*. Sans compter les figurants. Ridley tourne à toute allure, ce qui ne l'empêche pas de multiplier les prises, on travaille jusqu'à pas d'heure malgré la vigilance syndicale, mais personne ne moufte et l'ambiance est fantastique. Brad n'avait jamais vécu une pareille expérience, il colle au tournage même quand il n'est pas inscrit sur la feuille de service. Toujours gai, poli, disponible. Il sait son texte, ne perd pas ses places, trouve instinctivement la lumière. Le patron traite le petit nouveau avec une attention surprenante : « Ce film va beaucoup lui apporter et changera sa vie, je veux qu'il garde un bon souvenir de moi. » Brad comprend tout de suite qu'il ne faut pas lui poser de questions inutiles, Ridley est épaté par son naturel, la manière dont il habite son personnage. Il le dirige à peine : « Le gosse, il faut le laisser faire. Le meilleur des scénarios, ce n'est que du papier imprimé. Callie a imaginé J.D. et me l'a vendu, le gosse l'invente et j'achète tout ce qu'il apporte. » Pour un réalisateur réputé avare de compliments ! Mimi Polk ne voulait pas de Brad, elle se méfie des pseudo-révélations qui prennent la grosse tête et loupent ensuite tous les virages. Mais elle retient sa respiration quand le moteur tourne : « Avec Geena et Susan, c'est comme au tennis, il améliore son jeu au contact des championnes. » Tout n'est pourtant pas si facile.

Brad aborde avec appréhension la scène d'amour et de sexe où il enverra Geena au septième ciel. Il fait le malin mais il n'en mène pas large. Il pense à sa mère et à ce qu'elle ressentira lorsqu'elle verra le résultat. Il a déjà tourné des scènes plutôt corsées à ses débuts, mais c'était pour des petits films qui ne passent pas à Springfield, ou alors dans des programmes de nuit à la télé quand toute la famille est couchée depuis longtemps. Cette fois, Ridley a prévu qu'il ait l'air d'être nu en serrant une fille superbe qui a refusé d'être doublée pour les plans rapprochés. Geena l'a voulu pour partenaire, ce n'est pas le moment de bouder son plaisir. L'accès au plateau est strictement interdit à quiconque n'a rien à y faire et voudrait seulement mater la séquence ; ça fait quand même une trentaine de personnes qui s'activent autour des tourtereaux. Ridley décoiffe soigneusement Brad et passe un brumisateur sur ses tablettes de chocolat pour les souligner dans la lumière, la cheffe costumière lui colle un sparadrap stratégique et bien serré pour éviter « que le soldat ne salue » en pleine action, une maquilleuse promène un pinceau sur un petit bouton rebelle et mal placé. En somme, tout pour que Brad se sente parfaitement à l'aise. Le tournage de la scène s'étale sur une journée entière, avec des prises et des angles différents. Pendant les pauses où l'on règle à nouveau les lumières, Brad et Geena écoutent Prince et Led Zeppelin à plein tube. Ridley laisse faire. Ces jeunes n'ont pas besoin d'être motivés, mais il est bien connu qu'à leur âge on fait l'amour en musique. « *Purple rain, purple rain, I only wanted to see you bathing in the purple rain* [1]. »

À l'arrivée, une scène étonnamment pudique et tendre. Ridley Scott est un vrai puritain. Il sait qu'il ne faut pas trop en montrer. Ce qu'on imagine imprime plus fort que ce que l'on voit. Quant à l'accueil réservé au film : démarrage lent, bouche-à-oreille, emballement

1. « Pluie violette, pluie violette, j'ai juste voulu te voir prendre ton bain sous la pluie violette. »

du public, phénomène de société, succès planétaire, Oscar du meilleur scénario pour Callie Khoury, Brad n'en a pas fini de s'inquiéter pour sa mère.

« *Casting is everything.* » – Ridley Scott
(« Le casting est la clé de tout. »)

Chapitre 2

Springfield, une chronique américaine

> *« Ma grande frustration : je ne peux pas expliquer ce que j'essaye d'expliquer. J'ai le vocabulaire d'un collégien et, pour la grammaire, ce n'est pas mieux ! »*
>
> The Hollywood Reporter

Au début de leur mariage, Bill et Jane Pitt quittent l'Oklahoma pour s'installer un peu plus au nord-est, à Springfield, Missouri. En décembre 1963, leur premier enfant vient de naître, le petit Brad, et ils espèrent que ce déplacement leur assurera un meilleur avenir. Springfield est une ville moyenne prospère de 150 000 habitants, mi-agricole, mi-industrielle, au centre des États-Unis et sur la légendaire route 66 qui relie Chicago à Los Angeles. Le Middle West, à la frontière invisible du Sud et du Nord. Blizzard glacé qui descend des Grands Lacs en hiver, chaleur étouffante et humide qui remonte du golfe du Mexique en été. La tribu indienne des Kickapous a été massacrée par les pionniers, et les survivants ont été enfermés dans des réserves. La petite cité a servi de champ de bataille durant la guerre de Sécession, tour à tour prise et reprise par les confédérés et l'armée yankee, on y a lynché des nègres devant des foules rigolardes, au début des années 1900. Des histoires anciennes dont on ne parle plus qu'en soupirant vaguement ; le pays sans mémoire de l'Amérique profonde. Sur les dépliants touristiques, il est écrit « la Perle des Ozarks », le grand plateau montagneux qui s'étend sur tout le territoire de l'État. Une sorte de Jura à l'échelle américaine, si bien raconté par Mark Twain, un paradis pour les randonneurs et les familles en camping-car qui ne s'enfoncent jamais très loin dans ce massif pour peintres de paysages. Bill est chauffeur routier, Jane conseillère d'éducation. Il y a du travail pour eux à Springfield. Les habitants sont pour la plupart de lointaine origine allemande ou descendants d'immigrés de l'Europe du Nord. Presque pas de Noirs, enfuis après les lynchages, peu de Latinos et de Juifs, plus d'Indiens. Autrefois, Springfield dépendait de la Louisiane, avant qu'elle ne soit vendue par Napoléon. Il reste quelques traces françaises dans les noms de lieux et les expressions courantes.

Une des principales raisons de l'installation du jeune couple est que Springfield est un foyer très actif de la confession anabaptiste, une branche de la religion réformée attachée à une lecture littérale de la Bible. On se rend au temple chaque dimanche, on prie en famille pour remercier le Seigneur avant les repas, on se fait baptiser à l'âge adulte. Cependant, l'interprétation des textes est relativement libre. Bill et Jane sont des pratiquants fervents mais ils observent les vertus chrétiennes sans fanatisme outrancier. Ils se comportent aussi en citoyens exemplaires de la démocratie américaine et participent avec dynamisme à la vie de la communauté et des associations locales. L'installation à Springfield tient ses promesses. Bill continue à exercer sa profession de routier et il se déplace souvent aux commandes de ces ahurissants camions américains qui terrifient les étrangers de passage, mais il monte aussi une petite entreprise de transports qui marche bien. Jane est très appréciée par ses collègues enseignants pour son empathie à l'égard des élèves difficiles, qu'elle sait apprivoiser. Deux autres enfants naissent au cours des années suivantes, un garçon et une fille. Le jeune ménage présente l'image d'un couple heureux, partageant de solides valeurs morales dans une ambiance chaleureuse. Une maison de bois, pas très grande mais bien tenue, donnant sur une avenue tranquille où tout le monde se connaît, comme il y en a des millions en Amérique, avec une petite pelouse devant, un garage sur le côté, le barbecue du dimanche après l'office religieux et le gros chien sympathique qui ne mord jamais personne. Le monde de Norman Rockwell, la musique de Dolly Parton. Le lointain cousin qui a mal tourné, la fille d'un autre quartier qui a fait des bêtises ont disparu, ou bien sont revenus une fois calmés. Ils se sont enfin rangés en se mariant sans plus faire d'histoires.

Je connais bien Springfield, j'y suis allé au moins une bonne centaine de fois, quand je prenais mon billet d'avion au cinéma et que je baignais dans l'atmosphère si particulière des grands films romanesques américains des années cinquante et soixante dont j'ai toujours gardé la nostalgie. En scope-couleurs pour la plupart, ils n'intéressaient pas beaucoup les fortes têtes de la critique et des *Cahiers du cinéma*, mais c'était sans importance pour moi, les *Cahiers* n'empiétaient pas sur mes rêves, ils ne faisaient pas partie de ma famille, je lisais autre chose. C'était au temps de mon adolescence, quand Brad n'était encore qu'un petit garçon que son père emmenait en balade dans les Ozarks.

La petite ville américaine sert alors de terreau fertile pour nombre de scénarios. C'est une utopie de bonheur paisible menacée par des luttes pour le pouvoir local, des pulsions violentes avec le dollar pour mobile, des passions secrètes imprégnées de frustrations sexuelles. Elle est saisie durant cette décennie où la société passe insidieusement du puritanisme et de l'innocence en trompe-l'œil des années Eisenhower à la révolution des mœurs de l'ère Kennedy-Johnson. De la Corée lointaine au Vietnam qui renvoie des cercueils, de l'anticommunisme hystérique aux droits civiques, de la Nouvelle Frontière à la conquête de l'espace. Le temps du grand écart entre Doris Day et Marilyn Monroe, le blé des grandes plaines et les pavots de Woodstock, les westerns de John Wayne et l'entrée par effraction de Tennessee Williams dans la vie des familles. Pourtant, le Springfield de Bill et Jane Pitt est celui du script idéal qui sert de trame initiale. Ce sont des gens honnêtes et bienveillants, ils savent évidemment que le monde extérieur existe, mais ils regardent de loin les fantasmes dont Hollywood affuble leur existence. Ça ne les concerne pas vraiment. Jane ne se souvient pas d'avoir fait des achats dans le magasin de Lana Turner sur Campbell Avenue, où cette trop belle femme avec un passé reçoit des hommes après la fermeture. Bill n'irait pour rien au monde jouer au poker avec un aussi sale type que Robert Mitchum qui terrorise sa famille dans une de ces pensions borgnes après le West Bypass où Natalie Wood, la fille délurée de la tenancière, considère sa vie déjà foutue avec un rire désespéré. Lorsqu'ils se rendent au centre baptiste de Kearney Street, ils n'ont aucune raison de croiser Shirley MacLaine, la pauvre petite pute mal barrée qui s'accroche au bras de Frank Sinatra, l'écrivain raté qui se saoule tous les soirs avec Dean Martin, son pote peu recommandable, dans les bars de National Avenue. Et s'il leur arrive de sortir un soir, une fois l'an pour leur anniversaire de mariage, ils se trouvent avec des voisins qui leur ressemblent au Landers Theatre de Grand Street pour applaudir Bob Hope ou Mary Martin bouclant une fin de tournée annoncée en première page du *Community Press Weekly*. À Springfield, Missouri, le changement s'effectue imperceptiblement, la réalité sommeille sous le poids des usages et des habitudes. C'est moi qui plonge à Paris dans les films où le système se détraque ; eux, ils continuent à regarder *I Love Lucy* à la télévision.

Il faut se résigner, il n'y a pas grand-chose à dire, a priori, sur les premières années de Brad. A priori, car en grattant un peu, on pourrait certainement trouver aujourd'hui des clés pour rejoindre Brad. Beaucoup de clés qu'il a lui-même perdues et qu'il cherche encore. Mais voilà, il s'agit d'un milieu et d'un temps où il fallait que tous les jours se ressemblent. Un amour d'enfant, vivant heureux dans une famille unie. Vif, enjoué, serviable, tellement gentil. Quand il chante à la chorale, il a une manière bien à lui de se livrer à la musique, en ouvrant si grand la bouche que les dames de la paroisse en fondent d'attendrissement. À la maison, Bill n'élève jamais la voix, pas beaucoup d'effusions mais du solide. Jane Superwoman, avec un mari souvent sur les routes et trois enfants, n'est pas conseillère d'éducation pour rien. Elle parle de tout, fixe les limites, baiser du soir après la prière et tendresse bien partagée, à chaque enfant sa chambre. Accent mis sur l'esprit positif et l'optimisme plutôt que sur l'introspection sentimentale et ses dangers. Des règles simples. On ne perd pas de temps à expliquer pourquoi on fait quelque chose, on le fait. Les garçons ne pleurent pas et, s'ils se blessent dans leurs jeux, on répare et c'est tout, aucune raison de se plaindre. Il faut avancer sans regarder en arrière. Bill a expliqué une fois que s'il travaille tant, c'est pour offrir à ses enfants une meilleure vie que celle qu'il a connue à leur âge. Jane a hoché la tête pour l'approuver. Pas de commentaire, total respect, inutile d'y revenir. Atmosphère générale chaleureuse et pleine d'entrain. Distractions sages, luge et patinoire en hiver, pique-niques et virées en camion avec Bill l'été. Il emmène souvent les garçons pour quelques jours durant les vacances. Temps béni de ces longues randonnées sur la route avec cet homme fort et calme qui maîtrise un monstre de poids lourd et les couche comme des petits chats dans l'autre lit de la chambre d'un motel à bon marché. On ne s'ennuie jamais, pas de punitions sévères ni de sermons moroses. Les deux petits, Douglas et Julie, prennent l'aîné pour un champion mais ont du mal à le suivre, il a toujours une longueur d'avance pour explorer les limites de ce qui est interdit, comme de pousser son vélo toujours un peu plus loin. Brad a d'ailleurs parfois tendance à abuser du pouvoir qu'il exerce sur eux, comme lorsqu'il teste les réflexes de Douglas en lui donnant vingt secondes pour sortir de la maison. Le petit frère s'exécute, Brad compte. Vingt et une secondes, Douglas a perdu. Il n'a aucune chance de pouvoir vérifier. Brad triomphe, mais il console Douglas quand il est triste d'avoir échoué.

Derrière la maison, les Ozarks tout de suite, nature préservée, paysage d'aventures, promenades en famille, contes et légendes pour les enfants. Bonnes notes en rédaction, dessin, récitations ou poésie à la Kickapoo High School. Enfin, on n'y apprend pas grand-chose, sauf à aimer l'Amérique, ses valeurs et son histoire. Basket et base-ball, plaies et bosses inévitables et sans gravité, une petite cicatrice sous l'œil gauche. Saynètes pour la fête de fin d'année scolaire, discussions contradictoires devant les profs entre camarades sur des sujets de comportement moral pour développer la socialisation, l'esprit d'équipe et le sens du dialogue. Élection de Brad en couverture du calendrier comme étant le plus «*smart boy*» de l'école. Mixité joyeuse et sans arrière-pensées, apparemment. Corps absents sauf pour le sport, tenues décontractées mais bien codifiées, coupe au bol pour les garçons, rubans dans les cheveux pour les filles, appareils dentaires pour tous, gros mots et plaisanteries salaces peu pratiqués. Forte imprégnation religieuse comme partout à Springfield, lecture de l'Ancien Testament en famille, bénédicité, assiduité au temple le dimanche, chorale où Brad se distingue par son ardeur. Glissement apparemment tranquille vers l'adolescence. Découverte inattendue d'une vieille collection de *Playboy* dans une maison abandonnée et playmates aux seins nus occasionnant quelques émois, premiers concerts de *country music*, argent de poche dépensé pour le double album des Who, des Beach Boys et des Beatles, découverte d'Elton John, accords de guitare approximatifs, Brad dessine un cœur dans la neige pour une «*sweetheart*», évidemment conquise, et agitation dans les familles, qui trouvent ça bien gentil mais un peu prématuré. Surprises-parties dans le cellier de la maison, collégiennes aguicheuses mais vite effarouchées et apprentis tombeurs intimidés qui s'embrouillent dans la méthode, baisers furtifs mais rien de plus, et Jane qui descend en faisant du bruit dans l'escalier vers 10 heures du soir pour chercher des steaks dans le congélateur. N'est-ce pas un peu tard pour cuisiner? Images officielles et familiales d'un *teenager* en costume cravate, cheveux bien peignés avec la raie au milieu et dégagés sur les côtés, sourire franc et ouvert, innocence volontaire, on ne peut plus nier qu'il y ait un corps sous la chemise blanche bien repassée et le veston qui n'a pas grandi, mais toujours pas de sexe, enfin pas encore. On devient un homme en maîtrisant ses instincts, le plaisir solitaire est une faute, un péché, en somme, dont on peut parler pour s'en corriger ou dont on ne doit pas parler si la tentation persiste dans le silence et l'obscurité. On se marie tôt, à Springfield, avec la sœur d'un copain quand tout concourt à ce qu'on ne bouge pas d'ici. Aucune idée précise, évidemment, sur les trucs bizarres qui se passent dans les bars à San Francisco, à peu près rien non plus sur Truman Capote et Andy Warhol, des Martiens certainement maléfiques de la planète New York, brièvement aperçus à la télé avant que Jane ne demande qu'on change de chaîne. Des petits malins qui prétendent tout savoir à Kickapoo font circuler des rumeurs invérifiables à leur sujet, et il vaut mieux ne pas les ébruiter. C'est trop loin de Brad, il ne cherche même pas à en savoir plus. La terre étrangère commence au drive-in. Permis de conduire à seize ans, ados en grappes dans les voitures, les filles se laissent embrasser quand l'histoire est triste ou qu'Elvis chante à Hawaï. Brad a pleuré à la fin de *Butch Cassidy et le Kid*, il s'enfile toute la série de *La Planète des singes*, découvre Jack Nicholson et Al Pacino sans raconter les films à sa mère, reçoit *La Fièvre du samedi soir* comme un documentaire de science-fiction. Est-ce ainsi que les autres vivent ?

Il y a quand même eu quelques accrocs dès la petite enfance. Brad, encore gamin, s'ennuie au temple, il pète bruyamment quand le service traîne en longueur. Jane est outrée. Brad, en colère, jette sa raquette par terre à la fin d'une partie de tennis qu'il a perdue, Bill lui demande froidement s'il s'amuse, devant tout le monde. Et puisqu'il ne s'amuse pas, alors autant changer de comportement. Honte et leçon qui ne seront pas oubliées. Brad à onze ans questionne tout d'un coup sa mère sur le sens du verbe « *to fuck* », comme s'il ne l'avait pas deviné. Jane explique sans se démonter qu'il s'agit d'une expression très vulgaire pour désigner une relation amoureuse. « *To make love* », à la rigueur, mais avec la bénédiction de Notre Seigneur, évidemment. Et puis il y a aussi ces questions qui ont l'air d'embarrasser Jane, même si elle trouve toujours une réponse dans la Bible. Les enfants des autres religions, s'ils meurent, iront-ils au ciel comme nous autres ? Puisque Dieu est si bon, comment se fait-il qu'Il accepte toutes ces horreurs que l'on voit même à la télé dans « Good Morning America » ? Et, bien pire encore, comment admettre que les misères, les guerres surviennent selon Sa volonté ? La petite fille de mon âge qui court nue sur une route au Vietnam en hurlant de douleur car elle a été brûlée au napalm, c'est donc Dieu qui a voulu ça ?

À treize ans, Brad a donc bien été élu le plus «*smart boy*» de l'école en couverture du calendrier scolaire, mais ce n'est sans doute pas assez. Lors de sorties scolaires, il n'hésite pas à se déshabiller et à se promener en caleçon dans le bus, succès assuré dans la classe, mais plus mitigé auprès des parents d'élèves et de la direction de l'école. Au fil des années surviennent des pépins plus ennuyeux. Une bagarre inexplicable après un match de base-ball qui mène au bureau du directeur pour se faire sermonner et, peu après, une autre visite chez le même directeur qui s'avère nettement plus périlleuse. Une professeure fait une observation à Brad et le menace d'une punition. C'est rare, les punitions, à Kickapoo High School, il faut que Brad ait été particulièrement impertinent. Il lui envoie un livre à la figure en lui déclarant qu'elle aura ainsi un bon motif pour se plaindre de lui. Il la loupe de peu et file directement chez le dirlo pour arriver avant elle et livrer sa version de l'incident. Addition d'insolences et convocation de Jane. Brad présente finalement ses excuses, ça s'arrange un peu, on évite le renvoi de justesse. Le retour à la maison dans la voiture de Jane est tendu. Il y a décidément quelque chose d'insaisissable et de sauvage chez cet adolescent apparemment si facile. Brad dira plus tard qu'il s'ennuyait tellement à l'école qu'il tentait constamment d'explorer les limites. Il y a certainement eu d'autres incidents que l'on ne connaît pas et qui ont dû mettre la patience de Jane à l'épreuve. Mais au fond, répartis sur une dizaine d'années à la Kickapoo High School, cela reste quand même assez mince pour un palmarès de rebelle. On est encore loin de *La Fureur de vivre* et de *Graine de violence*. Malgré tout, ça continue. La bouteille de bourbon de Bill qui a disparu, des éraflures suspectes sur la voiture de Jane, une rivalité inattendue avec Douglas pour une histoire de fille, qui ne va pas s'arranger, d'ailleurs, puisqu'ils finiront par se marier, très vite, comme il se doit. Beau joueur, Brad s'est effacé et participe à la noce en joyeux boute-en-train. C'est ce que l'on attendait de lui.

Et puis il y a le problème de ces nuits, où il disparaît, après avoir laissé un mot dans la cuisine, pour aller dormir dans une cabane des Ozarks connue de lui seul. Jane s'inquiète, Bill dit qu'il faut le laisser faire. Il revient deux ou trois jours plus tard, d'humeur joyeuse comme s'il ne s'était rien passé. On s'explique ensuite calmement à la maison, sans faire de drame. Ces surprises-parties dans le cellier, les virées au drive-in ne suffisent pas à l'adolescent Brad, ses fugues répondent à un appel. À quoi bon tenter de le dissuader et de se mettre en travers, il ne peut y résister. L'appel des Ozarks. Hors des sentiers balisés où son père l'emmenait en balade en le tenant par la main, des clairières où l'on pique-niquait tous ensemble, la montagne reste sauvage et mystérieuse. Dans l'épaisseur des forêts qui retiennent la neige en hiver et l'ombre fraîche en été, c'est le royaume inviolé des renards, des coyotes, des pumas, des chevaux sauvages et d'une infinité d'oiseaux bariolés qui ont disparu des grandes plaines. On y découvre les traces d'une histoire que l'on évite de raconter à Springfield. Celle des derniers Algonquins fuyant les massacres perpétrés par ceux qui proclamaient que « le bon Indien est l'Indien mort », celle des nègres marrons qui y échappaient à leurs poursuivants de sac et de corde, celle des hommes des bois qui n'en descendaient qu'une ou deux fois l'an pour vendre les fourrures de leurs braconnages, celle des petits Blancs édentés et faméliques reclus dans de misérables fermettes de planches disjointes. Tous y ont laissé des descendants qui n'ont jamais voulu repartir. Les rivières portent encore des noms français : l'Anguille, la Bourbeuse, la Gasconade. On y croise, entre les gouffres et les rapides, des pêcheurs dégénérés à force d'unions consanguines, mauvais et agressifs, s'exprimant dans un patois incompréhensible. Les plus dangereux, les *daredevils*, sont des marginaux que la police a renoncé à rattraper. Ils forment une sorte de tribu à part avec des femmes échevelées et des gosses loqueteux, qu'on n'approche pas sans risque. Ils campent dans les villages fantômes des anciennes mines de plomb abandonnées, dont ils revendent la ferraille à on ne sait pas trop qui. Une nature magnifique et chaotique, une humanité hostile et isolée, une atmosphère rude et farouche. Comment Brad, le petit gars de la ville, élevé pour l'amour et la crainte de Dieu, dans l'honnêteté et la droiture, les plaisirs simples et les amitiés sans détours, y a-t-il trouvé ses marques ? C'est la question que Jane et Bill ont renoncé à lui poser. Il est si sûr de lui, si limpide et si tranquille lorsqu'il revient à la maison.

Bill est un modèle, mais Jane est la force qui entraîne. Or, elle a conscience d'entraîner de moins en moins ce fils qui lui échappe sans heurt ni conflit. Elle est en fait subjuguée par sa personnalité, son détachement et sa rêverie. Il est à la fois proche d'elle et inatteignable. Et, bien qu'elle prétende n'attacher aucune importance à l'apparence physique, elle ne peut s'empêcher d'éprouver un sentiment de fierté en constatant qu'il est si beau. Jane a admis très vite que Brad n'était pas un garçon comme les autres. Il y a des moments où ça lui fait peur et d'autres où ça la rassure. Il est à la fois si proche et si loin, et c'est inexplicable. Elle est intimement persuadée qu'on ne peut durablement le contraindre à quoi que ce soit. Elle ne sait jamais ce qu'il va lui répondre quand elle lui pose une question qu'elle juge importante. C'est souvent amusant et décalé, quand ce n'est pas une autre question qu'il lui retourne. La seule chose dont elle est sûre est qu'il ira très haut et très loin dans sa vie. Elle n'hésite pas à le faire savoir autour d'elle et à le lui dire. Mais elle s'inquiète de connaître où ce doux entêtement et cette volonté secrète vont le conduire. Elle redoute pour lui un de ces si mauvais chemins souvent évoqués dans la Bible. Comment pourrait-il lui répondre, puisqu'il n'en sait rien lui-même ? Ils parlent ainsi longtemps, dans la maison endormie, avec confiance mais sans se comprendre. Ils sentent qu'un fin rideau de cristal les sépare l'un de l'autre. Il dira plus tard qu'il se sentait malheureux, seul et incompris, dans son enfance, mais qu'il ne pouvait rien y faire car il y avait tant d'amour autour de lui.

Columbia College, l'université du Missouri, à 150 miles environ de Springfield, réputation libérale, niveau élevé, et cependant racines chrétiennes et accointances avec l'armée, qui y recrute ses futurs officiers. Brad est inscrit en journalisme et en arts graphiques, des études qui correspondent à ses dons pour l'écriture et le dessin. La guerre du Vietnam est terminée, le campus est agité par de nouveaux débats : la lutte contre le racisme, le combat féministe, la liberté sexuelle, l'usage des drogues plus ou moins douces. Brad y participe d'assez loin, il manque de repères pour saisir tous les enjeux et il n'a pas envie de se laisser embrigader après des années de moralisme religieux. Il se détache complètement de la foi baptiste et de la religion en général. Il vit cette rupture comme une libération, au point de se déclarer athée à cent pour cent, même s'il lui arrive de revenir parfois un peu en arrière pour ne pas peiner sa mère en se disant alors agnostique, ce qui lui évite en partie les conversations religieuses lorsqu'il revient à la maison pour les fêtes et les réunions familiales. Il dira plus tard : « Quand je me suis libéré du confort de la religion, pour moi, ce n'était pas perdre la foi, c'était la découverte de moi-même. J'ai la seule foi d'être capable d'affronter toutes les situations. J'ai ressenti un sentiment de paix à comprendre que je n'avais qu'une vie, ici et maintenant. Et que je suis totalement responsable. »

Brad ne coupera jamais les liens avec ses parents. Il les aime, tout simplement. Il dira souvent qu'ils sont les guides spirituels de son existence pour toutes ses décisions essentielles. Ce qui ne l'empêchera pas, d'ailleurs, de se tromper à plusieurs reprises. Mais peut-être n'étaient-ce pas des décisions essentielles… Aujourd'hui encore, Brad retourne régulièrement à Springfield afin de partager de longs moments avec eux : il participe aux fêtes, aux réunions de famille, il les appelle fréquemment même lorsqu'il est loin, il prend soin d'eux. La maison n'a pas bougé, les Ozarks non plus, son attachement à ce cadre familier et à ceux qui l'incarnent ne faiblira jamais. Il a décidé une fois pour toutes que les parents sont innocents des erreurs qu'on pourrait leur imputer. Autant de sentiments dont il a pris conscience à l'université et qui se renforceront tout au long de sa vie pourtant si différente. D'où son attachement aux valeurs de la famille, aux enfants, à la parole donnée, son peu de goût pour la célébrité, les faux-semblants de la popularité, sa méfiance à l'égard des journalistes, son mépris pour les indiscrétions et tout le trafic des sentiments en général. On ne l'a jamais vu aussi inquiet que lorsque Bill est tombé malade et aussi heureux quand il s'est rétabli. Quand on regarde des photos récentes de Brad avec ses parents, on est frappé par l'impression de bonne entente qu'elles donnent à voir. Ce sont pour la plupart des photos prises lors de premières ou de soirées officielles, à Hollywood, en tenue de soirée, mais elles sont naturelles et simplement émouvantes. Bill est réservé, comme intimidé, il n'exprime pourtant aucune gêne à se trouver dans une situation qui ne lui est pas familière. Jane est radieuse et gaie, si évidemment aimable. Tous deux sont heureux de poser pour des photographes avec leur fils. Brad tient souvent la main de sa mère dans un geste d'affection qui ne trompe pas, il fait sourire son père, il est manifestement fier d'eux. L'exercice inévitable et indiscret qui consiste à chercher de qui il tient son charisme extraordinaire n'offre pas de réponse. Ils se ressemblent tellement malgré le polissage hollywoodien et l'écart des générations. Bill est beau, un peu enrobé, ce qui menace d'ailleurs son fils quand il traverse une période difficile. Jane est belle avec ses cheveux gris et son regard lumineux. On sent les manières parfaites, la mesure, la jeunesse qui perdure bien qu'ils soient âgés, maintenant. Il paraît qu'ils se sont éloignés de la pratique religieuse baptiste, mais la foi et la sérénité sont toujours bien présentes. Ces gens forment un bloc, et Brad est l'un, l'autre et lui-même. Il ne se consolera jamais de leur mort quand ils disparaîtront.

La plupart des acteurs de la génération de Brad ont eu des enfances saccagées par des parents toxiques qui les ont trimballés de divorce en divorce quand ils ne les ont pas oubliés dans des internats sordides où ils ont souvent été molestés. Tom Cruise, battu pour un oui pour un non par un père paranoïaque et violent ; Johnny Depp, martyrisé par une mère bipolaire et s'enfilant à la chaîne, dès l'âge de onze ans, la pharmacie maternelle de pilules tranquillisantes pour l'oublier ; Mickey Rourke, maltraité par un beau-père flic et traînant dans les ghettos de Miami ; Matt Dillon, enfermé dans des centres pour gamins réputés difficiles, etc. Rien de tel pour Brad, avec Bill et Jane. Rigoristes mais équilibrés et affectueux, constamment à l'écoute de leur fiston.

Enfin, pour l'instant, au Columbia College, Brad lit Philip Roth, court les filles et baise enfin à tout va. Il a d'autant plus de succès qu'il est toujours courtois, pas insistant, et qu'il donne l'impression de se foutre de tout en restant aussi constamment disponible. Extraordinairement excitant à conquérir, hyper-séduisant par son physique apollinien et sa gaieté, impossible à fixer et à retenir. À Columbia College, on trouve des filles bien plus délurées qu'à Springfield, beaucoup de filles. Et il n'est pas si difficile de se glisser dans leur chambre, la discipline s'est relâchée, depuis les années soixante… Brad est aussi une vedette de la fameuse confrérie étudiante Sigma Chi, avant qu'elle ne soit dissoute à la demande du collège des professeurs pour débordements divers, trop d'alcool et de fumigations suspectes. Il fait beaucoup de sport, toujours basket et base-ball, il organise aussi des séances payantes de strip-tease masculin, Chippendales en herbe, qui rencontrent un succès formidable. On se déshabille en musique, on retire tout, peu à peu mais sans aller jusqu'au slip, devant un public de pom-pom girls hystériques. Brad passe en dernier, quand l'atmosphère surchargée devient presque incontrôlable. Les recettes de ces évolutions artistiques sont équitablement partagées entre les participants et lui permettent de joindre les deux bouts de son maigre budget. À Springfield, on croit encore qu'il s'en sort grâce à des boulots d'étudiant ordinaires, *shopping lists* dans les grands magasins pour des vieilles dames, baby-sittings, livraisons de lait et de journaux au petit matin. Les strip-teases masculins ont un autre avantage : s'il ne doutait pas de l'impact de son physique sur les femmes, Brad mesure qu'il a quelque chose de plus que les autres effeuilleurs qui se produisent avant lui. Une manière de se mouvoir, une grâce particulière, le charme d'un humour distancié. Il travaille peu, et même de moins en moins, juste assez pour passer ses examens. Ses études l'ennuient, il trouve ses professeurs coincés et rétrogrades. Les articles et les dossiers publicitaires qu'il propose sont jugés trop singuliers, trop éloignés des critères habituels. Au fond, il a le sentiment d'en apprendre beaucoup plus en lisant ce qui l'intéresse et qui ne les intéresse pas ou en faisant la fête avec des rigolos de son espèce. Il se souvient aussi de ce que son père lui disait : « Si tu ne veux vraiment pas faire quelque chose qui t'embête, alors il ne faut pas le faire. » Mais en même temps, il devine que ses potes bambocheurs ne songent qu'à se trouver de bons petits boulots pépères après leur diplôme et à se marier avec des blondes dans le genre de celles qui attendent qu'on leur ouvre la porte de la Chevrolet pour descendre. Une fois qu'ils auront jeté leur gourme et abandonné leur jeunesse dans une banque et/ou une agence immobilière, et découpé la dinde des tristes Thanksgiving en famille, avec des marmots perpétuellement enrhumés et la blonde de la Chevrolet qui ressemble de plus en plus à la belle-mère : cet avenir qu'on lui propose n'est pas fait pour lui.

En fait, Brad est en train de changer. Une année après l'autre, entre les bois de chênes en fleurs et les premières tempêtes de neige qui recouvrent les pelouses sur le campus. Il est peut-être le rustaud à l'accent de sa cambrousse et le beau gosse sans complication, qui tombe les filles comme un strike au bowling, mais il passe aussi de plus en plus de temps en bibliothèque à regarder des ouvrages sur l'architecture. Il se passionne pour l'œuvre de Frank Lloyd Wright et de Richard Neutra, les papes d'un art de bâtir contemporain et spécifiquement américain. Il recopie leurs réalisations sur des carnets à dessin et cela n'éveille aucun écho chez ses professeurs décidément engoncés dans leur esthétique dépassée. Brad écoute aussi beaucoup de musique. « The Ed Sullivan Show » s'est arrêté, mais il lui a laissé de bonnes bases. De guerre lasse, Jane le laissait regarder le vieux routier des variétés du dimanche soir, qui n'hésitait pas à faire passer dans son programme Elvis Presley, les Rolling Stones, les Jacksons à leurs débuts en même temps que les Platters, Bobby Darin et Paul Anka. Le fond de sauce des meilleurs shows d'un passé récent et la nouvelle génération en pleine ascension. Janis Joplin et Jim

Morrison sont morts, démolis par la drogue, pourtant un véritable culte s'est développé en leur mémoire. Des sons, des voix, des visages qui ne s'oublient pas, portés par le regret qu'ils se soient laissé piéger par la poudre blanche. Brad retient tout et ajoute Sonny and Cher, The Mamas and the Papas, Simon and Garfunkel et toute la « British Invasion », qui déferle désormais, dans sa collection personnelle. Il ne fait pas le tri entre le vétéran Louis Prima, David Bowie qui monte à toute allure au hit-parade et Marianne Faithfull dont la voix fêlée le bouleverse. Comme le come-back fracassant de Tina Turner, devenue « The Queen of Rock » à cinquante ans bien tassés, après avoir failli disparaître sous les coups et les escroqueries de son maquereau de mari. Il en retient que rien n'est jamais tout à fait foutu quand on a du génie et la volonté farouche de ne pas le laisser perdre. Et s'il partait pour Nashville avec sa guitare ?

À Columbia College, Brad découvre enfin vraiment le cinéma. Rien à voir avec le drive-in de Springfield où l'action se passait quad même plutôt dans la bagnole avec les filles. Il y a deux salles sur le campus qui programment les sorties nationales et des profs plus éveillés que les autres qui organisent des séances spéciales avec des films qu'on ne voit pas ailleurs. Il fait attention à des noms qu'il ne connaissait pas, des titres qu'il note sur ses petits carnets. Coppola, Scorsese, Spielberg, De Palma et Friedkin, Rusty James, *Raging Bull*, *E.T.*, *Scarface*, *L'Exorciste*, François Truffaut, Fellini, Fassbinder, Tarkovski et *Le Dernier Métro*, *Amarcord*, *Querelle*, *Nostalghia*. Brad commence à se demander où se situe la différence entre un film qui est *fun* et vous emmène ailleurs et un film qui vient de loin et dont on se souvient au point de ne pas pouvoir s'en détacher. Et tous ces Européens qui racontent des histoires à dormir debout sans qu'on s'ennuie à les regarder ! Un vieux pédé qui meurt à Venise en étant fou d'amour pour un gamin, un type qui reconnaît dans un peep-show à Paris, Texas, la fille qu'il a aimée et qu'il cherche depuis des années. Visconti, Wenders, des types dont il n'avait jamais entendu parler avant le Columbia College ; où vont-ils chercher tout ça ? On peut donc faire des films sans gangsters qui ont toujours *fucking* à la bouche, sans conquête spatiale ni extraterrestres ? Le cinéma comme une fenêtre qui s'ouvre enfin sur un autre monde. Et s'il partait pour Hollywood afin de tenter sa chance et d'en savoir plus et d'explorer une existence nouvelle ?

Survient alors l'accident qui aurait pu être fatal. Au sortir d'une petite fête où les galopins ont forcé sur les mojitos et les pétards, la vieille Buick héritée de Bill s'encastre dans un camion. Le toit de la voiture est cisaillé, il s'en est fallu de peu qu'ils soient tous décapités. Brad s'en sort miraculeusement sans aucune égratignure. Mais le choc vient de le réveiller brutalement. La vie qu'on lui préparait n'était pas la sienne, celle qu'il mène ne vaut rien. Il faut s'arracher et en vitesse. Brad achète une Nissan d'occasion qui n'est guère plus reluisante que la Buick paternelle, désormais réduite à un tas de ferraille, et quitte le Columbia College sans se retourner et sans même passer les deux dernières épreuves d'un diplôme qui était pourtant à sa portée. Il explique à ses parents au téléphone qu'il s'est inscrit dans une école de design en Californie. Il ne leur laisse pas le temps de poser des questions, la conversation est brève, il faut épargner les pièces d'un *quarter* de dollar que le taxiphone engloutit dans un cliquetis métallique. Tout ira bien, ne vous inquiétez pas. Il a trouvé un surnom pour la Nissan, « Runaround Sue », une fille qui court partout, sa dernière conquête pour faire la route. C'est le titre d'une chanson de Dion DiMucci, un freluquet à nœud papillon qui bouge beaucoup. Un peu l'équivalent de Little Richard, mais en moins bien quand même, car qui pourrait rivaliser avec un nabot de nègre qui sniffe de la dynamite pour épater des blondes afin de draguer leur petit frère ? Runaround Sue, la Nissan à plein tube sur la route 66 et Dion DiMucci sur le toboggan de l'oubli dont il ne sortira pas. « *Here's my story, it's sad but true. It's about a girl that I once knew, she took my love then ran around with every single guy in town* [1]. » Mai 1986, direction Hollywood, Brad a vingt-deux ans et 340 dollars en poche.

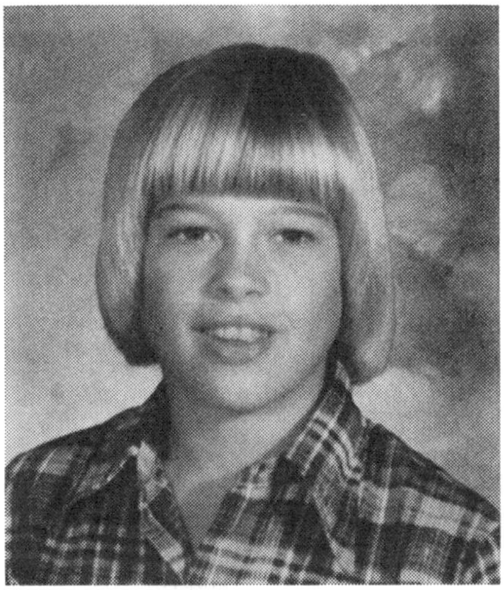

« *There we some that believed he would be President, yet if he escapes hanging.* » – Mark Twain, *Les Aventures de Tom Sawyer*, 1876
(« Certains pensaient qu'il deviendrait président, en tout cas s'il échappait à la pendaison. »)

1. « Voici mon histoire, avec mon amour, triste mais véridique. À propos d'une fille que j'ai toujours connue, elle m'a baladé en allant avec tous les autres types en ville. »

Chapitre 3

Le rêveur de Hollywood

« Il y a des moments, des questions, où je me dis que j'aurais dû rester chez nous, mais non, je reste, il faut tenir. »

People

1 800 miles en voiture entre Columbia, Missouri, et Los Angeles, Californie, on pourrait dire environ 3 000 kilomètres *french style*. Compter trois ou quatre jours avec les limitations de vitesse et Runaround Sue la Nissan capricieuse qui chauffe après six heures de route. Elle en a marre, sans doute, d'écouter Led Zeppelin et Jimi Hendrix en boucle. Les grandes plaines du Middle West, les montagnes Rocheuses, les déserts comme dans les westerns. Passagers occasionnels : un couple d'auto-stoppeurs qui fument tellement de pétards que Brad pourrait les emmener en Alaska sans qu'ils s'en rendent compte, un vieux sympa en Carhartt rapiécé qui tient absolument à payer l'essence, une étudiante assez moche en histoire des Cheyennes qui insiste hargneusement pour rester sur la banquette arrière. Autrement,

Brad est seul, il se nourrit dans les fast-foods et dort au parking des stations-service. Quand le ruban défile, par moments, il se prend pour Jack Nicholson dans *Five Easy Pieces*, le film où il y a cette phrase pour lui : « *I walk around a lot, not because I am looking for anything really but to get away from things that get bad if I stay* [1] » ; et, par moments, il se sent si heureux, comme un évadé qui vient de se faire la belle. En tout cas, lui, au moins, il sait où il va. Vers son avenir, même s'il n'a pas la moindre idée de ce qu'il lui réserve. Vers Los Angeles avec le Pacifique en face, on ne peut pas aller plus loin, et c'est là que tout se décidera. Vers les séries télé de Hollywood, peut-être aussi. Elles lancent des jeunes à la chaîne. Ils font un petit tour et puis s'en vont, dans les magazines pour *teenagers*. Brad en a déjà repéré trois qui ont l'air de s'être accrochés à leur chance : l'angelot River Phoenix, l'Indien Johnny Depp, le beau gosse encore trop vert George Clooney. Il ne pense plus à son diplôme, évaporé in extremis avec tout le reste, les projets de journalisme et de travail dans la publicité compris, ni au mensonge qu'il a servi au téléphone à ses parents. Ils ont fait semblant de le croire. « Mon fils ira très loin », disait Jane pour se rassurer. Elle lui disait aussi : « Je n'approuve pas ce que tu fais, ça me met en colère, mais n'oublie pas que je t'aimerai toujours. » La joie de Brad augmente chaque fois qu'il franchit la frontière d'un État. Le futur a beau être ouvert, c'est une course contre la montre malgré les accès de mauvaise humeur de Runaround Sue. Il n'a pas le temps de faire

1. « Je circule pas mal, pas parce que je cherche vraiment quelque chose mais pour me sortir des trucs qui tournent mal si je ne bouge pas. »

du tourisme. À Topeka, Kansas, il passe sans s'arrêter devant le grand magasin Woolworth où Gene Tierney a été vendeuse après ses électrochocs. Topeka, autre ville perdue au milieu de *nowhere* ; les journalistes avaient fini par la retrouver. Mais que sait-il alors de Gene Tierney rendue folle par tout ce qui manque à Hollywood ? En Arizona, il fait une exception pour un détour par le Grand Canyon, il y reste même un long moment à contempler la nuit qui vient sur les falaises. À Las Vegas, Nevada, il hésite un peu à jouer ses derniers dollars mais non, ce serait trop bête de les perdre si près du but et d'abandonner Runaround Sue sous les néons qui se fichent de tout après l'avoir vendue pour rien à l'un de ces petits mafieux édentés qui traînent autour de la malchance. Il arrive à Los Angeles sans s'en rendre compte, toute la ville est plongée dans un smog nocturne impénétrable. Il y a un McDo qui clignote faiblement à côté des studios de Burbank : Disney, Warner, NBC, c'est bon, *last stop*. Il dort dans la voiture.

Ils sont des milliers à Hollywood, garçons et filles, les jeunes venus de partout pour tenter leur chance au cinéma. Comme des moucherons attirés par la lumière qui ne tardera pas à leur brûler les ailes. Ils travaillent leur look en cherchant dans leur miroir quelque chose qui ressemblerait à quelque chose sur les portraits des stars ou des demi-stars dans les magazines. Ils dilapident leurs maigres économies à remodeler leur visage, leur corps, leurs gestes dans les cours de gym et pour les albums de photos qu'ils brandissent comme les vrais-faux papiers de leurs identités nouvelles. Ils s'inscrivent dans des agences de casting plus ou moins nulles, s'égarent dans des offres de bouts d'essais bidon, couchent contre un numéro de téléphone qui ne répond plus. Ils se refilent des tuyaux, s'espionnent, se jalousent, s'amourachent et se quittent aussi vite. Ils se sapent pour des premières où ils ne sont pas invités, au cas où le type de la semaine passée se souviendrait d'eux et les ferait entrer. Ils vivent perpétuellement en alerte près d'un téléphone et, depuis l'avènement des portables, toujours à l'affût d'un message qui ne vient pas. Le pire, c'est qu'ils survivent quand même juste assez pour penser que demain sera un autre jour. À décrocher des petites figurations, des défilés de mode ringarde dans les grands magasins, à servir dans les restaurants, conduire des limousines, porter les paquets des clientes riches qui refont leur garde-robe sur Rodeo Drive. Garçons et filles à tous usages, et ce n'est pas la clientèle qui manque. Et puis ils vieillissent, le désert progresse, d'autres arrivent qui les remplacent. Certains se découragent et s'enfuient, d'autres continuent et végètent comme ils peuvent. Il y en a que l'on retrouve sur Hollywood Boulevard, devant le cinéma chinois et l'hôtel Roosevelt, jouant les sosies pour les touristes qui les prennent en photos souvenirs. Faux Tarzans bedonnants, pseudo-Charlots dont les grimaces angoissent les enfants, caricatures d'une Marilyn fatiguée traînant son étole de vison synthétique sur le trottoir, copies liftées d'un Travolta aux cheveux teints qui fait semblant de danser au milieu des voitures. Brad n'a pas besoin qu'on lui fasse un dessin. Il note les petites annonces punaisées au McDo et les boulots à trois dollars l'heure dans le *Daily Jobs Village*. Il se donne un an, pas plus, pour voir, et tant pis, avant de repartir. En attendant, il livre des réfrigérateurs et des téléviseurs, prend des appels pour le téléachat et se fait virer parce qu'il rigole au bout du fil avec les clientes au lieu de leur vendre des trucs dont elles n'ont pas besoin, repeint des appartements, promène des clébards. Bref, il fait tout ce que les autres font et dont le malheur lui donne le vertige. À Downtown, dans le Los Angeles d'autrefois, avec son Broadway comme à New York et ses grands immeubles Art déco décrépits colonisés par les cafards, on trouve des appartements où il y a de la place. On peut y vivre à huit en dormant sur des matelas à même le sol ; les joints circulent et on partage la douche, le téléphone et la cuisine aux carreaux cassés. Downtown, c'est à un bout de Los Angeles et Hollywood à l'autre extrémité. Mais qu'est-ce que c'est, une heure de route, quand Runaround Sue est toujours d'attaque et que Brad s'en sort plutôt mieux que ses colocs qui planent sur leur grabat à regarder le sport à la télé jusqu'à pas d'heure.

Depuis qu'il a ouvert El Pollo Loco au coin de Sunset Boulevard et de La Brea, Pancho le Mexicain fait des affaires en or. C'est un malin, Pancho, il a trouvé une recette de fast-food à laquelle personne n'avait pensé : du poulet grillé au barbecue avec des herbes et du jus de citron servi avec des haricots dans des cornets de carton. Une recette de sa Mama, sans doute, qui est restée là-bas du côté de Veracruz. *Just delicious*. Beaucoup moins gras que les Big Mac ou les poulets frits dans l'huile. Un argument qui a du poids, pourrait-on dire, pour la horde de familles obèses qui ont trop forcé sur le Coca-Cola et les sundaes et se dandinent péniblement dans les supermarchés pour pauvres, cernés par les rayons de *junk food*. En plus, c'est pas cher, ça se mange avec les doigts, les enfants adorent. Pancho a eu une autre bonne idée, celle de trouver un nom qui a fait tilt. « Le Poulet Fou », cela ferait trop *frenchie*, « *The Mad Chicken* », ça ne dirait pas grand-chose, tandis que El Pollo Loco, c'est rigolo et ça sonne vrai, on sait bien que les Mexicains, même les sympas, sont tous un peu dingos. Mais Pancho a aussi un problème. Il voudrait encore augmenter son chiffre d'affaires pour que sa basse-cour puisse griller dans d'autres *pollos locos*. Il a déjà repéré des emplacements favorables. Près de la UCLA et de ses étudiants, sur la plage à Malibu pour les surfeurs et même à Beverly Hills avec tous ces touristes que des petits malins trimballent en bus décapotables pour leur montrer les maisons des stars, même s'il n'y a rien d'autre à voir que des portails fermés et des batteries de caméras de surveillance. Cependant, Pancho a quand même besoin de fonds supplémentaires et de trouver des associés. Il faut donc qu'il fasse de la publicité. Il a essayé avec des petits films diffusés sur les chaînes locales pour *teenagers*, mais ça ne lui a rapporté que des ennuis. Jamais à court d'imagination, il avait en effet imaginé un type dans son genre, le Chicano au sourire ravageur avec une tchatche d'enfer, qui tombait les filles en les invitant au Pollo Loco. Mal lui en avait pris, les associations féministes lui étaient tombées dessus, et les mafieux mexicains de Los Angeles lui avaient expliqué, un peu abruptement, que son héros imprudemment dénommé « El Caliente » donnait une mauvaise image de la communauté, à un moment où le Bureau des narcotiques leur faisait plein d'ennuis. En attendant de peaufiner son plan marketing, Pancho a donc eu encore une autre idée : déguiser un jeune chômeur en poulet géant, lui faire arpenter le carrefour et alpaguer les passants pour les persuader d'entrer. Au fond, c'est ce qui se passe à Disney World avec ces figurants à la ramasse qui font les Mickey pour poser avec les enfants dans les photos souvenirs. Mais attention, Pancho ne plaisante pas avec la réclame, le poulet géant doit faire rire les clients, pour les attirer, il pousse des cocoricos en agitant ses ailes. Ce sera le premier contrat de Brad dans le show-business, payé sept dollars de l'heure, le double de ce qu'il ramassait en livrant des réfrigérateurs.

Sept dollars de l'heure, ça permet de sortir le soir. Quand il a fini de pousser ses cocoricos sur le trottoir du Pollo Loco et qu'il a empoché sa paye malgré les boniments de Pancho – qui a toujours une bonne raison de rétorquer «*mañana, mañana*» –, Brad écume les bars du Sunset Strip. Il évite en général les boîtes gays, non pas que ça le gêne, tous ces types en string allumés par les poppers – il a fait du chemin depuis Springfield, où c'était une espèce inconnue –, mais voilà, le problème, c'est qu'ils deviennent facilement tactiles. La bonne ambiance hétéro, c'est plus sûr, on s'amuse beaucoup, on finit rarement seul. Ça se mélange pas mal entre tous ceux qui cherchent quelque chose et tous ceux qui ont déjà commencé à trouver le fil sur lequel il faut tirer pour qu'une porte s'entrouvre. Des filles pas du genre farouche, en veux-tu en voilà, des potes bien *square*, *American style*, qui ne s'embrouillent pas, éclusent sec et partagent leurs pétards. Il y a d'autres blondinets dans le circuit, mais aucun n'est aussi sexy et sympa que lui. Brad, prince du Sunset Strip, peut-être, mais les Porsche des stars passent sans s'arrêter. Il les regarde s'éloigner sans rien dire. Runaround Sue n'a pas encore rendu l'âme et l'attend au parking.

Les boîtes se font une concurrence d'enfer pour la musique. Il y a celles qui ne passent que de la country, avec Dolly Parton et ses magnifiques nibards partout sur le clavier, les accros au rock sauvage façon Bruce Springsteen et Iggy Pop – quand tous les mecs du public reprennent « Born in the USA » et « I'm Wild » dans leur tee-shirt moulant ou sans tee-shirt du tout –, les fidèles de la soul et de Whitney Houston, les branchés sur les nouveaux sons qui déménagent avec Michael Jackson et Madonna, les meilleures, enfin, où les DJ aux doigts d'or mettent le feu au plus fort de la nuit. Pour Brad, c'est plutôt The Cure et aussi Annie Lennox, qu'il trouve si belle. Comment pourrait-il lui résister quand elle lui chante des « Sweet Dreams » qui sont aussi les siens ? « *Sweet dreams are made of this,* [...] *some of them want to use you, some of them want to get used by you, some of them want to abuse you, some of them want to be abused*[1]. » Brad écoute tout le temps de la musique quand il n'est pas à agiter ses ailes de poulet géant, et ses seules disputes dans le local aux matelas par terre, c'est lorsque ses colocs profitent de ses absences pour farfouiller dans ses cassettes. Et puis il sait toujours se servir de sa guitare. Il tente d'intégrer des projets de groupes rock sortis de la fumée des comptoirs, mais ça va, ça vient, rien de vraiment concret avec des innocents qui lui ressemblent mais n'ont pas autant de suite dans les idées.

Elle s'appelle Dinah ou Meg, difficile de savoir, elle ne tient pas à ce qu'on parle d'elle dans son Wisconsin

1. « Les rêves doux sont faits de ça, certains veulent se servir de toi, certains veulent que tu te serves d'eux, certains veulent abuser de toi, certains veulent que tu abuses d'eux. »

natal. Mettons Dinah pour simplifier. Elle est strip-teaseuse avec trois copines, plus toutes jeunes, des starlettes pour qui ça n'a pas marché et qui s'en sortent comme elles peuvent. Pas trop mal, d'ailleurs, à condition de ne pas lâcher l'affaire. Le « burlesque », comme on dit, est un genre de divertissement plutôt sage et qui ne choque plus personne, une sorte de danse coquine qui ne va pas jusqu'au nu intégral. Des mines suggestives, des roberts de pin-up avec des étoiles en strass sur les aréoles, de jolies jambes, un mini-string qui accroche la lumière, et c'est bon. C'est l'attraction des fins d'année universitaire, des pots de départ à la retraite dans la police et des conventions de concessionnaires Chevrolet. Dinah cherche un chauffeur pour les conduire depuis que le dernier s'est tiré en emportant la recette. En fait, elle a surtout besoin d'un manager pour sa petite troupe car, mine de rien, il y a quand même beaucoup de taf pour que ça tourne : rédiger les contrats, respecter les horaires, encaisser l'argent, veiller sur les posters, la bande-son et les lumières, éloigner les admirateurs trop pressants, ranger les affaires de ces demoiselles quand elles font leur numéro et puis, bien sûr, ne pas se paumer dans le labyrinthe de Los Angeles et de ses alentours où les déplacements n'en finissent pas. Dinah a passé une petite annonce, rencontré des candidats qui clignaient de l'œil avec un mauvais air, jusqu'à ce que Brad se propose et lui inspire confiance. Jeune, poli, souriant, débrouillard sans doute, pas vraiment le profil de l'emploi avec son accent du Missouri et sa gueule d'ange. « Attention, il s'agit d'un boulot et il ne faut pas tout mélanger », a précisé Dinah avec le rire de gorge de celle qui en a dégusté pas mal, des vertes et des pas mûres. Elle a finalement retenu Brad à l'essai parce qu'elle n'avait plus le temps de choisir: un engagement à Palm Springs le soir même dans un club de retraités de la Warner, trois heures de route et retour à l'aube. Adieu El Pollo Loco, le poulet géant, les cocoricos sur le trottoir. Une petite marche de plus dans l'escalier du show-business. Brad se révèle très vite indispensable, il coche toutes les cases et se fait respecter par les clients qui ne sortent pas tous du gratin du spectacle. Parmi les détails qu'il faut avoir bien à l'œil, celui qui demande le plus de diligence et d'habileté, c'est de rattraper les robes en Lycra et les dessous pailletés que les artistes envoient à la volée dans la salle au cours de leur prestation. Les spectateurs, a priori masculins, ont une fâcheuse tendance à vouloir les garder comme souvenirs. « Allons, *mister*, vous n'allez quand même pas les rapporter chez vous. Qu'est-ce que dirait votre femme ! » Autrement, tout va bien. Brad traite les strip-teaseuses comme de vraies dames, des bonnes manières qui les changent des types pas nets qui traînent dans le circuit, et ça rigole aussi beaucoup dans le van pendant le trajet. Ce ne sont peut-être pas des filles qu'il amènerait chez Jane pour le barbecue du dimanche, mais ce sont de bonnes personnes à l'image de leur patronne, Dinah, correctes et régulières. Lisa, la Portoricaine qui ressemble à Rita Moreno dans *West Side Story*, Gracie, la Black plaquée par un boxeur qui lui a laissé deux marmots à la maison, Ingrid, qui se prétend suédoise et enfonce sa perruque blonde pour cacher ses racines brunes. Oui, sympas, gentilles, courageuses. Brad surveille aussi l'alcool, la poudre blanche, les matous qui s'approchent, sans faire dans la morale, avec la manière douce et les mots qui portent : « Mais enfin, ma chérie, ça ne marche pas comme ça, après tout ce que tu as traversé, ne gâche rien, on n'est pas si mal, ensemble. » Souvenir du court de tennis, de la raquette jetée par terre, de la leçon de Bill ?

Sans se l'avouer, Dinah a certainement le béguin pour Brad, même s'il n'est pas de son âge. Elle l'observe, les trois filles en sont folles, c'est dangereux, ce gosse est vraiment trop bien, il n'y a pas d'avenir pour lui dans ce boulot. Et lui, qui ne demande jamais rien de plus et qui a toujours l'air content ; tandis qu'il les ramène en pleine nuit aux quatre coins de Los Angeles, il écoute Laurie Anderson dans le van : « *O Superman, ah, ah, ah, o judge, o Mom and Dad, Mom and Dad, hello this is your mother, are you there? Are you coming home? Ah, ah, ah, hello? Is anybody home*[1] *?* » Avec Jane, ils se parlent chaque semaine au téléphone. La conversation tâtonne un peu. Elle ne pose pas de questions à son Superman. Elle se doute certainement de quelque chose, il en a aussi marre de mentir et il aurait du mal à raconter qu'il a trouvé un boulot super à promener des filles qui montrent leur cul. Dans sa vie d'avant, Dinah a bien connu un coach qui a donné des cours à Michelle Pfeiffer et Sharon Stone quand elles étaient encore toutes jeunes, des inconnues perdues dans la jungle de Hollywood. Elle a gardé son numéro de téléphone et n'en a jamais abusé. Elle l'appelle, il accepte de recevoir Brad, une autre marche sur l'escalier.

---

1. « Oh Superman, ah, ah, ah, oh juge, oh Maman et Papa, Maman et Papa, hello, c'est ta mère, es-tu là ? Reviens-tu à la maison ? Ah, ah, ah, hello ? Il y a quelqu'un à la maison ? »

En fait, tout est désormais plus clair dans l'esprit de Brad. L'usine Hollywood fonctionne à plein régime, quand on est un jeune gars débrouillard avec une belle gueule, il n'y a pas de raison pour ne pas y trouver du travail. Mais il n'est plus très sûr de pouvoir faire l'acteur et d'atteindre le but qu'il s'était fixé en quittant brusquement Columbia College. Il mesure qu'il y a des années-lumière entre les stars qu'il admire et le petit plouc de province qui galère dans Tinsel Town, la « cité clinquante ». Acteur, c'est un métier dont il ne sait rien. Il ne se reconnaît aucun talent, ne sait ni danser ni vraiment chanter et traîne comme une casserole son accent du Missouri. Il s'est bien inscrit, sans beaucoup d'entrain, dans des cours d'art dramatique, mais il en a détesté l'atmosphère : les coachs comme des gourous tyranniques, l'arrogance culturelle omniprésente, les aspirants comédiens qui rigolaient dès qu'il ouvrait la bouche. Poulet pour Mexicains et chauffeur de strip-teaseuses, ça ne demande pas des intonations shakespeariennes. Il y a bien sûr la filière du porno qui est en plein boom depuis *Deep Throat* avec des types relous qui font de la retape dans les boîtes pour dénicher des comédiens, mais enfin se retrouver à trombiner des pauvres filles devant des caméras dans un studio sordide, c'est quand même beaucoup trop loin de Springfield, de Jane, de toute la beauté de la vie telle que Brad la conçoit ; quant à « Roméo et Julio » et les films *all male cast* pour les moustachus à poppers, alors là, franchement, désolé, ça ne sera pas possible. En revanche, au Columbia College, malgré ses études décevantes, Brad a au moins pu approfondir sa passion pour l'architecture et les Arts décoratifs. Il garde d'ailleurs en permanence avec lui un carnet pour dessiner à ses moments perdus. Peut-être y a-t-il un chemin à explorer dans cette direction auprès des grands studios ? Il n'attend donc pas grand-chose d'une rencontre avec Roy London, le contact de Dinah, mais il s'est quand même renseigné à son sujet, et ce qu'il a lu l'a intrigué.

Roy London a toujours flirté avec le spectacle et la célébrité. À sept ans, petit prodige en mathématiques, il a remporté des concours à la télévision, ce qui lui a valu un grand reportage dans *Life*. À l'école, encore à l'âge où l'innocence enfantine s'émerveille du monde enchanté de Walt Disney, une rédaction hilarante où il décrivait des relations sexuelles passionnées entre Mickey et Donald lui a valu d'être renvoyé par un conseil de discipline horrifié. Étudiant dans une obscure université de l'Ohio, où ses parents l'avaient prudemment exfiltré, il avait obtenu la mention très honorable pour son mémoire de diplôme sur l'interaction des théorèmes d'Einstein et de la mise en scène théâtrale, par un collège de professeurs manifestement dépassés par la complexité du raisonnement et pressés de se débarrasser au plus vite d'un élément incontrôlable. À New York, devenu comédien, il a continué à faire des étincelles avec ses idées insolites dans des *musicals* à Broadway et dans des caves pour pièces d'avant-garde. Inclassable, admiré pour son talent original et redouté pour son esprit libre. *Script doctor* de séries et de téléfilms, dirigeant lui-même des épisodes originaux et souvent loufoques, inquiet de se retrouver aspiré par la spirale d'un succès grandissant, il s'est finalement enfui à Hollywood où il a décroché quelques seconds rôles marquants, comme dans *Zabriskie Point*, le film d'Antonioni, avant d'ouvrir un cours d'art dramatique où se pointera bientôt une pléiade de graines de stars. La méthode tranche sur celle de Lee Strasberg, qui a lobotomisé plusieurs générations d'acteurs. Il se méfie de la psychologie, de l'intériorité, des prises de tête intenses et apprécie les défauts, le désordre des sentiments, l'anarchie créatrice au profit de la recherche du naturel. Il reçoit chez lui, choisit ses élèves et refuse de se mêler à la ménagerie du tout-cinéma. Bienveillant et fantasque, il peut se montrer exigeant et rigoureux avec ceux de ses élèves dont il a repéré le talent. Il est aussi homosexuel et vit maritalement depuis des années avec son assistant à la langue bien pendue.

Tout cela est nouveau pour Brad. Son physique, son charme et sa candeur attirent évidemment les gays, et il est même assez flatté d'être pour eux un objet de fantasmes érotiques. Ce n'est pas un allumeur mais il sent tout de suite le « feu d'électricité » qu'il dégage sur son passage parmi ceux qui restent comme statufiés et d'autres qui s'excitent et parlent soudainement plus fort ; les mêmes. Leurs sollicitations ne le gênent pas. Il les prend à la rigolade et répond gentiment quand les avances se font plus insistantes. Il sait bien que des garçons ou des types plus âgés qui ont tenté vainement leur chance avec lui n'hésiteront pas à faire circuler des sous-entendus et des rumeurs, mais il s'en fiche, s'en amuse et voilà tout. Il n'a jamais eu de problème dans ce domaine, la préférence sexuelle n'est pas un sujet pour lui, il n'a même pas besoin de s'affirmer *gay friendly*, il l'est naturellement, tout simplement. Il a décidé une fois pour toutes que, si des garçons s'embrassent devant lui, chacun est libre de vivre comme il le souhaite. Et il n'hésite pas à manifester sa sympathie à ceux dont on se moque ou que l'on traite avec mépris. Les ignorances et les préjugés de Springfield sont bien partis avec la religion. Mais il n'a pas non plus d'amis ouvertement homosexuels, ses potes et lui ne s'intéressent qu'aux filles. Et s'il apprécie l'humour, l'esprit de dérision de la plupart des gays, il ne connaît pas grand-chose à leur contre-culture, aux repères érotiques, aux mécanismes de la drague, à la sexualité compulsive, à tout ce fonctionnement de l'autre « Cité de la nuit » décrite par le livre emblématique de John Rechy, paru l'année de sa naissance et qu'il a lu distraitement à Columbia. La mort de Rock Hudson deux ans plus tôt a sonné le tocsin dans la communauté gay, mais Brad n'a encore qu'une vague idée des ravages de l'épidémie du sida et de l'atroce abandon infligé à ses victimes, comme l'écrasante majorité de ceux qui ne sont pas touchés directement. Il comptera d'ailleurs au nombre de ceux qui se réveilleront bientôt, mais pour l'instant il n'y pense pas vraiment. En poussant la porte du cabinet de Roy London, Brad découvre en fait pour la première fois un couple d'hommes d'un certain âge qui vivent naturellement ensemble, tout simplement, et c'est quand même une expérience insolite et nouvelle pour lui.

Accueil réfrigérant. Allez, encore un de ces petits péteux tout juste sortis de leur cambrousse, qui croient que tout est arrivé parce qu'ils sont bien foutus et qu'ils ont une belle gueule. Roy les connaît par cœur, des allumeurs ignorants et bornés qui ne comprennent rien à rien et veulent passer à la télé pour avoir leur photo dans des magazines débiles, se taper des blondes idiotes et ramasser un maximum de thunes sans se donner de mal. Malgré tout, on se doit de reconnaître qu'il déménage, avec sa démarche, son sourire, sa politesse, une fraîcheur dont on a perdu l'habitude parmi les traîne-patins du Sunset Strip. Il y a peut-être quelque chose à travailler, mais il faudra tout reprendre s'il s'accroche à ses cours. Et s'il cherche vraiment un prof, qu'il ne s'amuse pas à tomber sur une nurse ou un *sugar daddy* qui le laissera faire la loi. Roy n'a pas de temps à perdre et il a aussi tout ce qu'il faut à la maison. Même topo pour Brad, que l'univers familier de London met mal à l'aise. Les portraits en noir et blanc sur les murs d'anciennes stars, Joan Crawford, Bette Davis et consorts, ces sorcières que les gays adorent, les collections de bibelots dont raffolent les cinéphiles un peu fétichistes sur les bords, ce pédé sportif et barbu qui le considère avec intensité, ce sont autant de questions auxquelles il ne saurait pas répondre. Brad soutient son regard, sans trahir sa gêne et sans cesser de sourire, mais ce n'est pas parce que London dispense ses leçons à la moitié de Hollywood qu'il faut se laisser impressionner et qu'on doit baisser son froc pour avoir l'honneur d'être admis à ses cours. En même temps, dans son for intérieur, il trouve sa propre réaction vulgaire, le type est parfaitement correct, il l'interroge sur ses origines, ses livres préférés et ses motivations très normalement, il dégage une impression de calme et de naturel qui inspire confiance. Leur premier échange ne dure pas longtemps. La froideur calculée de Roy n'incite pas à de grands développements de la part de Brad, qui n'insiste pas beaucoup non plus sur ses moyens de subsistance à Los Angeles. Mais cette retenue intéresse Roy, il y discerne un penchant pour le secret et peut-être même un fond de sauvagerie. Le quelque chose qu'il a cru deviner serait-il plus grand qu'il ne l'avait imaginé quand Brad se tenait devant lui durant les premiers instants de leur rencontre, avec son jean déchiré, sa casquette à l'envers et rabattue sur la nuque, cet air d'adolescence prolongée et fictive ? En fait, le malentendu initial se dissipera très vite. Brad et Roy resteront proches jusqu'à la mort du célèbre coach, emporté par le sida six ans après leur première rencontre. Avant de repartir, Brad a quand même osé déclarer que, s'il avait une méthode comme celle de Lee Strasberg, genre divan freudien tendance dure et thérapie de groupe, il ne tiendrait pas longtemps et s'enfuirait dans les bras de Doris Day. La référence a fait rire Roy, cette insolence lui a plu. Or, chez Roy, ce n'est pas du tout l'Actors Studio, même si les cours se prennent à plusieurs. Première règle : apprendre à lire correctement un texte en respectant le rythme des phrases, la ponctuation, le sens des mots. Il peut s'agir d'un poème de Walt Whitman, d'une page de Philip Roth ou du récit d'un fait divers tiré du *Los Angeles Times*. Les jeunes comédiens s'expriment avec un maximum d'une centaine de mots, parlent comme à la télé et sont globalement illettrés. Brad fait exception et, lorsqu'il lit devant ses condisciples, on l'écoute avec toutes les antennes en alerte. L'accent du Missouri s'efface progressivement. Deuxième règle : oublier tout ce que l'on a pu apprendre des ficelles du métier d'acteur, les tics et les trucs, l'emphase et les fausses émotions. Roy a un talent diabolique pour extirper les recettes et les artifices, afin de pousser chacun à retrouver le naturel. Évidemment, avec les imbéciles, la démarche est décevante. Brad, en revanche, est instinctif, et il n'y a pas d'écran entre ce qu'il ressent et ce qu'il transmet. Au fond, on n'a pas grand-chose à lui apprendre, il adapte sa voix et sa gestuelle dès qu'il a assimilé le texte qu'il doit jouer. Et puis il y a cet influx sexuel qu'il exerce en permanence sur tout le monde sans même s'en rendre compte. Une scène de pique-nique ou de rupture amoureuse, c'est pareil : les filles qui lui donnent la réplique rougissent instantanément, les garçons sont balourds et bredouillent. Troisième règle : il faut improviser et inventer ce qui manque dans un texte. Brad interprète les annuaires téléphoniques comme s'il avait le ticket avec l'autre bout du fil ou un compte à régler pour chaque numéro et on est prêt à monter dans l'avion quand il débite les destinations et les horaires des vols de la Pan Am. Tout l'amuse et il excelle aussi dans la quatrième règle : passer instantanément d'une expression à une autre, pousser des cris d'animaux, émettre des grognements inquiétants ou obscènes, adopter des accents incompréhensibles. Et puis il y a aussi les règles non écrites, bonnes à rappeler pour les autres, ceux qui se font encore des illusions, mais pas pour Brad qui les connaît déjà par cœur : ne pas toucher à la dope, ça bousille une carrière ; ne pas revenir sur un contrat une fois qu'il est signé, les studios sont là pour faire tourner la machine et pas pour engraisser des avocats véreux ; ne pas coucher utile, ça ne marche jamais longtemps et ça vous colle une mauvaise étiquette dans le dos. Depuis qu'il suit les cours de Roy, Brad ne sort plus autant qu'avant. Il consacre le temps qu'il n'occupe pas à trimballer ses strip-teaseuses pour payer ses cours à relire les textes que lui a refilés son prof, plutôt qu'à traîner dans les boîtes de Sunset Strip. Il y a quand même des exceptions, et Roy, comme Jane en d'autres temps, s'est fait une raison : Brad n'est contrôlable que jusqu'à un certain point, il est encore trop jeune et trop ardent, on n'est jamais sûr de savoir où s'arrête le curseur.

Un point positif enfin : dans ses premières tentatives pour contacter un directeur de casting, Brad n'a jamais réussi à passer l'obstacle des standardistes d'humeur peu câline et des secrétaires toujours débordées qui lui disaient de prendre des cours pour perdre son accent avant de se présenter. Il peut désormais leur répondre en citant Roy, même si ça ne suffit pas à les rendre beaucoup plus aimables. Or, certains assistants des directeurs de casting tournent autour des cours pour aller à la pêche aux nouveaux talents. L'un d'eux a repéré une apprentie comédienne pour lui faire passer une audition. Elle a besoin d'un partenaire qui lui donnera la réplique. Brad, toujours obligeant, accepte de l'accompagner même s'il n'aime pas les auditions, cette loterie dont on ressort rarement avec le billet gagnant. Il veut bien rendre service mais ne fait aucun effort pour se présenter sous son meilleur jour : pas rasé, le sempiternel jean déchiré, un tee-shirt qui a connu des jours meilleurs, l'air d'un ado. Quelle importance, c'est la fille qui a été convoquée, pas lui, il n'attend rien de cette lecture. Finalement, ça se passe comme dans les films qui racontent la vie à Hollywood : après l'audition, l'apprentie comédienne n'est pas retenue et c'est à lui que l'on demande de rester encore un peu pour rencontrer le patron de l'agence de casting, un certain Phil Lobel. Un parfait inconnu pour Brad, mais qui ne va pas le rester longtemps.

Phil Lobel est arrivé deux ans plus tôt à Hollywood avec son Macintosh, son téléphone portable avec lequel il s'est fixé pour règle de répondre à tous les appels, et mille dollars sur son compte en banque. Après avoir organisé pendant dix ans des tournées de rockers et de groupes jamaïcains dans tout le Middle West, il en est sorti financièrement lessivé et doté d'une furieuse envie de prendre sa revanche. Il n'est pas impossible qu'il y parvienne, car il dispose de sérieux atouts. Physique athlétique soigneusement entretenu, bronzage californien perpétuel, sourire carnassier qui ne trompe pas sur la dureté du caractère, énorme capacité de travail, sens aigu de l'organisation et de la manipulation de la presse populaire, voire carrément trash. Mais il ne faut pas se fier aux apparences, ce n'est pas un tueur de plus shooté à la cocaïne comme il y en a des centaines, qui bourdonnent entre Burbank et Malibu. Dans sa partie, les relations publiques et l'agent d'artistes, il est à la fois compétent et réglo, et pour lui ça redémarre déjà très fort. Son expérience de tourneur lui a aussi permis de nouer des relations avec Chuck Norris, le super baroudeur qui a rivalisé avec Bruce Lee, George Michael, le loukoum chantant helléno-britannique qui a mis le feu au hit-parade, David Copperfield le magicien qui pourrait faire disparaître l'Empire State Building sans qu'on s'en rende compte. Ces trois-là ont pu apprécier son professionnalisme et ne vont pas le laisser tomber. Mais il cherche aussi de nouvelles recrues encore inconnues et qui auraient tout à gagner à le prendre comme agent. Il n'est donc pas question que Brad lui échappe. Accessoirement, Phil Lobel est gay, on n'en sort pas. Eh bien, tant pis pour lui, gagner Brad Pitt vaut bien le sacrifice de virer *hetero friendly.*

Curieusement, les biographies de Brad, parfois intéressantes mais plus souvent fades et conventionnelles, compte tenu de sa réticence à répondre à des interviews, négligent le fait que les deux hommes intelligents et efficaces qui l'ont aidé à faire ses premiers pas dans sa carrière d'acteur partageaient les mêmes préférences sexuelles et ont été certainement fascinés par son physique et sa jeunesse. De fait, appartenant à des mondes différents – pour Roy les cercles intellectuels et pour Phil les sunlights et les paillettes –, le coach et l'agent ont fait alliance pour soutenir leur champion, bel exemple de sublimation du désir pour un garçon toujours attentif et charmant, mais dont le chemin allait vers les filles depuis l'adolescence et sans promesse de retour. Il a d'ailleurs toujours tranquillement reconnu ce qu'il leur devait en veillant à leur manifester le même respect qu'ils avaient eu pour lui.

Le bulldozer Phil Lobel va se révéler très efficace. Sa stratégie est simple : trouver un maximum d'engagements à la télévision en commençant par de simples figurations et des séries pour la jeunesse qui se cherche des modèles de son âge, ensuite monter en puissance avec les téléfilms qui fidélisent un public plus large, atteindre enfin des longs-métrages de cinéma, catégorie B au début, puis de mieux en mieux en grimpant au générique afin de parvenir chaque fois à une meilleure place. Obtenir en même temps des reportages avec des photos dans la presse people bon marché qui vibrionne autour de Hollywood en insistant sur les flirts réels ou supposés de Brad avec des starlettes ambitieuses et plus ou moins en vogue. Au premier stade, on se contentera de la vie magique des *teenagers* à belles dents et cheveux au vent ; en jeans et baskets, heureux sous le soleil, partageant des amusements sans péril entre fast-foods et rigolades de potes, courant après des amourettes à petits bisous, avec des filles qui font bisquer les garçons au gré de leur fantaisie. Pas de politique et encore moins de guerre en perspective. Le *fun* comme programme quotidien et la réclame pour la consommation effrénée de babioles inutiles comme horizon sans limites. Le sport plutôt que la lecture, plastique impeccable et jolis corps, adolescence éternelle et agitation sexuelle omniprésente quoique superficielle ; attitudes déviantes inconnues, évidemment. L'irruption du désir pur et dur est absente et, pour avoir vraiment une idée de tous les ennuis qu'il entraîne, changez de chaîne et passez aux programmes pour adultes qui sont diffusés plus tard dans la nuit. La qualité du script et de la réalisation n'est pas le premier objectif mais, après les publicités, les séries et les comédies d'étudiants, on pourra essayer les petits films d'épouvante bien gore qui permettent aux jeunes réalisateurs de se faire la main dans des productions à maigre budget avec des comédiens débutants. Le robinet des spots publicitaires et des séries coule en permanence dans les téléviseurs des familles qui ne les éteignent jamais, il y a toujours une historiette d'étudiant ou un film d'horreur qui passe quelque part, et les articles racoleurs de la presse pour adolescents diffusent chaque semaine des images de beaux gosses que les petites amoureuses des interminables banlieues punaiseront dans leur chambre. Rien de bien original dans la démarche de Phil Lobel, mais Brad est d'accord et ne discute pas, enfin pour l'instant.

Première apparition en figurant dans *Less Than Zero*, un titre qui ne ment pas sur la marchandise, un film vaguement inspiré du roman à succès de Bret Easton Ellis, le petit prodige littéraire chic et en vogue. Accent mis sur la jeunesse, celle de l'auteur et des comédiens, avec Robert Downey Jr. en tête de gondole. Pas de dialogue pour Brad, et il faut s'accrocher pour l'apercevoir se tenant à la porte d'une *party* branchée. Mais cet illusionniste de Phil arrive à décrocher quelques échos journalistiques dans les rubriques « espoirs et nouveaux talents ». Ensuite, c'est un peu mieux: *No Man's Land* avec Charlie Sheen. Brad en serveur. Toujours pas de dialogue, mais la caméra le suit pendant qu'il fait le tour de la table où l'on dîne. Il commet une imprudence en s'inventant une réplique : « *Would you like more champagne?* » Catastrophe. Ce n'était donc pas prévu, le réalisateur hurle « Coupez ! », et un assistant furibond se jette littéralement sur Brad en le menaçant devant toute l'équipe de ne plus jamais tourner ; rapport au syndicat des acteurs, interdiction de se présenter dans un studio, l'injonction est sévère. Phil, informé de l'incartade, calme le jeu. Grondé et penaud, Brad recommence à servir le champagne sans apporter de nouvelles contributions personnelles au scénario, qui d'ailleurs ne devait pas casser trois pattes à un canard, le film ayant disparu depuis dans les oubliettes de la cinéphilie compulsive. Pourtant, ces débuts bien modestes ne le découragent pas, il respire à plein nez l'atmosphère des deux premiers tournages et il observe attentivement tout ce qui se passe autour de lui. C'est ainsi qu'il remarque la présence sur le plateau de types aux fonctions indéterminées qui apportent de curieuses enveloppes aux acteurs principaux. Il se souvient de l'une des règles d'or édictées par Roy London : Robert Downey Jr. et Charlie Sheen entament leur descente sur le toboggan infernal de la cocaïne, qui va les envoyer dans le décor, bientôt et pour longtemps. Phil réussit ensuite un coup de maître. Il fait engager Brad dans quatre épisodes de *Dallas*. La série la plus célèbre de l'histoire de la télé américaine, avec *Dynastie* et *Falcon Crest*, ne s'est pas encore essoufflée. Mais la famille Ewing s'est étoffée, dix ans après son apparition sur le petit écran, les enfants ont grandi, aussi bas de plafond, arnaqueurs et mesquins que leurs géniteurs. Shalane McCall, ancienne poupée grimaçante des programmes pour enfants et fille de Priscilla Presley dans la série, a désormais un petit ami. Après deux essais et d'intenses fumigations de *brain storming* dans la Cocotte-Minute de la chaîne CBS, Brad est l'heureux élu qui décroche le rôle du joli cœur. Ses apparitions sont encore furtives : il flirte ardemment avec sa copine, joue au bon garçon qui tente de se faire bien voir par les parents dont les warnings sont en alerte et se fait finalement virer brutalement par le père qui a surpris les deux tourtereaux en pleine séance de bécotage intensif dans la paille du ranch familial. Cheveux mi-longs et mèches crantées avec un effet mousse blonde dans le genre chanteur du Top 50 pour gamines en folie, tour à tour bras nus dégageant les épaules quand il serre sa petite amie, ou en complet avec cravate pour faire bonne impression au paternel qui rechigne de plus en plus ; c'est le mignon idéal pour la vulgarité ronronnante de la série. Les scénaristes ont tiré à la ligne en dessinant son personnage et en écrivant ses dialogues : un petit benêt au sourire Colgate, dragueur insistant et branloteur maladroit. Le miracle, c'est qu'il parvient à être très vivant et sexy en attraction marginale d'une production où tous les personnages sont stéréotypés et désespérément ordinaires dans leur banalité rassurante. Phil Lobel est plus que jamais aux manettes : Randy, c'est le prénom de Brad dans la série, se vend très bien dans les médias spécialisés. Première interview pour une télé de Los Angeles, où il évoque, avec les accents de joie d'un adolescent qui vient de faire l'amour pour la première fois avec une vraie femme, le rêve réalisé d'avoir donné la réplique à des stars qu'il regardait quelques années plus tôt, vautré sur un canapé à Springfield. Reportage d'actualité sur le coup de foudre réciproque, mis en scène par Phil, entre Shalane et Brad, tartines de photos émouvantes et de pseudo-confidences exclusives dans la presse spécialisée. Brad découvre qu'il n'est pas nécessaire d'avoir tourné avec Coppola pour signer des autographes, il suffit d'apparaître dans *People* et *Star Magazine*. Mais contrairement aux autres jeunes espoirs dans son genre, qui fêtent leur succès tout neuf en forçant sur leur consommation de pétards, il a aussi compris que cette célébrité soudaine ne dure pas plus de temps qu'il n'en faut pour frotter le pare-brise de la voiture après la neige. Enfin, *Dallas* étant diffusée de manière hypnotique à travers tous les États-Unis, le moment est venu d'avouer la vérité à ses parents : il n'est pas venu à Los Angeles pour suivre des études de design et de journalisme, mais pour devenir acteur. Commentaire de Bill : « Pas la peine de nous l'expliquer, on l'avait bien compris ! » Il vient donc de monter quelques marches, mais à Hollywood il faut aussi apprendre à redescendre en attendant de remonter. L'amourette avec Shalane s'éteint comme le *sunlight* de *Dallas*, et Phil s'épuise à éplucher en vain les annonces de tournages dans *Variety*. Cependant, Brad n'a pas perdu son temps : il a gagné un peu d'argent, s'est séparé des limaces en colocation sur leurs matelas pour louer un studio plus près des plateaux, et les standardistes des directeurs de casting ne lui demandent plus d'épeler son nom avant de lui expliquer sur un ton agacé que leur patron est en réunion et qu'on le rappellera plus tard s'il laisse son numéro. Il résumera ensuite d'une manière un peu plus lapidaire : « *Dallas* ? Ah oui, pantalon Lycra et coiffure plumeau ! » Suivent *Another World*, un *soap* pour ménagères pas plus mal qu'un autre. On dit *soap* (« savon ») pour désigner des téléfilms ou des séries parrainés par des marques de lessive et diffusés généralement l'après-midi. Au fond, machines à laver et téléviseurs se ressemblent, il suffisait d'y penser. Brad y apprend à jouer au basket avec Michael David Palance. La caméra insiste beaucoup sur son jeu de jambes. *Growing Pains*, un sitcom pour collégiens où le petit frère de sa copine l'espionne et donne son avis ; le cafteur qui ferait mieux de faire ses devoirs s'appelle Leonardo DiCaprio. *21 Jump Street*, le feuilleton policier qui vient de lancer Johnny Depp dans le rôle d'un jeune inspecteur sans peur et sans reproche. Atmosphère sociale pseudo-réaliste et, pour Brad, un petit rôle mieux qu'une apparition. *Thirtysomething*, le feuilleton des trentenaires qui découvrent les joies du travail et de la vie de couple. Brad roule des palots à la baby-sitter dans la rue, au drugstore, en voiture. Pas de dialogue, mais cette activité soutenue lui vaut d'être remarqué par Edward Zwick, l'auteur de la série : « Il a fait sensation sur le plateau. Il était si beau, si charismatique et si sympathique que tout le monde a compris qu'il n'allait pas en rester là. » Quelques années plus tard, Zwick aura l'occasion de réaliser sa prédiction en dirigeant Brad dans *Légendes d'automne*, l'un des premiers films qui installeront Brad dans son statut de superstar. Un tournage où les bisous n'auront plus la même saveur, Zwick ayant du mal à admettre qu'on ne parle pas au héros d'un film à plusieurs millions de dollars comme au bécoteur muet d'une baby-sitter. *Head of Class*, encore une histoire de battements de cœur à l'université. Spécialiste des idylles de tournages, Brad s'affiche largement dans la presse spécialisée avec Robin Givens, la starlette du sitcom. Il y a un petit problème, quand même, la gentille écervelée est aussi l'ex-bonne copine de Mike Tyson, le bulldozer des rings de boxe, sacré meilleur poids lourd de tous les temps. Il voudrait récupérer Robin, il a encore la clé de la maison, et il n'est pas d'humeur accommodante. Brad est assez baraqué, comme garçon, il mesure un mètre quatre-vingt-trois et il sait se servir de ses poings à l'occasion, mais il est probable qu'il se sente comme un moucheron à l'idée d'affronter cette masse écumante de chair et de muscles qui pourrait l'écraser en un clin d'œil, sans même s'en rendre compte. Diverses versions plutôt contradictoires ont évoqué l'issue de cette rencontre imprévue. Elles ont largement circulé dans les habituels *news magazines* et jusque dans les colonnes d'organes réputés plus sérieux tels que le *Los Angeles Times* ou le *New York Times*. Brad en a incidemment tiré la conclusion que l'on devient plus célèbre grâce à ce genre de faits divers qu'en enquillant les sitcoms à la télévision. Selon des « connaisseurs du dossier », comme on le dit pour les experts en affaires politiques ou judiciaires importantes, Robin aurait su jouer les chattes repentantes et toujours amoureuses pour amadouer son ex en évoquant un regrettable malentendu, tout en ménageant une exfiltration express de Brad. Il est possible aussi que ce dernier ait jugé plus prudent de prendre la tangente sans perdre de temps en réflexions inutiles dès qu'il a aperçu par la fenêtre la voiture de Mike Tyson et constaté qu'il s'en extirpait à la vitesse stupéfiante des crocodiles surgissant du marigot. Une autre hypothèse, plus à l'honneur de Brad et tout aussi plausible, serait qu'il ait accueilli tranquillement le monstre et soit parvenu à l'apprivoiser en usant de son charme et de sa gentillesse. Ce qui expliquerait, d'une part, qu'il n'ait pas fait de séjour à l'hôpital après la rencontre, et d'autre part que Mike Tyson ait confié à des journalistes médusés que ce petit gars de la télé était un *very smart boy* et qu'il était très sympa d'échanger avec lui des pronostics sur les matchs de base-ball. On constatera cependant que le flirt entre Brad et Robin ne s'est pas prolongé, sans doute parce que le tournage de *Head of Class* était terminé. Brad dira plus tard que c'est toujours un problème, de tomber amoureux de sa partenaire. Certes…

Marre des feuilletons, on s'y perd au milieu des autres jeunes espoirs aux dents acérées à débiter des dialogues insipides dans des apparitions furtives. Brad et son agent Phil Lobel sont en conflit, désormais, ce n'est pas en continuant sur cette voie qu'il franchira la barrière invisible qui le sépare du cinéma. Mais il a aussi besoin de gagner sa vie, d'autant plus que Phil lui avance de l'argent pour qu'il puisse gâter ses petites amies. Une par épisode, Brad tombe tout le temps amoureux, il est très généreux et offre de beaux cadeaux en croyant chaque fois que c'est pour la vie mais, dans ce milieu des starlettes de la télévision, rien ne dure et « Tournez manège ! ». En désespoir de cause, Phil décroche une publicité pour les chips Pringles, complètement débile mais super bien payée. Des jeunes, des filles, des palmiers, du soleil, un slogan – « Avec Pringles, retrouvez votre âme ! » –, aucun plan ne dure plus de deux secondes. Phil note un point important : les garçons sont torse nu et, le mieux foutu, le plus sexy, c'est bien Brad. À retenir pour la suite, pense Phil, même s'il évite d'insister sur le sujet : son poulain veut faire des films comme acteur et pas traîner avec des chips au bord de la piscine devant des blondes idiotes ou poser pour des posters qui finiront accrochés dans des boîtes gays.

Survient une chance inattendue : même s'il enrage d'avoir l'impression de végéter, Brad n'est plus un inconnu, le réalisateur Larry Elikann, presque un vieux de la vieille, spécialiste des téléfilms du dimanche soir, l'engage pour *A Stoning in Fulham County*. Ce n'est pas encore un vrai film de cinéma, ce n'est pas encore une première place au générique, mais c'est un vrai rôle. Une communauté amish vit à l'écart du rêve américain de la bagnole et de la consommation tous azimuts, selon les principes de l'Ancien Testament. Les hommes sont barbus, les femmes sans coquetterie, les familles très nombreuses, la solidarité du groupe qui s'adonne à l'agriculture et à l'artisanat se dresse comme un rempart contre les tentations du monde extérieur. Mais les amish sont paisibles, bienveillants, sans défense, et ils donnent l'impression d'être heureux. Qu'ils aient l'air contents de leur sort exaspère les citoyens ordinaires de Fulham County, qui ont peu de contacts avec eux, et des petits voyous s'amusent à les harceler, lâchement, car les amish sont hostiles à toute violence et ne répliquent pas. Un groupe de quatre jeunes jette alors des pierres au passage de la charrette d'une famille amish, un enfant est touché et meurt. Les amish refusent de porter plainte, mais l'un des agresseurs éprouve des remords et se dénonce ; c'est Brad. Il n'a que quelques scènes pour expliquer sa conduite, mais elles sont centrées sur lui et filmées dans une sorte de clair-obscur qui donne encore plus de relief à son jeu. Plus de mousse blonde sur la tête, plus de sourire enjôleur, d'œil câlin et de plaisanteries faciles. Le registre est grave, Brad, comme le héros qu'il incarne, est en train de se reconquérir, il vit le tournage comme une évasion. Or, les années de la présidence très conservatrice de Ronald Reagan ne sont pas néfastes pour les amish, qui sont arrivés en Amérique parmi les premiers pionniers, et l'hostilité à leur égard est plutôt mal vue. *Witness*, le film de Peter Weir avec Harrison Ford, salué par une pluie de sélectionnés aux Oscars, a aussi ouvert à une meilleure compréhension du mode de vie de la communauté. Le remords de Brad exprime finalement un sentiment général de regret et de compassion. Le téléfilm, réalisé avec beaucoup de tact et d'empathie à l'égard des amish, obtient un taux d'audience inattendu et la performance, modeste mais marquante, de Brad lui vaut pour la première fois l'attention des critiques avec des articles qui lui sont favorables. C'est une pierre dans le jardin de tous ceux qui refusaient de le prendre au sérieux, et de Phil, qui n'était pas très chaud à l'idée de le voir s'embarquer dans cette histoire. Mais ce n'est qu'un début dans la trajectoire, en lignes brisées, qui va enfin permettre à Brad d'atteindre le cinéma. Très vite, une nouvelle opportunité se dessine.

Être un réalisateur yougoslave qui cherche à monter la production de son prochain film à Hollywood à la fin des années quatre-vingt ne correspond pas exactement à l'idée qu'on se fait d'une partie de plaisir.

Emir Kusturica a bien obtenu la Palme d'or à Cannes avec *Papa est en voyage d'affaires* en 1985, mais pour ce parfait inconnu de Božidar Nikolić – comment ça se prononce ? –, la porte des grands studios reste fermée comme celle d'un coffre-fort à la Réserve fédérale à Washington. Il a bien réalisé deux ou trois longs-métrages au fort parfum balkanique et obtenu en Europe des articles élogieux de la part de quelques rats de cinémathèque au teint terreux et d'obscurs pique-assiettes de festivals confidentiels, mais ce genre de prouesses ne procure aucune recommandation utile auprès d'agents qui bâillent d'ennui quand on leur parle d'un pays qu'ils seraient bien en peine de situer sur une carte. En plus, Božidar Nikolić, avec sa gueule burinée de Monténégrin ayant forcé sur le rakia, n'a pas vraiment adopté de look perpétuellement bronzé et le *dress code* Armani de l'arriviste californien type. Ses rudiments d'anglais ne lui permettent pas d'assurer triomphalement d'éventuelles conversations avec des interlocuteurs qui ne font aucun effort pour articuler et parlent le patois du show-business pompé dans les mystérieux articles de *Variety.* Il faut avoir une voiture, à Hollywood, pour se déplacer, et bien calculer le temps de parcours dans le labyrinthe pour ne pas arriver essoufflé et trempé de transpiration comme une serpillière à un rendez-vous arraché de haute lutte à des standardistes sourdes et à des assistantes toujours de mauvaise humeur, quand il faut avoir l'air en pleine forme, fleurant bon un parfum de Hugo Boss, souriant et net comme au sortir d'une douche revigorante. Donc ça ne marche pas très fort pour lui. Mais rien n'étant jamais définitif en ce bas monde, le scénario de son projet de film *The Dark Side of the Sun* a miraculeusement atterri sur le bureau de Phil. Brad sort le script de la pile des projets qui commence à se remplir, puisqu'on parle de plus en plus de lui depuis la séance de mamours avec Mike Tyson. Et il s'enthousiasme pour l'histoire qui est, à vrai dire, fort belle. Un jeune Américain souffre d'une maladie de peau qui sera fatale s'il s'expose à la lumière. Il porte en permanence une tenue de cuir qui le dissimule entièrement aux rayons du soleil. Ayant gagné avec son père un pays lointain où un voyant pourrait le guérir, il comprend que sa situation est sans espoir. Mais il s'est épris d'une jeune fille. La petite ville qui abrite leur idylle est en fête car un festival de théâtre s'y tient, et il décide d'abandonner son enveloppe protectrice et de vivre pleinement entre la plage, les cafés et la fête. Avec l'assentiment de son père et en sachant qu'il ne dispose que de quelques jours avant que la maladie mortelle ne le rattrape. Un mélo, sans doute, un premier rôle, assurément, une rupture avec les séries télévisées, en tout cas. Brad n'est jamais sorti des États-Unis. Il découvre l'Europe et la Yougoslavie, la beauté intacte de la baie des Bouches de Kotor au Monténégro, le style de vie d'habitants hospitaliers et désintéressés, une production très modeste mais animée par des techniciens de qualité, un tournage sympathique, un réalisateur en fait très expérimenté avec qui il se lie aussitôt d'amitié. C'est une véritable cure de jouvence pour lui, qui lui permet d'incarner son personnage avec beaucoup de grâce et d'émotion. Et, pour ne rien gâcher, Cheryl Pollak, qu'il a croisée à plusieurs reprises sur des sitcoms, a fait le pari de le suivre pour jouer le rôle de la jeune fille. En filigrane, le film joue aussi sur un thème qui lui importe, celui de sa beauté physique masquée et interdite et ensuite mise à nu, exposée en pleine lumière et appelée à devenir l'instrument de sa mort. Au fond, il n'a jamais été aussi heureux depuis qu'il a pris la décision de s'enfuir du Columbia College pour tenter sa chance à Hollywood. Il attend beaucoup de ce film très bien réalisé et qu'il considère comme un nouveau départ inespéré. Mais la malchance est une maîtresse cruelle et tenace : il est à peine rentré à Hollywood que la guerre éclate en Yougoslavie, les bobines du film disparaissent dans la tourmente sans que ni lui ni Božidar ne parviennent à les récupérer. Elles réapparaîtront dix ans plus tard mais, en attendant, Brad se retrouve à Hollywood avec, pour seule perspective, celle de tourner dans un épisode de la série *Freddy*, le feuilleton d'horreur pour adolescents qui lui réserve le rôle peu excitant d'un jeune marié dévoré par l'acide sulfurique. On imagine ce que furent sa déception et sa tristesse. Il appelle son père au téléphone dans un moment de découragement : « Ils ne veulent me faire tourner que de la merde. » Réponse de Bill : « Si c'est comme ça, arrête et reviens à Springfield. » Il ne suivra pas le conseil de son père mais, réconforté d'avoir seulement entendu sa voix et senti son affection intacte, il se souviendra que Bill a eu une vie très difficile à ses débuts, chauffeur routier ayant arrêté l'école à quatorze ans et travaillé très dur toute sa vie pour assurer l'avenir de ses enfants. Un exemple de courage et d'endurance. Donc, ce n'est pas le moment de lâcher prise et de se laisser emporter par les papillons noirs.

Justement, le ciel s'éclaircit : il hérite d'un second rôle important dans *Cutting Class*, dont il tiendra finalement le premier rôle. Encore une histoire d'université avec flirts, base-ball et pom-pom girls, mais traitée en « suspense et épouvante ». Un *slasher*, c'est-à-dire un film de cinéma de série B, avec beaucoup de sang, surtout vers la fin quand on commence à s'ennuyer. Brad est le tombeur de la classe, très physique, avec des reparties mieux fignolées que d'habitude et beaucoup de plans rapprochés où il apparaît évident que la caméra est aussi tombée amoureuse de lui. Un assassin fou parmi ses condisciples multiplie des crimes qui terrorisent ses camarades. On suspecte Brad, puisqu'un tel visage d'ange cache forcément une nature démoniaque, mais c'est une fausse piste. Lorsque le coupable est enfin démasqué, Brad se retrouve à sa merci et soumis à une séance de torture raffinée, sa jolie tête blonde étant prise dans un étau que le sadique resserre de plus en plus. Frissons assurés pour un public d'admiratrices adolescentes qui ont eu tout loisir de se régaler d'un Brad ravissant en tee-shirt échancré pendant la première partie du film. C'est plutôt amusant et bien fait, Brad écrase littéralement le reste du jeune casting. Il a aussi la joie de croiser Roddy McDowall, un de ses acteurs fétiches depuis qu'il a vu et revu tous les épisodes de *La Planète des singes* au drive-in de Springfield. Un peu fatigué, quand même, ce brave Roddy, embarqué dans ce petit thriller à l'hémoglobine pour payer ses impôts. Inévitable péripétie, Brad se lance aussi dans une liaison passionnée avec Jill Schoelen, son amoureuse attitrée dans le film. On les voit tous les soirs ensemble dans les boîtes de Sunset Strip, et les *news magazines* s'en donnent à cœur joie. Allons, la vie de graine de star pour des films de série B qui finissent dans des vidéoclubs peut quand même offrir quelques consolations. À la fin du tournage, Jill s'envole pour la Hongrie où elle doit jouer dans une énième version du *Fantôme de l'Opéra*. Elle bombarde Brad de messages pathétiques : le tournage se passe mal, elle est seule au pays des Magyars, il lui manque, au secours, *my darling* ! Le temps de taper Phil pour se payer le voyage Los Angeles-Budapest via Londres, vingt heures de vol, grosso modo, et il est déjà dans l'avion. Sa connaissance de l'Europe enregistre un nouveau progrès. Mais ce n'était évidemment pas la chose à faire, et Brad est décidément trop innocent et trop sentimental, peu versé dans la connaissance des aléas du cœur féminin. À peine est-il arrivé que, au dîner des retrouvailles, Jill lui déclare qu'elle n'est plus amoureuse et que la clé de sa chambre n'est plus pour lui mais pour un autre. Fin brutale de la rhapsodie et des accents mélodieux à la cithare d'Anton Karas. Illico presto, il la laisse continuer à rêver de la suite de sa soirée devant son goulash, quitte la table et s'enfuit. Il échoue à la gare centrale de Budapest, où il passe la nuit sur un banc au milieu de tous les naufragés de la misère postcommuniste qui traînent dans la salle d'attente.

La mine inépuisable des aventures à l'université attend Brad de pied ferme pour *Happy Together*. Une comédie sur le thème follement original de l'erreur de l'administration qui oblige un étudiant sérieux à partager sa chambre avec un autre étudiant qui s'avère être une étudiante particulièrement délurée. Brad joue le rôle du meilleur pote de l'étudiant sérieux qui s'intéresse de près à sa camarade de chambre. Où l'on constate qu'il semblerait qu'on n'en fiche pas une rame dans les universités américaines et que personne n'y a jamais entendu parler du rapport Kinsey sur l'ambivalence du mâle *made in USA*. Quiproquos et malentendus qui pèsent des tonnes, et Brad à son meilleur quand il bécote Helen Slater. Bon, c'est bien gentil, tout ça, mais terrible impression de régresser, Brad peut payer son loyer et s'acheter une voiture, mais il s'enlise. La Yougoslavie est loin, écrabouillée avec le rêve de porter un film à soi tout seul. Surgit une nouvelle opportunité : il s'agit encore d'une série télévisée mais, cette fois, c'est enfin Brad la tête d'affiche. Cela s'appelle *Glory Days*, et il s'agit d'explorer – sur le ton d'une comédie à forte connotation psychologique et sociale – les affres de jeunes ambitieux qui sortent enfin de l'université et font leurs premières armes dans la vie professionnelle. Brad est un reporter sportif qui a lâché ses études sur un coup de tête et qui ne s'en laisse pas conter par des profs imbéciles et des magouilleurs de vestiaires. C'est bien écrit, bien réalisé, vaguement autobiographique, et la chaîne Fox, toute récente, matraque sa publicité en insistant sur la performance de sa toute nouvelle révélation. Brad va-t-il enfin connaître le sort de Johnny Depp, dont la série *21 Jump Street* en a fait une star télé, prête pour embrayer sur de vrais grands rôles de cinéma ? Peine perdue. Trop intello pour une comédie, la série ne recueille qu'une audience insuffisante pour les annonceurs publicitaires. Elle s'arrête abruptement après le sixième épisode. Un long-métrage de qualité parti en fumée en Yougoslavie, des petits films qu'on ne verra jamais au drive-in de Springfield, une série torpillée par la Fox sans même lui laisser le temps de s'installer et cette litanie exaspérante des *news magazines*, qui font semblant de vous aduler alors qu'ils vous vendent comme une savonnette en vous noyant sous les fausses confidences : quelle ironie après tant d'efforts et d'ambition ! Le désarroi de Brad est perceptible dans une interview télévisée où il refuse de répondre à la plupart des questions d'une chroniqueuse exaspérée par sa nonchalance et son mutisme. Il est pourtant si beau, si écorché, si brave dans son comportement de refuser de se prêter à un jeu dont les cartes sont pipées qu'une journaliste plus intelligente ou plus sensible aurait pu tirer parti de cette rébellion. Pas de quoi s'affoler non plus, l'interview ratée est largement reprise, ce jeune a du caractère, et à Hollywood on cherche partout des jeunes avec du caractère. La carrière toute neuve et en dents de scie de Brad peut redémarrer.

Oui, au fond, tout ne va pas si mal. Malgré leurs différends, Brad reconnaît que Phil se démène au maximum. Il n'est pas nécessaire de tourner les pages du glauquissime *Hollywood Babylone* de Kenneth Anger pour savoir que Tinsel Town, la « cité clinquante » du soleil, de l'argent fou et des stars est un autre enfer pavé de destins fracassés et d'ambitions perdues. Putes à la dérive, gigolos vieillissants, semi-gangsters à la petite semaine, tous affolés par la roue de la fortune qui ne tournera jamais pour eux. Lorsqu'il se libère des accès d'angoisse et de déprime qui l'oppressent dans ce chaudron anxiogène où se débattent d'autres garçons et filles de son âge, Brad prend la mesure de tout le chemin parcouru depuis trois ans. Il n'était rien, or, il travaille de plus en plus, et tous les gens qu'il voudrait connaître le connaissent désormais de mieux en mieux. Brad est foncièrement positif et fidèle dans ses amitiés. Reprocher la violence sournoise de l'état des choses à Phil, à Roy et à tous ceux qui l'aident à progresser serait profondément injuste. Il en a conscience. Son charme, le versant joyeux de son caractère, reprennent assez rapidement le dessus et les tensions s'apaisent. En plus de son talent dont personne ne doute autour de lui, ce sont aussi ses faiblesses, ses moments de passage à vide qui encouragent ses supporters à le soutenir et à l'aimer. La qualité de la relation qu'il entretient avec son entourage tranche avec le cynisme et l'utilitarisme ambiant. Et s'il y a toujours une part de lui-même qui s'échappe, inatteignable et secrète, ce mystère qu'il ne s'explique pas accroît encore le désir de ne pas lui manquer et de le servir. En même temps, l'apprentissage de la solitude, entre les flashs des photographes, les couvertures des magazines, les déconvenues et les filles qu'il ne songe pas à retenir, lui a appris que c'est en lui-même qu'il doit trouver les lignes de force qu'il faudra suivre et cultiver pour continuer à progresser. Patience, encore quelques rencontres et ce sera bon.

À cinquante-trois ans, Albert Finney a gardé toute la force de caractère du jeune homme en colère de *Samedi soir, dimanche matin* et la grâce libertaire de *Tom Jones*, deux des films phares de la nouvelle vague anglaise des années soixante. Il a reçu un nombre impressionnant de récompenses, connu un succès international avec des films comme *Le Crime de l'Orient-Express* ou *Au-dessous du volcan*, incarné cette aptitude toute britannique à passer du cinéma au théâtre qui lui vaut d'être considéré comme étant l'héritier légitime de Laurence Olivier, mais il a surtout mené sa carrière en toute indépendance. Albert Finney ne tourne que dans des films qui l'intéressent et ne s'accorde des écarts que lorsqu'il doit payer ses impôts, la rançon de sa générosité et de son désintéressement. Pourtant, même des productions de séries sont alors marquées par la force de sa personnalité et la puissance de son jeu d'acteur. Dans *The Image*, une production télé de prestige, il est un journaliste célèbre piégé par une enquête qui a mal tourné, et qui décide de tout reprendre à la base par souci de la vérité et pour retrouver son honneur. La chaîne qui l'emploie refuse de le suivre dans sa démarche, et il doit engager un assistant inexpérimenté, sorte de cow-boy métropolitain qui ne connaît rien à rien, pour porter la caméra et conduire la voiture. Albert Finney a repéré Brad, il insiste pour le faire engager. C'est un faux petit rôle d'une dizaine de minutes à la fin du film. Leur échange sur le thème du maître et de l'élève les laisse seuls en tête à tête et donne tout son sens à la morale du film : préserver l'éthique d'une profession et la transmettre à la jeunesse. À l'écran, ça fonctionne remarquablement bien. Malgré son inexpérience, Brad se hisse à la hauteur d'Albert Finney, et ce sont ces scènes filmées entre les deux hommes qui assurent le succès du téléfilm et son record d'audience. Mais il se passe aussi autre chose : Brad reçoit d'Albert Finney, hors tournage, des leçons sur la conduite d'une carrière et la noblesse du métier d'acteur qu'il n'oubliera jamais. Rester libre de ses choix en toutes circonstances, ne pas hésiter à prendre des rôles a priori éloignés de ce que l'on sait faire, ne pas s'installer dans des emplois auxquels le public est déjà habitué. Un acteur qui déclare « je ne peux pas faire cela, mon public ne comprendrait pas » est déjà sur sa fin. Ces quelques jours passés avec Albert Finney vont exercer une influence déterminante sur Brad.

Across the Tracks est un film modeste à la production maigrelette, destiné à remettre en selle Ricky

Schroder, l'enfant prodige de *The Champ* et de *Little Lord Fauntleroy*, qui a connu le malheur de grandir et dont le charme juvénile s'est évaporé. C'est l'histoire de la rivalité entre deux frères, champions de course à pied : Ricky Schroder est le voyou qui brise les occasions de reprendre le droit chemin, Brad le brave garçon qui tente de lui donner le bon exemple. Le méchant contamine le gentil, leur maman se désespère, et puis finalement tout s'arrange, les deux frères pourront désormais compter l'un sur l'autre. Le film se laisse voir comme un documentaire sur la course à pied et sur une famille comme il y en a des millions, au-dessous de la ligne de flottaison du rêve américain. L'opération comeback de Ricky Schroder ne marche pas très bien, il est totalement éclipsé par Brad, et il est désormais mûr pour trente années de carrière en mode survie dans la mer des Sargasses des feuilletons télévisés. Petite sortie, pas grand-chose dans la presse et direct vidéoclub. La manie du résumé morose reprend Brad : un téléfilm avec un grand acteur célèbre, un petit film de cinéma avec une ex-star dont l'étoile pâlit, le va-et-vient continue, retour au téléfilm.

Mais cette fois, il s'agit de tout autre chose, avec un premier rôle violent et détraqué dans *Too Young to Die* (*Trop jeune pour mourir*). Le scénario est tiré d'un fait divers bien réel et crapoteux : le meurtre de son ancien amant par une adolescente hors-sol, maquée avec un voyou manipulateur. Vie marginale et descente aux enfers, procès, condamnation à mort ; débat sur la peine capitale à la clé, sur les plateaux et dans les familles. Du lourd à un moment où la délinquance bat des records de violence dans les grandes villes. En lisant le script, Brad comprend qu'il serait fou de laisser passer une opportunité pareille. Voilà le rôle qui lui permettra de rompre avec son image de beau gosse pour comédies interchangeables. La vraie seconde chance après *La Face noire du soleil* disparue corps et biens, et le défi d'incarner enfin un personnage antipathique et méprisable. Avec cet autre défi dans le défi de le rendre aussi sexy et attirant. Le vrai voyou, en somme, qui séduit pour détruire. Très vite, les scénaristes, les producteurs et le réalisateur tombent d'accord : il faut laisser Brad composer son personnage comme il le sent – gueule de drogué et éclairs de jeunesse bousillée, sourde violence et caresses dans le regard. C'est un rôle de composition, soit, mais depuis qu'il est arrivé à Hollywood, Brad a côtoyé plein de types comme ce Billy habité par la rancœur et la méchanceté veule. Les limaces de la coloc, les tourneurs de strip-teaseuses, les assistants ringards qui proposent la botte contre la promesse jamais tenue d'un petit rôle. Le réalisateur Robert Markowitz le suit dans tout ce qu'il invente pour son personnage. Ni trop, ni trop peu. Mais il y a aussi une donnée à laquelle Brad n'avait pas pensé au départ et qui va s'avérer essentielle pour la réussite du film : Juliette Lewis, l'actrice de seize ans qui incarne le rôle d'Amanda Sue, l'adolescente massacrée par la vie et qui massacre à son tour. Aussi inventive, étrange et douée que Brad. Le couple fonctionne si bien à l'écran que cette entente se transpose dans la vie. Et cette fois, il ne s'agit pas d'une idylle de tournage, ils décident de vivre ensemble. Elle a effectivement seize ans et lui vingt-six, passez votre chemin si vous avez quelque chose à redire, et que le monde aille à sa perte. Les *news magazines* sont quand même un peu perdus, le téléfilm déclenche des controverses incontrôlables, et comment faire rêver une génération de pom-pom girls et de gamins en tenue de base-ball avec un jeune couple d'assassins pervers, drogués et diaboliques ?

Une prison quelque part dans le désert. Brad est libéré mais il est en caleçon, son arme fatale, en quelque sorte. Les matons se moquent de lui. Quand il récupère ses affaires, il n'y a plus rien à reprendre sauf un appareil photo. Le maton en chef le considère d'un air railleur et méprisant. Brad sort de la prison, toujours en caleçon. Plein soleil sur le désert. Une fille superbe arrive en Cadillac décapotable devant la prison et lui lance un jean Levi's 501. Le maton en chef leur jette un regard hargneux. Brad enfile le Levi's 501, qui met en valeur sa taille et son cul. Bien coupé, le jean ; beau gosse, celui qui vient de le mettre. Baisers passionnés avec la fille. Le maton en chef, impuissant et furieux. Brad lui envoie l'appareil photo en geste de dédaigneuse insolence, il a le jean et la fille, c'est mieux. Ils partent, la fille et lui, dans la Cadillac décapotable. Slogan : « On n'est jamais trop Levi's », et musique boum-boum. Le film dure trente secondes, il a été produit pour le marché français seulement, mais il rencontre un tel succès qu'une version plus longue est diffusée aux États-Unis. Une minute avec des plans retrouvés : le sourire radieux de Brad quand il est libéré, la déception lorsqu'il constate qu'on lui a volé ses affaires, son air de défi devant le comportement du maton en chef, la joie en respirant l'air de la liberté quand il sort, son plaisir durant l'étreinte passionnée avec la fille, son sourire ironique et triomphant décoché au maton en chef quand il part avec la fille. Encore plus de soleil et de chaleur. Version courte ou version longue, le résultat est le même : les ventes des Levi's 501 s'envolent, le jeune acteur américain que l'on a l'impression d'avoir déjà vu quelque part mais dont on ne se rappelle pas le nom devient l'incarnation de toute une génération. Jeunesse et beauté, sexe et aventure. Célébrité éphémère d'un spot de pub mais qui lance des étincelles dans les castings et surexcite l'hystérie générale de la course à la nouvelle sensation dans le monde de la pub. En une poignée de secondes, Brad vient de solder l'addition des gamineries sans relief et des productions de la déveine. Accessoirement, le spot a été produit par Tony Scott, le frère de Ridley Scott. On le retrouvera bientôt. Mais en attendant, Brad doit encore fournir un effort démesuré, celui de se libérer de l'étreinte d'un rival qui le lâche d'autant moins qu'il est mort depuis trente ans.

James Dean, hélas…

« Un spectre hante l'Europe. Le spectre du communisme », écrivait Karl Marx, sans doute inspiré par l'apparition du spectre de Hamlet. On pourrait appliquer cette formule au cinéma hollywoodien à propos de Marilyn Monroe et de James Dean. Ils fixent, depuis soixante ans, les normes d'une séduction sexuelle à son apogée, dans des films américains appelés à une diffusion universelle. Leur mort précoce et tragique leur a évité le déclin et la vieillesse. Elle en a fait des figures de légende, installées sur un piédestal de romantisme et d'éternité où personne n'a pu les rejoindre. Perpétuellement imitées, parfois menacées, jamais remplacées.

Un spectre hante le cinéma de Hollywood. Le spectre de James Dean. Brad en a fait l'expérience à ses débuts : on le comparait partout et tout le temps au héros d'*À l'est d'Eden* et de *La Fureur de vivre*, fracassé à vingt-quatre ans au volant de sa Porsche. À croire que les *news magazines* tablaient avec impatience sur un autre accident mortel pour que la similitude fût complète. Jeunes, beaux, sexy l'un et l'autre, surgis de l'Amérique profonde, ayant commencé à peu près pareil avec des apparitions télé et des fiancées plus ou moins publicitaires, leur personnalité sauvage et libre débordant des cadres des scénarios par leurs gestes et leur diction, la nature de leurs improvisations. James Dean était sans doute gay, tandis que Brad ne l'est pas mais, autrement, la ressemblance est telle que les scénaristes des premiers films de Brad ont joué cette carte avec une régularité pavlovienne avant qu'elle ne s'efface peu à peu, puisqu'il continuait à vivre et à mener sa carrière au lieu de se lancer dans une course effrénée vers un autre destin fatal. La comparaison a pu se révéler utile pour se faire connaître, mais elle était aussi dangereuse et, s'il arrive que la copie paraisse meilleure que l'original, il ne faut pas laisser passer le moment de la déchirer avant que la mémoire du modèle original n'ait repris l'avantage et commencé à écraser toutes les couleurs. Même un réalisateur aussi perspicace que Ridley Scott, bien décidé à mettre en valeur la personnalité de Brad après l'avoir découvert et lui avoir donné sa chance, n'a pu s'empêcher de le filmer à un certain moment dans une attitude adoptée par James Dean dans *Géant*. La référence est évidente lorsque Thelma et Louise le retrouvent avec son chapeau de cow-boy, assis nonchalamment devant un motel délabré, image littéralement copiée d'une séquence avec James Dean. Il est probable que cette posture de faux abandon, à la fois excitante et vaguement inquiétante à regarder, ait éveillé un surcroît d'intérêt nostalgique chez les deux femmes, s'ajoutant au plaisir inavoué de la découverte. Thelma et Louise n'ont pas oublié James Dean, dont elles ont vu les films autrefois, Ridley Scott et Brad Pitt non plus.

Avant même les scénaristes et les réalisateurs qui le dirigeront avec James Dean dans le rétroviseur, ce sont les directeurs de casting et les agents qui donnent le tempo du requiem ensorcelé. Leur imagination n'est pas débordante, ils embrayent à peu près tous sur le mythe du héros ressuscité. Phil Lobel n'est pas le dernier à pousser la chansonnette pour convaincre son prochain. Brad y met une certaine bonne volonté. Il se présente souvent aux auditions, dont il n'attend pas grand-chose, aussi dépenaillé et replié sur lui-même que l'était son prétendu modèle. Ça marche bien, c'est une raison de plus pour que le transfert d'identité continue à fonctionner, et le piège se referme un peu plus. Les allusions à James Dean poussent comme des champignons après l'orage au long des apparitions de Brad dans les feuilletons pour *teenagers* tournés à la va-vite dans les conditions du direct où tout est moche. Les lumières mornes, les décors en carton, les rires enregistrés d'un public qu'on ne voit jamais, puisqu'il se résume à un assistant pour le son qui appuie quand c'est censé être marrant. Un coup de surligneur, et Brad propose à une fille de l'emmener voir *Rebel Without a Cause* (*La Fureur de vivre*), et elle, ravie, se prend déjà pour Natalie Wood. On notera la grande inventivité des scénaristes cinéphiles qui écrivent leurs lignes à toute allure le matin même des tournages. Transie d'amour, une autre blonde à cascade de mèches déclare sa flamme à Brad, lui-même cranté au maximum, en lui disant qu'il ressemble à son idole, encore James Dean, *of course*, ce qui relève d'un optimisme aveugle compte tenu du zèle déployé par l'atelier coiffure, trop heureux de justifier sa présence sur le tournage. La presse pour les jeunes n'est pas en reste, elle insiste lourdement sur les similitudes. C'est d'autant plus facile que la mode pour les garçons n'a pas évolué : jeans et tee-shirts, blousons de cuir, l'uniforme du voyou sexy est toujours le même. Pourtant, Brad sent la menace de se retrouver enterré vivant dans le cercueil du héros disparu. Il botte en touche : « Oui, Jimmy était génial, mais je ne suis pas comme lui. Il était encore tourmenté par ses rôles après les tournages, moi, je les oublie et je pense aux suivants. Et puis, l'Actors Studio et toutes ces prises de tête intellos, ce n'est pas vraiment mon truc ; avec mon coach, on essaie autre chose. » On pourrait objecter que les réalisateurs à la petite semaine des sitcoms et Elia Kazan ou Nicholas Ray ne boxent pas exactement dans la même catégorie. Brad a des excuses à ne pas se souvenir précisément de ce qu'il a fait la veille. Enfin, si, comme héritier ou fils spirituel, on fait plus concerné, il demeure que l'ombre du spectre continue à le suivre.

C'est en tournant en 1991 dans un épisode de la série *Tales from the Crypt* que Brad se rapproche le plus du personnage de James Dean, juste avant la percée définitive de *Thelma et Louise* et l'ultime tentation de Ridley Scott de laisser imaginer un soupçon de gémellité fictive entre l'auto-stoppeur arnaqueur qui piquera le fric de Thelma et le prolo méprisé du Texas qui raflera la mise des millionnaires du pétrole. La production est importante, des réalisateurs pleins d'avenir sont mobilisés, dont Richard Donner, William Friedkin et Robert Zemeckis – qu'il retrouvera plus tard –, la série joue sur l'horreur ordinaire de la délinquance et passe sur des chaînes qui pratiquent une censure sélective laissant une large place à la violence. Bien que l'épisode « The King of the Road » soit formaté à trente minutes selon la norme de la série, Brad a le premier rôle et c'est donc une avancée spectaculaire dans sa toute jeune carrière, qui lui permet de murmurer un adieu encore mal assuré aux petites bécasses amoureuses et aux potes gentiment imbéciles qui collaient à ses basques. Il est le « roi de la route », qui roule à tombeau ouvert avec une bagnole trafiquée, en voyou aux cheveux courts et au blouson de cuir, affrontant un flic cynique au passé trouble, dans une course-poursuite où il n'y a pas de place pour les précautions et les bons sentiments. Traques, enlèvements, carambolages. Rugissement des moteurs et dialogues peu usités dans les pensionnats de jeunes filles. Les citations de *La Fureur de vivre* sont nombreuses, et on repense à la célèbre course sur la falaise où Brad incarne avec superbe, et la mâchoire serrée, un desperado post-adolescent qui pourrait être James Dean. L'innocence et la vengeance, la grâce et la violence, le courage et la sauvagerie. Physiquement, cette fois, la ressemblance est franchement troublante. La réalisation efficace et nerveuse, les couleurs saturées renvoient à la manière magistrale dont Nicholas Ray avait servi le mythe alors tout neuf de James Dean. Sauf que, maintenant, c'est de Brad qu'il s'agit et, s'il bénéficie d'un traitement similaire qu'il va utiliser au maximum pour imposer sa présence, il est aussi décidé à en finir une fois pour toutes avec le clone du héros de *La Fureur de vivre*. Aboutissement et fin de processus. Avec « King of the Road », on peut dire aussi que le temps des essais s'achève pour Brad. Il est probable que, même si Ridley Scott ne l'a pas choisi pour *Thelma et Louise* juste après, ce qui entraînera l'ascension fulgurante que l'on sait, Brad soit quand même déjà devenu bien plus qu'un aspirant comédien aux yeux des meilleurs agents. Il se tient désormais sur le seuil d'une carrière qui reste à construire, et il est sorti du cycle infernal des sitcoms, des téléfilms et des longs-métrages qui ont la poisse en dépit de leurs qualités.

Or, malgré son instinct, Phil Lobel ne l'a pas compris, il a toujours d'autres sitcoms pour collégiens dans sa manche. C'est une mine inépuisable, sitcoms pour collégiens, les petits films d'horreur qu'on regarde en famille. Brad aurait-il oublié qu'il doit de l'argent à son agent chéri qui lui en a prêté pour qu'il puisse faire des cadeaux à ses petites amies ? Brad s'éloigne de lui et cherche d'autres agents. On lui parle d'un certain Lou quelque chose, un macaroni particulièrement vicelard qui enjamberait le cadavre de sa mère pour voir s'il reste quelque chose à briffer dans le réfrigérateur. Brad l'appelle. Tiens, justement, le type était en train de chercher à le joindre.

Et pourtant, le spectre de James Dean ne lâchera jamais tout à fait prise, car Brad va bientôt entrer dans la catégorie très rare des stars qui ne font pas des films mais qui sont le film, qui ne jouent pas seulement des rôles mais incarnent toute l'idée de la production, comme Marilyn Monroe dans son domaine. On n'imagine pas *À l'est d'Eden* ou *La Fureur de vivre* sans James Dean ; *Seven*, *Fight Club* ou *L'Étrange Histoire de Benjamin Button* sans Brad Pitt. Il est probable que les failles et les déséquilibres psychologiques, une lancinante propension à la dépression et à la détresse cachée, comme la volonté farouche de surmonter des obstacles intimes et secrets, soient à l'origine d'une même capacité chez James Dean et Brad Pitt à imposer leur personnalité à l'écran. Nicholas Ray dira de James Dean : « J'ai pensé que le drame de sa vie venait de la contradiction entre son désir de donner et sa peur d'appartenir. C'était un conflit très ancien entre une avidité et une défiance violentes, et l'intensité de ses désirs, de ses peurs, pouvait parfois donner à sa quête un caractère arrogant, égocentrique. Mais derrière se cachait une vulnérabilité si désespérée qu'on était bouleversé et même effrayé. » Brad dira de lui-même : « Je ne crois pas au concept du bonheur, je préfère imaginer celui d'une fin heureuse. » En ce sens, ils se ressemblent encore, sauf que l'un est mort et que l'autre continue à faire des films.

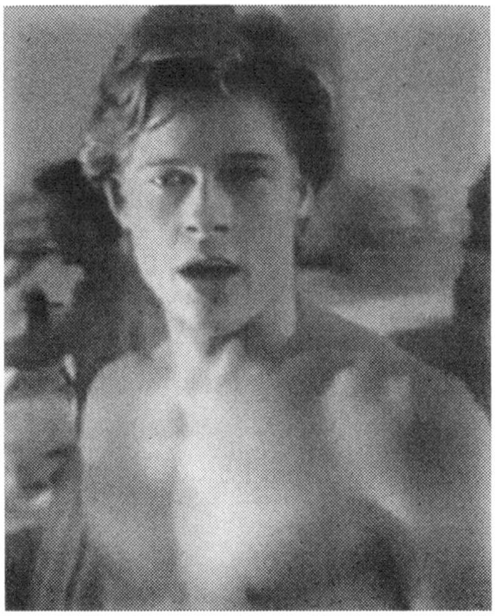

« *Once you pop, you can't stop!* » – slogan publicitaire pour les chips Pringles (« Une fois que tu as fait pop, tu ne peux plus t'arrêter ! »)

Chapitre 4

Films

« Ce n'est pas un métier, c'est ma vie, tout simplement. »

Brad

Johnny Suede.
(Tom DiCillo, 1991)

Vous souvenez-vous de Ricky Nelson ? Mais si, l'idole des jeunes du country-rock des années soixante, le beau gosse qui jouait dans *Rio Bravo* avec John Wayne, Dean Martin et la superbe Angie Dickinson. « Hello Mary Lou », « Travellin' Man », « Lonesome Town » ; pas Elvis, bien sûr, mais pas mal quand même. Mort à quarante-cinq ans, presque oublié, dans un accident d'avion. Johnny Suede, lui, ne l'a pas oublié, c'est même son idole, il rêve de devenir le nouveau Ricky Nelson en grattant sur sa guitare dans des clubs minables pour des gamines qui ont séché l'école. Il a des trucs pour réussir : sa coiffure, une énorme banane « à la Pompadour », et des souliers en daim qui lui sont tombés du ciel, on dit des *suede*, c'est la marque de fabrique, d'où le surnom de Johnny. En attendant, avant d'être reconnu comme le nouveau *rockin' baby face*, Johnny galère plutôt dans son quartier pourri quelque part à New York, à repeindre des appartements avec son pote black et à traîner en slip dans son studio limite sordide. Il se fait plaquer par sa copine maquée avec un photographe pas très net, avant d'en retrouver une autre plus sympa. Il rencontre une productrice de disques sur le retour qui se fiche de lui – Tina Louise, ex-star, même période que Ricky –, un autre rockeur dans son genre avec une banane blonde aussi impressionnante que la sienne – Nick Cave, futur pote dans la vie et belle carrière mouvementée. À la fin, ça a l'air de s'arranger, il abandonne la banane, ça colle avec la deuxième copine sympa. Malheureusement, il ne se balade plus en slip.

Du cinéma new-yorkais dans la veine des films de Warhol-Morrissey et de Jim Jarmusch qui sont passés par là, et c'est un sacré pari pour Brad qui est encore inconnu. *Thelma et Louise* n'est pas encore sorti, mais on s'agite déjà beaucoup autour de lui avec les rôles à la James Dean et à la Tennessee Williams, alors qu'il fonce tête baissée dans cette production microscopique avec Tom DiCillo, un apprenti réalisateur qui fait des petits one-man-show confidentiels. Le tournage n'est pas simple, Brad et Tom se prennent la tête, ils ont conscience de jouer leur avenir. Mais le résultat est formidable. Un film sexy, tranchant et sans bavures, comme une chanson de Bob Dylan et pas de Ricky Nelson, tellement original et différent des productions hollywoodiennes en série. Brad est épatant de présence, de charme et de mélancolie et, en dépit de la banane et du fait que Tom n'a pas la réputation d'être gay, il est filmé avec une fascination amoureuse à dégeler les lesbiennes et les machos les plus endurcis. Grand Prix surprise au festival de Locarno et séquence culte dans la saga Brad Pitt.

*

The Favor et *Cool World.*
(Donald Petrie et Ralph Bakshi, 1991)

Difficile de s'y retrouver, dans la série des tournages de Brad, juste avant ou juste après *Thelma et Louise*, une fois que l'on a reconnu la place à part de *Johnny Suede.* Prenons *The Favor*: scénario foutraque d'une femme mariée et qui s'ennuie. Elle demande à sa meilleure copine de coucher avec un ancien *boyfriend.* Brad est le copain de la copine. Second rôle à lunettes et pratiquement torse nu chaque fois qu'il apparaît, on ne lui a rien trouvé de plus à faire, et c'est d'ailleurs ce qu'il y a de mieux dans le film. Bien payé sans doute, mais production en faillite. Le film disparaît et sort cinq ans plus tard pour profiter du nouveau statut de star de Brad, qui aurait préféré qu'il continue à prendre la poussière dans une cinémathèque. Définitivement oublié ensuite.

Cool World, dans la lignée du succès de *Roger Rabbit*: tentative du génie de l'animation Ralph Bakshi pour se faire rencontrer des créatures de cartoons et des acteurs dans la vraie vie. Brad en complet gris pétrole est en butte aux avances de Kim Basinger, dessinée en vamp de dessin animé. Le pitch est qu'elle deviendra la

Kim Basinger du cinéma si la romance fonctionne. Elle ne fonctionne pas, le film ne fonctionne pas, et Brad ne fonctionne pas non plus : il doit étreindre la fausse Kim dans le vide avant qu'un trucage ajoute son cartoon à l'image. Il fait tout ce qu'il peut pour donner l'impression d'y arriver, mais ce sont les spectateurs du film qui ont bel et bien disparu. Le charme, la beauté et le talent de Brad ne sont pas en cause, mais ils sont aspirés par le vide, ils ont besoin de partenaires bien vivants pour s'exprimer et pas de dessins animés bien ficelés mais imprimés sur la pellicule après le tournage. Brad est vrai, tout le reste est faux et l'illusion s'évapore. On notera tout de même que, pour un acteur alors en pleine ascension, Brad n'hésite toujours pas à prendre des risques insensés.

★

A River Runs Through It. Et au milieu coule une rivière (Robert Redford, 1992)

Le Montana, pays de pureté et d'émerveillement. Années vingt. Deux frères, le père est pasteur, la mère douce et bienveillante, atmosphère rigoureuse mais tout le monde s'aime. La grande affaire, c'est la pêche à la mouche dans la rivière, ils y excellent tous. Difficile, la pêche à la mouche, c'est sportif et il faut de l'habileté et de la patience. C'est très photogénique, aussi, dans les si belles images du chef opérateur Philippe Rousselot – Oscar bien mérité. La nature somptueuse, l'*American style* de l'époque, le côté Norman Rockwell pour l'ambiance, Brad aux mèches blondes dans le film comme s'il était chez lui, le reste de la distribution: sentiment de naturel et de dépaysement. Un des deux frères est sage et l'autre pas. On a compris que le garçon prodigue, c'est Brad: il joue, il boit, il va chez les femmes, sa copine est une Indienne. Il en meurt. Mais l'amour et le pardon l'emportent; comme les Ozarks de l'enfance de Brad, le Montana est bien le pays de l'innocence. Brad serait-il le fils de Robert Redford? Telle est la question qu'on se pose tout le temps, car il a hérité de sa beauté et de son élégance. Brad voulait absolument le rôle, il a demandé à refaire son audition pour le casting, peine perdue, Redford l'avait déjà choisi. Il s'investit tellement dans son personnage du fils vaurien au grand cœur que son vrai-faux papa de cinéma est obligé de le diriger strictement pour qu'il respecte bien le scénario et l'équilibre du film. Brad retiendra la leçon. À l'arrivée, une pierre fondatrice du mythe Brad et une merveille de film romanesque et romantique, un peu hors du temps, ce qui explique qu'on le reverra toujours avec autant de plaisir, bien à sa place d'honneur parmi les favoris de l'auteur de ces lignes.

⋆

Kalifornia.
(Dominic Sena, 1993)

Une sorte de remake de *Trop jeune pour mourir.* On prend les mêmes et on recommence: Brad et Juliette en pleine orgie criminelle. Il a pris dix kilos, barbe de plusieurs jours et cheveux gras, elle est dingo comme d'habitude à inventer des mines puériles et inquiétantes, qui n'étaient sans doute pas dans le scénario. Ils sont pris en stop par un jeune couple branché et passionné par les tueurs en série. Les pauvres chéris vont être servis ! Brad, une fois de plus, voulait casser son image de beau gosse bien propre sur lui ; le résultat est efficace et le film se voit sans ennui mais, finalement, ça s'oublie assez vite. Un exercice de style à l'usage des fans les plus irréductibles.

★

Interview with the Vampire. *Entretien avec un vampire* **(Neil Jordan, 1994)**

D'après un best-seller d'Anne Rice (1976), sorcière attitrée du roman d'épouvante. Le film que Brad aurait détesté tourner, selon de rares confidences, prudemment démenties ensuite. Tom Cruise est le méchant initiateur qui le mord, comme s'il le violait, et qui l'entraîne dans l'immortalité sanglante des buveurs de sang. Brad regrette sa vie d'avant et la raconte à un journaliste – Christian Slater, excellent –, qui file lui-même un mauvais coton. C'est River Phoenix qui devait jouer le rôle du journaliste trop curieux, mais il a succombé à une overdose sur le trottoir du Viper Room, le club de Johnny Depp, juste avant le tournage. Sale ambiance qui poisse tout le film. Du haut de ses talonnettes, Tom est jaloux de Brad et le lui fait sentir ; Brad, teint livide et lentilles bleues sur les yeux, trouve le tournage sinistre, son personnage trop statique, même s'il se console un peu avec Kirsten Dunst en bébé vampire de treize ans, époustouflante de cruauté juvénile, et avec Antonio Banderas qui démontre qu'on peut quand même se faire des potes entre adeptes de la transfusion par les canines. Production survitaminée. Belle atmosphère crépusculaire et Brad magnifique malgré tout, dans sa façon de tirer son personnage vers le tragique. Carton au box-office.

★

True Romance.
(Tony Scott, 1993)

Première rencontre avec Quentin Tarantino, qui signe un scénario bien glauque et divertissant. Un jeune couple, point trop regardant sur la morale – Christian Slater et Patricia Arquette –, cherche à fourguer une valise pleine de cocaïne au plus offrant dans la ménagerie de Hollywood. Le marché est difficile et la valise intéresse trop de gens mal intentionnés : meurtres en série, poursuites par la mafia, contacts pourris. Chemin faisant, les dealers amateurs rencontrent un complice présumé à l'air sympa, qui héberge un branleur constamment vautré devant la télévision et principalement occupé à se rouler des pétards. C'est Brad. Petit rôle et composition aussi hallucinante qu'inoubliable, pour laquelle il a dû puiser dans ses souvenirs de colocation avec une bande de légumes à son arrivée à Tinsel Town.

En tout cas, coup de foudre réciproque avec Tarantino et, en projet, plus de films ensemble au programme.

★

Legends of the Fall. *Légendes d'automne* **(Edward Zwick, 1994)**

Encore le Montana et une autre histoire d'amour et de rivalité entre deux frères, Brad (Tristan) et Aidan Quinn (Alfred). Mais c'est le Montana âpre et sauvage des montagnes, imprégné de la mémoire des Indiens massacrés et des grizzlis tueurs d'hommes. Le père de la famille, c'est Anthony Hopkins, pour qui Brad nourrit une admiration éperdue : l'homme, l'acteur, le personnage dans le film. Un troisième frère meurt en France durant la Grande Guerre, et son souvenir hante la conscience des deux survivants. L'aîné prend le bon chemin et devient un politicien local influent, quant à Brad, cheveux longs et souvent à cheval, il vit au contact de la nature et des Indiens et refuse l'amour de celle qui épousera finalement son frère. Ça se complique pas mal ensuite, et Brad, qui échappe à toutes les conventions et à tout le monde, meurt finalement dévoré par le grizzly auquel il s'est toujours identifié.

On pourrait dire que c'est un mélo flamboyant dont l'intrigue est riche en émotions lyriques et en rebondissements. Mais c'est surtout le personnage de Brad, incorruptible et d'une beauté solaire, qui sert de fil rouge à toute l'histoire. On peut aussi se sentir parfois un peu perdu devant le foisonnement des situations extrêmes et des passions des personnages, et c'est pourtant du beau et du grand cinéma, dans la tradition des tableaux de famille des films d'aventure et des rares westerns où les cow-boys sont hantés par le remords des guerres indiennes.

★

Seven.
(David Fincher, 1995)

Si vous aimez la peinture de Francis Bacon – et pourquoi diable ne l'aimeriez-vous pas ? –, vous ne pouvez qu'apprécier les films de David Fincher. Et si vous aimez les Polaroid, les Photomaton, les albums de famille anonymes, les clichés des faits divers si possible les plus atroces dans la presse populaire, les pellicules mal développées, et même les cartes postales maculées et les passeports qui ne servent plus à rien avec des photos d'inconnus que tout le monde a oubliés, alors vous serez fascinés par l'univers cinématographique morbide et terrifiant de *Seven*, le film de la rencontre pour toujours entre Brad et un réalisateur hors norme au talent véritablement extraordinaire. Canevas a priori classique : le vieux flic fatigué qui va prendre sa retraite (Morgan Freeman) et le petit nouveau tout feu, tout flamme, plutôt réac et macho sur les bords (Brad). Ils enquêtent sur un tueur en série qui assassine ses victimes selon les péchés capitaux : la gourmandise, la paresse, la luxure, etc. D'où une plongée sidérante dans les fantasmes du criminel qui doivent beaucoup à ceux de David

Fincher. Le jeune flic a une femme exquise (Gwyneth Paltrow) qui se lie d'amitié avec le vieux flic; elle ne sait pas encore, et nous non plus, d'ailleurs, que le tueur en série – un Kevin Spacey terrifiant – l'a déjà repérée pour sa *shopping list.* Il pleut tout le temps, Brad se casse vraiment un bras dans une scène de poursuite, la fin grand-guignolesque où l'on ne voit en fait rien de ce qui est suggéré a été l'objet d'une furieuse bataille entre Brad et les producteurs épouvantés, pour que Fincher puisse la tourner comme il l'avait écrite. Dire que le scénario est formidable, la réalisation plus qu'efficace, la distribution des rôles d'une justesse parfaite : autant d'euphémismes. Et réduire *Seven* à un thriller d'angoisse particulièrement réussi serait plutôt une faute de goût. *Seven* est un chef-d'œuvre, peut-être inclassable, mais un chef-d'œuvre quand même, qui révolutionne l'art de raconter une histoire épouvantable que personne n'aurait osé produire jusqu'au bout à Hollywood si Brad n'y avait investi toute son énergie, sa confiance et son charisme.

★

12 Monkeys. *L'Armée des 12 singes* **(Terry Gilliam, 1995)**

Depuis qu'il a vu *Brazil*, le brûlot particulièrement déjanté de Terry Gilliam, Brad veut tourner avec le réalisateur britannique plutôt esseulé à Hollywood. Ce sera *L'Armée des 12 singes*, portrait d'un monde futur dévasté par un mystérieux virus, où les survivants renvoient un cobaye humain (Bruce Willis) dans le passé, soit en 1996, pour comprendre l'origine du cataclysme. Brad joue le rôle d'un militant animaliste dingue, au comportement erratique, qui est au cœur du complot qui a ravagé l'espèce humaine. Esprits cartésiens, s'abstenir. On conseille un bon pétard avant la projection, pour essayer de saisir ce qui se passe, mais il y a une folle ambiance, c'est bien le cas de le dire, et les scènes avec un Brad particulièrement allumé donnent envie de prendre un billet pour Sainte-Anne, où l'on s'amuserait sans doute plus que dans la vie ordinaire. Énorme succès critique et au box-office. Pluie de récompenses pour Brad. Un point de détail pour les cinéphiles purs et durs : le scénario est librement adapté de *La Jetée* de Chris Marker (1962), qui n'était pourtant pas très sur le mode « plus on est de fous plus on rit ». À moins que…

★

Sleepers.
(Barry Levinson, 1996)

Ce sont quatre copains de la rue, new-yorkais, qui font pas mal de bêtises, jusqu'à causer un grave accident qui les envoie dans un centre de correction où les gardiens, sadiques et pédophiles, les martyrisent et les violent. Devenus adultes, deux d'entre eux abattent le pire de leurs tortionnaires, tandis que les deux autres s'emploient à les sauver lors du procès qui s'ensuit. Brad est l'un des quatre, il est procureur et bien décidé à perdre le procès pour que la vengeance l'emporte sur la loi. Un avocat alcoolique (Dustin Hoffman) et un prêtre qui acceptera de se parjurer (Robert De Niro) vont l'aider dans cette mission qui contredit secrètement le sens de sa mission au service de la justice. Dans un rôle plutôt cérébral et dans son costume civil de procureur ordinaire, Brad déçoit certains de ses admirateurs, qui le préfèrent en héros marginal ou violent. Mais c'est justement dans cet oxymore du défenseur de l'ordre qui veut faire gagner le désordre d'un règlement de comptes qu'il impose un jeu tout en intelligence et en retenue. Un film qui n'a pas très bien marché malgré une réalisation impeccable, la morale de l'histoire et le double jeu de Brad, qui sait cacher ses intentions réelles, n'étant pas du goût de tout le monde.

⋆

The Devil's Own. *Ennemis rapprochés* **(Alan J. Pakula, 1997)**

En Irlande du Nord, Brad est un combattant de l'IRA qui n'a pas froid aux yeux. Poursuites, explosions, mitraillages. Aux États-Unis, où ses camarades l'ont exfiltré, c'est l'ami de la famille, poli, tranquille et doux dans sa planque chez le flic Harrison Ford qui ne sait rien de son passé. Mais la vérité va s'imposer, dressant les deux hommes l'un contre l'autre dans une lutte à mort. À voir comme ça, sans rien savoir de la guerre civile en Irlande, ni des conditions d'un tournage chaotique, c'est plutôt un bon thriller de qualité supérieure, réalisé par un metteur en scène expérimenté – Alan J. Pakula, à qui l'on doit *Les Hommes du président*, *Klute*, *Le Choix de Sophie*, etc. Pourtant, s'inspirer du drame irlandais pour en tirer un polar est une idée plutôt bizarre, et quand le scénario est trituré dans tous les sens par plusieurs scénaristes différents, on n'est plus loin de la catastrophe, à laquelle le film échappe par un miracle dû au savoir-faire de Pakula, sans doute. Il mourra d'ailleurs, dans un accident de voiture, quelques semaines après le clap de fin. L'ambiance sur le tournage est horrible. Harrison Ford déteste manifestement ce petit jeunot de Brad qui risque de lui voler la vedette, et Brad menace de quitter un plan de travail où des assistants lui refilent chaque matin de nouvelles pages d'un scénario qui change tout le temps. Seule la menace d'un procès qui lui coûterait très cher l'oblige à assumer le cauchemar jusqu'au bout. Un mauvais souvenir, donc, mais les ennemis affichent une sorte de réconciliation pour la promotion du film et les spectateurs n'y voient que du feu. Excellentes recettes commerciales au demeurant.

★

Sept ans au Tibet.
(Jean-Jacques Annaud, 1997)

En 1939, l'alpiniste autrichien Heinrich Harrer, qui a réussi l'ascension de l'Eiger par la face nord, s'attaque au Nanga Parbat dans l'Himalaya. Mais il est rattrapé par la guerre qui fait rage en Europe, bien loin de là, et les Anglais le font prisonnier. Il s'évade et se réfugie au Tibet, au terme d'une rude odyssée. C'est une terre inviolée, interdite aux étrangers, qui ignorent à peu près tout de sa culture et de ses rites. Pourtant, Harrer se lie d'une profonde amitié avec le dalaï-lama encore enfant, et cette relation de confiance et d'affection change sa vision du monde. L'invasion chinoise l'oblige à repartir en Europe, où il retrouve son ex-femme et le fils qu'il avait abandonnés. Jean-Jacques Annaud est un héritier de *Tintin* qui excelle dans les films d'aventure et d'évasion – *La Guerre du feu*, *L'Ours*, *Le Nom de la rose*. Son talent, sa personnalité chaleureuse, le récit des *Sept ans au Tibet* de Harrer, séduisent Brad d'emblée, et il se lance à corps perdu sur les traces de celui-ci. Le film n'est pas qu'un magnifique livre d'images où Annaud a réussi le tour de force incroyable de reconstituer Lhassa et le palais du Potala au cœur des Andes, mais aussi la très belle histoire d'une fraternité entre deux êtres appartenant à des univers qui s'ignoraient. Brad lui apporte son enthousiasme et sa générosité malgré le vertige des ascensions, un tournage éprouvant physiquement et éloigné de ses repères habituels. Il confère une grande humanité à son personnage d'alpiniste arrogant et sûr de lui, qui découvre des sentiments et des comportements qu'il se croyait incapable d'éprouver et d'avoir. L'entente avec Jean-Jacques Annaud est parfaite et contribue à faire ressentir l'approfondissement spirituel du héros du film, et de Brad également.

Mais la sortie du film est entachée par une rude polémique suscitée par la découverte du passé nazi de l'alpiniste, même si le film évoque assez justement cet aspect sombre de sa biographie. Heinrich Harrer a beau expliquer que le Tibet et son amitié avec le jeune dalaï-lama ont fait de lui un autre homme, avec Brad comme Jean-Jacques Annaud qui appellent à écouter sa défense, le dommage est difficile à surmonter. Il plombe encore le plaisir réel qu'on peut ressentir en voyant le film.

★

Meet Joe Black. Rencontre avec Joe Black (Martin Brest, 1998)

À partir d'un remake librement inspiré d'un mélo des années trente avec Fredric March, Joe Black se présente comme un beau jeune homme avenant, qui est en fait un avatar de la mort venant chercher les humains en douceur pour les emmener « vers un monde meilleur ». Le problème, c'est qu'il est trop beau et trop charmant et découvre en toute innocence les plaisirs de la vie au cours de sa mission auprès d'un grand patron autoritaire et tyrannique qui s'attache à lui. La mort s'octroie donc quelques vacances bien méritées. L'affaire se complique lorsque la fille du futur défunt reconnaît en lui le beau gosse délicieux qui l'a draguée dans un café et dont elle n'a plus eu de nouvelles, puisqu'il s'est fait écraser par une voiture juste après leur rencontre, la mort ayant aussitôt emprunté son identité pour se mettre au travail. Vous suivez ? Il faut vous y mettre, parce que ça va se compliquer encore un peu et prendre du temps avant que la mort décide de rendre son tablier et de rejoindre la vraie vie avec la belle gosse et héritière du *tycoon*.

Casting impeccable : Brad incarne la mort, surnommée Joe Black. Il fascine vraisemblablement le réalisateur dont la caméra, et lui aussi sans doute, est amoureuse de l'envoyé des ténèbres, beau et candide à en mourir, c'est le cas de le dire. L'actrice britannique Claire Forlani, un ovni à Hollywood, est absolument exquise, quant à Anthony Hopkins, l'idole de Brad dans la vie et le méchant magnat qui devient de plus en plus gentil, il est évidemment parfait, comme toujours. Le reste de la distribution est à l'avenant, et la production n'a pas mégoté sur les moyens, il ne manque pas un violon pour la musique. C'est un peu sirupeux, un peu longuet, donc, et les critiques ont tout détesté, avec Brad en tête du tableau du déshonneur – commentaire de Brad : « Il était temps que ça m'arrive ! » Il allait d'ailleurs plutôt mal sur le tournage, dévasté par sa rupture avec Gwyneth Paltrow et inquiétant toute l'équipe par sa déprime. Voilà qui est tout à fait injuste car le film est constamment élégant, bourré de charme et de moments qui donnent envie que ça dure encore plus longtemps. La première scène entre Brad et Claire Forlani est à ranger parmi les favorites pour toujours et la séquence d'amour avec cette dernière mériterait de passer en boucle pour toute personne sujette à une panne au lit avec la personne de ses pensées. Un chapitre insolite de la saga Brad Pitt qui devrait être réévalué avec le temps, quand les méchantes langues et les ricaneurs de tout poil seront allés lécher ailleurs les bottes à talonnettes de Tom Cruise.

⋆

Fight Club.
(David Fincher, 1999)

« La première règle du Fight Club, c'est qu'on ne parle pas du Fight Club », assène Brad à Edward Norton, le médiocre employé frustré qu'il entraîne dans ses délires de bagarres autodestructrices. Parlons-en quand même, puisque c'est un film vraiment extraordinaire et qu'on ne sera pas les derniers à le faire, vu le délire de commentaires qu'il a pu susciter. Le film choc que Brad a voulu absolument tourner pour inverser radicalement la dérive angélique de sa carrière. Au départ, un livre bien glauque, un « roman transgressif » de Chuck Palahniuk, mécanicien de camions en Oregon, fondu de Friedrich Nietzsche et de littérature fantastique, habitué des asiles de SDF et de la morgue, où il s'est fait la main en découpant des cadavres, le genre de CV qui ne prédispose pas vraiment à rédiger la chronique mondaine dans *Vanity Fair*. Brad lit son bouquin et appelle David Fincher, qui a bien prouvé avec *Seven* que la littérature rose pour fillettes rêvant au prince charmant n'était pas tout à fait son genre. Le trio se déchaîne sur le scénario qu'on ne commettra pas l'erreur de vouloir expliquer. Mettons seulement que Brad, cheveux hirsutes et courts, une dent en moins, chemises façon Hawaï de Prisunic, recycle sa haine de la société et la violence de l'Amérique dans des combats à mains nues entre mecs en rupture de l'ordre moral ordinaire et qui se castagnent comme s'ils étaient en train de se faire l'amour. Edward Norton – il s'appelle Jack, dans le film – qui soigne son spleen en participant à des groupes de parole entre cancéreux au stade terminal et Helena Bonham Carter – Maria, dans le film –, une voyeuse manipulatrice bien déjantée, n'ont plus aucun souci à se faire : ils sont happés dans la spirale révolutionnaire ou crypto-nazie, comme on voudra, que Brad met en scène, avec la perversité raffinée d'un génie du mal. Le menu est roboratif : un avion qui se crashe comme si on était en classe touriste et pas sur un fauteuil de cinéma, un malade que les hormones ont rendu transsexuel, des appels au meurtre de stars de la télé préférées du grand public, des sacs-poubelle remplis de la graisse liposucée sur des obèses pour en faire du savon selon la recette du docteur Brad – jamais en panne d'inspiration –, l'effondrement des gratte-ciel de Manhattan deux ans avant le 11 septembre et le feu d'artifice de Ben Laden. *Fight Club* ou le film qui a vu le nihilisme du terrorisme avant tout le monde, avec un Brad destroy mais plus beau que jamais, tisonnant les décombres du pseudo-rêve américain. Après, libre aux animatrices de talk-shows hystériques comme aux adeptes du politiquement correct de crier au scandale d'un machisme délirant et de la glorification insensée d'une violence mortifère. Bref, on ne s'ennuie pas, même si les ravages infligés à notre cortex ont mis un peu de temps à triompher d'un box-office tétanisé. Autre film culte et autre favori pour les amoureux du petit gars de Springfield qui ne voulait pas faire de peine à sa maman et a fini par décider que c'était sans importance. Au fond, il suffisait d'admettre qu'un type décidé à buter Hemingway et Gandhi n'est pas foncièrement mauvais…

⋆

Snatch.
(Guy Ritchie, 2000)

Histoire délirante d'un diamant volé qui fait l'effet d'une goutte de sang dans un bocal de piranhas à un aréopage de branquignols se disputant le précieux joyau, en lubrifiant l'atmosphère à coups de flingues. Une bande de Gitans irlandais croupissant gaiement dans un campement infâme sont impliqués dans les règlements de comptes entre truands, et Brad est leur chef, spécialiste des combats de boxe truqués, où il ne peut pas s'empêcher de blouser des parieurs marrons en envoyant ses adversaires au tapis, au lieu de se laisser gentiment mettre K-.O. dès le premier round comme il avait bien promis de le faire en empochant sa petite commission. La réalisation de Guy Ritchie, un cockney à l'imagination débordante – il a été le mari de Madonna durant sept ans, c'est dire qu'il n'a pas froid aux yeux non plus –, ne s'embarrasse pas de la pesante grammaire des écoles de cinéma : faux raccords, montage à la diable, stars dans des petits rôles et semi-inconnus en première ligne. C'est tout le temps surprenant et très amusant, mais la palme des réjouissances revient à Brad, délivrant ses dialogues dans une langue absolument incompréhensible, argot ou volapük, qu'il a inventée, accent compris, en se rendant un matin sur le plateau. Le tournage est une fête : on boit, on joue au poker, on rigole tout le temps dans le van de Brad. Guy Ritchie sait tirer le meilleur parti de cette joyeuse ambiance en laissant Brad inventer un personnage avec qui on rêverait de passer sa vie, au milieu des débris de toutes sortes d'un camp de Gitans, voleurs, truqueurs et follement sexy.

★

The Mexican. Le Mexicain (Gore Verbinski, 2001)

Brad et Julia Roberts ensemble ! Depuis le temps que tous les producteurs rêvaient d'une telle affiche... Mais c'est un problème fréquent avec les superstars qui n'arrêtent pas de tourner avec d'autres partenaires. Tous les deux, très copains dans la vie depuis leurs débuts difficiles, sautent enfin sur l'occasion d'un scénario rigolo et sans prétention et d'un trou providentiel dans leur agenda. Une comédie romantique comme au bon vieux temps, mais avec une touche de Tarantino pour que les flingues partent tout seuls et ne dessoudent que des méchants. Point de départ : ils s'aiment et ne peuvent pas se supporter. Disputes incessantes et ruptures définitives qui se finissent évidemment au lit. Lui est un voyou pas très doué qui doit récupérer un fusil mexicain pour le compte de ses chefs pas très recommandables. Elle est une beauté en Versace et talons hauts qui traîne entre Los Angeles et Las Vegas, où un tueur gay la pourchasse pour coincer Brad et récupérer le fameux fusil – Gandolfini, le parrain dépressif des *Soprano*, la série préférée de Brad. Ce joli monde se retrouve dans un trou perdu au-delà du Rio Grande, où les gringos ne sont pas les bienvenus. Tournage épique sans paparazzi, mais Brad et Julia anéantis par la chaleur et l'éloignement, en compagnie de scorpions qui n'aiment pas du tout être dérangés quand ils font la *siesta* dans les roulottes de la production. Avec en prime un clebs féroce, « La Cucaracha » et les feux d'artifice qui portent sur les nerfs, des indigènes cauteleux et menteurs peu enclins à partager des armes de collection. Entre les coups de feu, les poursuites, les bagnoles qui tombent en panne en plein désert et les larmes du tueur gay qui a perdu son petit chéri dans la mêlée, l'amour finit par triompher devant le danger, et les disputes conjugales aussi. C'est franchement très amusant tout le temps, et nos deux superstars sont au mieux de leur forme. Les critiques prennent un air pincé mais le public en redemande.

★

Spy Game. *Spy Game, jeu d'espions* **(Tony Scott, 2001)**

« Quand je suis devant lui, je redeviens un petit garçon. » Brad parle de Robert Redford. C'est vrai, et ce n'est pas vrai. Mettons que le petit garçon a beaucoup grandi. Robert Redford a bien été son père de cinéma en le mettant sur les rails du succès avec *Et au milieu coule une rivière*. Un père abusif, exigeant et sévère qui ne lui a rien laissé passer quand Brad, encore tout feu, tout flamme, avait un peu trop tendance à vouloir se diriger tout seul. Brad a bien compris la leçon et lui a toujours voué une grande admiration, imprégnée d'affection et de respect. Leur ressemblance physique, celle d'un père et de son fils, reprise *ad nauseam* dans les médias, a pu aussi faire croire que le plus jeune était bien l'héritier du plus âgé. Mais Robert Redford est un homme secret qui tient Hollywood à distance, maîtrise ses émotions et livre peu ses sentiments, comme le père de Brad, et il semble que Brad en ait souffert comme il a souffert de son manque de communication avec Bill. Conflit de générations et vies trop différentes. Ils se voient rarement et leurs contacts, bien que cordiaux, restent superficiels, empreints d'une sorte de gêne. Au fond, il ne sait pas si Robert Redford l'aime vraiment.

Lorsque Robert Redford accepte de tourner dans *Spy Game*, il a soixante-quatre ans et sort à peine d'une période difficile. L'institut qu'il a fondé à Sundance Canyon, et qui jouit d'une réputation internationale auprès des aspirants cinéastes, a manqué de peu d'être mis en faillite, et il en a été profondément affecté. Il attend d'un film d'action bien écrit et réalisé par l'excellent Tony Scott de pouvoir tourner définitivement la page de ses ennuis, quand bien même les compagnies d'assurances rechignent à le couvrir pour les scènes les plus risquées. En vérité, beaucoup de choses ont changé depuis dix ans, les films volontiers contemplatifs de Robert Redford ne sont plus de mise et Brad est devenu une superstar, le vrai patron du tournage et d'une équipe de jeunes loups pour qui un plan de trente secondes, c'est déjà trop long. Robert Redford accepte la situation, Brad ne sait pas trop comment la gérer, d'autant plus qu'il impose ses exigences: plateau fermé à double tour contre toute intrusion de l'extérieur, cadences infernales sur le plan de travail, car il a signé pour *Ocean's Eleven*, dont le tournage est prévu juste après.

Un vétéran de la CIA (Robert Redford) est alerté sur le sort d'un jeune agent (Brad) qui a été fait prisonnier par des sortes de Chinois. Ils l'ont torturé sadiquement et l'ont condamné à mort. Il va être exécuté dans vingt-quatre heures dans un cul-de-basse-fosse fortifié quelque part en Extrême-Orient – on ne précise pas la nationalité exacte des méchants bridés, prudence de producteurs... Le vétéran a formé le jeune agent au Vietnam, en Allemagne et partout ailleurs où la CIA fait ses emplettes. Il lui a tout appris des ficelles et des nœuds coulants du métier, et ils ont coché ensemble les cases de la *shopping list* habituelle : filatures, coups de main, enlèvements, mitraillages et explosions diverses, sans être jamais trop regardants sur l'étendue des dommages collatéraux. Pourtant, le jeune est une tête brûlée et s'est souvent rebellé contre son mentor, à tel point qu'ils ont fini par se brouiller, en partie à cause d'une écolo-pacifiste, sûrement de gauche, qui ne s'est pas occupée de ses oignons, mais de Brad d'un peu trop près.

Cependant, Robert Redford a décidé de sauver Brad, et ça se présente plutôt mal. Les collègues de la CIA ont déjà assez d'ennuis avec tous ces terroristes et ces « États voyous » qui pullulent aux quatre coins de la planète. Alors ils sont d'avis de laisser le jeune agent incontrôlable à son triste sort. Pendant qu'ils s'en lavent les mains avec des mines désolées, le sablier du temps s'écoule inexorablement. Contre eux et contre le chronomètre de la Rolex – à moins qu'il s'agisse d'une Omega, repérez le sponsor ! –, Robert Redford monte tout seul l'opération sauvage. L'expérience d'un ancien homme de terrain vaut bien plus que celle d'une poignée de bureaucrates hypocrites. Brad sera exfiltré in extremis après moult développements plutôt mouvementés et un massacre de niakoués qui l'avaient bien cherché. Robert Redford pourra partir à la retraite en profitant du conseil qu'il avait donné autrefois à son disciple : « N'oublie pas de bien te payer sur la bête pour pouvoir te retirer un jour au soleil. » Une belle réussite dans le genre du film d'action survitaminé qui avance à toute allure. Le faux papa et son faux fiston sont évidemment formidables. Curieusement, ni Robert Redford ni Brad n'ont l'air d'en faire grand cas lorsqu'ils évoquent leur carrière. Les relations d'un père et d'un fils sont des secrets de famille qui ne regardent personne, il faut se contenter d'un bon film pour tenter de les comprendre.

★

Ocean's Eleven, Twelve, Thirteen. **(Steven Soderbergh, 2001, 2004, 2006)**

Extrait à peu près exact d'un dialogue en 2000 entre les deux amis George Clooney et Brad Pitt, au bar du Château Marmont.

GEORGE : M'enfin, pourquoi est-ce qu'on n'arrive plus à faire ce genre de films, *La Grande Évasion*, *Le Pont de la rivière Kwaï*, *Stalag 17*, *Les Sept Mercenaires* ?

BRAD : Oui, les films d'action, les bons polars avec des flopées de grands acteurs, les stars comme Steve McQueen, les seconds rôles géniaux, Ernest Borgnine, par exemple.

GEORGE : Fabuleux, Borgnine ! Tu te souviens quel salaud c'était, dans *From Here to Eternity* [*Tant qu'il y aura des hommes*] ?

BRAD : Oui, Burt Lancaster, Monty Clift, Frank Sinatra, la scène de baise dans les vagues avec Deborah Kerr.

GEORGE : Des films de mecs, mais pas des machos, avec des belles femmes qui leur tiennent tête.

BRAD : C'est plus possible de ramener autant de stars dans un seul film. Elles sont tout le temps prises, et puis elles sont trop chères.

GEORGE : Toi le premier ! Vingt millions de dollars par film, il reste plus rien pour le tournage. [Rires.]

BRAD : Avec Redford, on leur a quand même laissé 90 millions de dollars, aux producteurs, pour *Spy Game*, avec les hélicos, les explosions, tout ce tintouin. [Rires.]

GEORGE : Et ça leur a rapporté cinq fois plus…

BRAD : Moi, je baisse mes prix si on arrive à refaire un film comme *L'Inconnu de Las Vegas.*

GEORGE : Ah oui, le braquage des casinos. Frankie, Dean Martin, Sammy Davis Jr., Peter Lawford, tout le Rat Pack. En plein dans le mille, tout ce qu'on cherche !

BRAD : C'était en 1960, il y a quarante ans, tu te rends compte, quarante ans ! Avec Lewis Milestone derrière la caméra. Pas un blanc-bec qui a les foies chaque fois qu'un idiot de critique cinéphile a un pet de travers.

GEORGE : Tu parles ! Quand on a réalisé *À l'Ouest, rien de nouveau* et *Les Révoltés du Bounty*, on n'en a rien à cirer, de Pauline Kael et des articles des *Cahiers du cinéma* – tu sais, les petits *Frenchies* que tout le monde lit, maintenant, à Hollywood.

BRAD : N'empêche que dans *L'Inconnu de Las Vegas*, Lewis, il en a pas fichu une rame, c'était Sinatra qui était à la manœuvre, il réécrivait le scénario tous les jours avec Dean Martin, quand ils n'étaient pas bourrés !

GEORGE : Frankie, les casinos de Las Vegas, il en connaissait un rayon, avec tous ses potes mafieux qui n'aimaient pas que les flics viennent fourrer le nez dans leurs comptes.

BRAD : Tope là ! On refait *L'Inconnu de Las Vegas* avec toi dans le rôle de Danny Ocean, tu seras aussi bien que Frankie !

GEORGE : Et toi dans celui de Dean Martin, on prendra Matt Damon, Casey Affleck, Andy Garcia, un Black, un Chinois et ce vieux formidable que plus personne ne fait tourner, Carl Reiner. On raclera tous les tiroirs avec de vraies stars dans les seconds rôles.

BRAD : Le problème, c'est la fille. Elle est très importante, la belle gosse, dans cette histoire. Angie Dickinson, c'était quand même autre chose que les petites blondes à la gomme qui traînent partout.

GEORGE : Moi, j'ai une idée !

BRAD : J'ai la même, Julia Roberts ! Je viens de tourner *Le Mexicain* avec elle. Le top du top, et *fun*, avec ça, pas le genre à nous dénoncer chez les gouines féministes parce qu'elle a tourné avec une bande de mecs qui font des blagues tout le temps sur les gonzesses.

GEORGE : On va se marrer, on va faire un carton, moi, je te le dis.

BRAD : Il nous faut un bon réalisateur, quand même.

GEORGE : Steven Soderbergh, c'est mon pote, on travaille déjà ensemble. Julia trouvera bien un créneau dans son agenda de superstar, c'est lui qui l'a fait jouer dans *Erin Brockovich*.

BRAD : Tu crois que ça l'intéressera ? Il a quand même eu la Palme d'or à Cannes à vingt-cinq ans, ça lui a certainement tourné la tête. Entre *Sexe, mensonges et vidéo* et le remake de *L'Inconnu de Las Vegas*, il y a quand même une petite différence... [Rires.]

GEORGE : Là, tu me déçois, toi qui lis tout, qui vois tout, qui est tout le temps en train de chercher et qui a sorti des David Fincher et des Guy Ritchie de leur trou, tu parles comme ça de Soderbergh !

BRAD : Je peux me tromper, j'ai bien tourné dans *Cool World* et j'ai failli ne pas m'en remettre.

GEORGE : Soderbergh, c'est un mec pour toi. Il s'en fout de plaire aux rats de cinémathèque. Il tourne tout le temps, le scope, la louma, le 8 millimètres de ses gosses, la vidéo, les blockbusters et les docus sur les élevages de poulets en batterie. Un vrai dingue, on lui a greffé une caméra dans le cerveau. [Rires.]

BRAD : O.K., tout va bien, Soderbergh comme tu m'en parles, j'ai envie de me frotter à lui ! On baisse nos salaires de moitié, on emmerde les agents, *fucking agents*, comme dirait Scorsese, et on appelle tout le monde. Tiens, j'ai le téléphone de Matt Damon, il va être sur le cul depuis le temps qu'on le prend en lui faisant sentir que c'est parce que je ne suis pas disponible ! [Rires.]

GEORGE : On commence quand ?

BRAD : On commence tout de suite. Prépare les hamburgers, les pétards, le chewing-gum, mon truc, ce sera de boulotter à chaque plan.

★

La *cash machine* est lancée, trois films, des scénarios de plus en plus foutraques, un milliard de recettes.

Ocean's Eleven: Les Pieds nickelés réussissent le casse du siècle et assèchent d'un seul coup la trésorerie d'Andy Garcia, le proprio des casinos.

Ocean's Twelve: Andy Garcia veut récupérer son fric. Les Pieds nickelés ont pris goût à la vie facile. Ils veulent bien lui rendre ce service, à condition de monter un autre coup fumant. Mais un petit malin (Vincent Cassel) va leur donner du fil à retordre.

Ocean's Thirteen: Réconciliation générale. Andy Garcia a des problèmes avec un rival, encore plus mal embouché que lui, et appelle les Pieds nickelés à la rescousse. À noter, un plan terrifiant sur un lit, dans une suite de luxe, rempli de punaises et de morpions à dégoûter définitivement de tous les palaces de la Terre. Brad mange effectivement tout le temps, on se demande comment il fait pour garder la ligne. Il est vrai qu'il en sniffe aussi d'un autre genre.

★

Troie.
(Wolfgang Petersen, 2004)

Le péplum définitif dont un certain Homère a raconté le scénario il y a trois mille ans (*L'Illiade*), avec un tel succès qu'il a même pondu une suite (*L'Odyssée*). Ça se passe dans la Grèce antique et tout le problème, c'est que Paris, prince de Troie, a enlevé la belle Hélène, reine de Sparte, et que son mari, Ménélas, veut la récupérer au prix d'une guerre entre les Grecs et les Troyens – qui sont grecs aussi, mais à l'autre bout, du côté de la Turquie actuelle. À moins de posséder son petit Homère illustré sur le bout du doigt, on s'y perd un peu entre tous les personnages dans chaque camp. Les Grecs ont un héros, Achille, qui a plutôt un sale caractère et se dispute avec tout le monde. Les Troyens ont le leur, Hector, qui rêve de régler son compte à Achille. À la fin, ils sont morts tous les deux et les Grecs entrent dans Troie, en se dissimulant dans un énorme cheval factice, le fameux cheval de Troie que les politiques du monde entier citent depuis toujours, avec des tremblements chaque fois qu'un de leurs copains, plus rusé, leur a fait une crasse. Bon, superbudget, superproduction avec Brad dans le rôle d'Achille. *Made in Hollywood* avec tournages au Maroc et à Malte ; le désert, la mer, les figurants comme une fourmilière. Wolfgang Petersen, rendu célèbre par *Das Boot*, l'histoire du sous-marin où les nazis sont presque sympas, et par *Poséidon*, sorte de répétition générale du *Titanic*, met toute l'histoire en scène et règle les séquences de bataille presque aussi bien qu'Eisenstein dans *Alexandre Nevski*, mais il manque la musique de Prokofiev et, au fond, c'était mieux en noir et blanc et dans les glaces de Lituanie. Autrement, les ateliers maquillages et costumes de la production ont décroché la timbale : beaucoup de trognes barbues et les belles gosses sont comme Donatella Versace. Manifestement, personne n'a jamais entendu parler d'*Œdipe roi*, le film de Pasolini où la distribution ne donnait pas l'impression de sortir du rayon parfumerie d'un duty free. Brad plane souverainement sur tout ce bazar. Il s'est entraîné pendant six mois, gym et pas d'alcool ni de cigarettes, et porte la jupette en cuir de rigueur, avec un sous-vêtement sans doute, mais on n'a pas vérifié. Il est de loin le meilleur dans son incarnation névrotique du demi-dieu invincible dont le talon pose question : c'est la seule partie de son corps qui peut lui infliger une blessure fatale. (Autre référence littéraire pour les politiques, le « talon d'Achille » dans sa version contemporaine ; faux emplois, conflits d'intérêts et magouilles diverses relevées par les gentils cafeteurs de *Mediapart*.) Pour Brad, Achille est un solitaire qui ne se laisse manipuler par personne et un tueur assoiffé de sang autant qu'un héros romantique. C'est le meilleur atout du film. On regrettera seulement que le beau Patrocle soit désigné comme étant son neveu, alors qu'il était son amant, la production ayant reculé devant une référence aux mœurs de la Grèce antique qui aurait sans doute effarouché le public des familles américaines. C'est d'autant plus étrange que Brad s'est toujours déclaré *gay friendly* et que la mort du pseudo-neveu qui déclenche l'homérique colère d'Achille aurait permis d'éclaircir ce point d'histoire. C'est aussi dommage car le miraculeux Garrett Hedlund, qui incarne Patrocle, passe à la trappe beaucoup trop vite. Enfin, les follassons de tout acabit ont sans doute pu se consoler en punaisant le poster d'Achille-Brad en jupette et biscotos au-dessus de leur lit et dans les bars spécialisés où seuls les messieurs sont admis. À l'arrivée, cette copieuse tranche de moussaka, hyper-nourrissante et bourrée d'ingrédients divers, se laisse manger sans trop de peine. On attend Brad chaque fois qu'on risque d'étouffer et, heureusement, il n'est jamais très loin et rapplique fissa pour faire passer la tambouille. Et puisqu'il est question de recettes : un demi-milliard de dollars au compteur et rien à payer comme droits d'auteur puisqu'on n'est même pas sûr qu'Homère ait vraiment existé.

★

Mr. et Mrs. Smith. (Doug Liman, 2005)

Se reporter au chapitre sur les *girlfriends* de Brad et aux paragraphes évoquant la *Brangelina story.* Mais résumons pour qui aurait la flemme bien compréhensible d'aller jusque-là. Un couple marié d'Américains ordinaires, catégorie sociale plutôt supérieure, consulte un conseiller conjugal car le ménage ne marche plus très fort. À chacun ses petits secrets: il est un tueur professionnel et elle aussi, sauf qu'elle travaille un peu moins et exerce à côté le petit boulot de fouetteuse sévère pour sadomasos. On se débrouille comme on peut. Leurs chefs respectifs leur confient une mission particulière: s'éliminer l'un l'autre. Ils disposent chacun d'un arsenal très complet d'instruments de mort et mettent à profit toute une série d'occasions pour réussir leur mission sans bavures ni formalités inutiles. Ça ne marche évidemment jamais comme prévu et il leur faut toujours recommencer. Tant mieux, ça permet de passer deux heures très agréables à les regarder essayer de se trucider réciproquement. À méditer pour les couples qui traversent une crise et consultent un conseiller spécialisé. Mise en scène virtuose et *happy end* inévitable. Au fond, l'assassinat du partenaire n'est pas une solution à retenir.

★

Babel.
(Alejandro González Iñarritu, 2006)

La colère de Dieu a puni les hommes qui avaient eu l'orgueil de le défier en édifiant la tour de Babel. Il leur a imposé de parler des langues différentes afin qu'ils ne se comprennent plus. Réalisateur surdoué et Mexicain catholique, Alejandro González Iñarritu s'inspire du récit de la Bible pour entrecroiser trois histoires qui n'ont apparemment pas de lien, et dont un scénario très habile montrera qu'elles dépendent étroitement les unes des autres. Elles ne parlent pas la même langue mais relèvent d'une seule et même humanité, qui peine à exprimer ses souffrances. Un couple de touristes américains vivant une crise profonde après la perte d'un enfant essaye de se reconstruire au cours d'un voyage au Maroc. Mais deux gamins du bled se servent d'un fusil subtilisé à leur père pour tirer sur le car où le couple a pris place. La femme est gravement blessée, son mari va se débattre au milieu des villageois marocains pour tenter de la sauver (Cate Blanchett et Brad Pitt). La nounou mexicaine à qui ils ont confié leurs enfants pour le temps de leur voyage ne résiste pas à la tentation de les emmener à un mariage de famille de l'autre côté de la frontière, mais son équipée tourne mal, mettant en danger les petits dont elle a la charge. Une adolescente japonaise, sourde et perturbée, dérive à la limite du suicide. C'est son père qui avait cédé le fusil à un berger marocain lors d'un voyage dans l'Atlas. Les trois épisodes sont dramatiques, et Iñarritu leur impose une tension grandissante, particulièrement oppressante dans le cas de Brad et de ses tentatives pour secourir sa femme. Au carrefour des trois histoires, celle qu'il vit dans l'angoisse et les deux autres dont il ne sait pas qu'elles pèsent sur son destin, il porte en fait tout le film comme la clé de voûte d'un monument à l'architecture mystérieuse et il donne toute la mesure de son talent dans son affolement et son impuissance. Ça se termine bien, mais chacun des protagonistes des trois histoires a côtoyé la mort de très près. Aucune existence n'est jamais à l'abri des dangers d'un hasard aveugle et de l'incompréhension qui sépare les êtres humains. La force de la réalisation d'Iñarritu est de nous faire ressentir cette réalité et l'angoisse qui en résulte. Elle a le visage torturé de Brad.

★

The Assassination of Jesse James by the Coward Robert Ford.
L'Assassinat de Jesse James par le lâche Robert Ford
(Andrew Dominik, 2007)

L'un des films que Brad est le plus fier d'avoir produits et tournés à la suite de sa rencontre avec Andrew Dominik, réalisateur trop original et tourmenté pour pouvoir travailler selon les critères strictement formatés des productions hollywoodiennes. Jesse James est un hors-la-loi cruel et implacable qui imprime une marque de sang sur l'histoire de l'Ouest américain. Dans les années 1880. Il sait qu'il est au bout du rouleau et laisse le jeune Robert Ford, qui l'admire intensément, participer à une attaque de train postal et pénétrer dans son intimité. Quand il vit auprès de sa femme et de ses enfants qu'il aime et qu'il protège, Jesse James semble être un autre homme. Mais il a en fait croisé son disciple pour qu'il soit l'instrument de sa propre fin. En assassinant Jesse James, Robert Ford pense se libérer de la fascination qu'il ressent pour son maître, mais il ne fait qu'accomplir le dernier crime du hors-la-loi, condamné à expier sa trahison et ses remords en racontant son méfait, sa vie durant, dans des théâtres et des feuilles de chou minables. En incarnant Jesse James, sa détresse et son épuisement, avec des traits altérés par l'âge et la volonté d'en finir, Brad exprime toutes les frustrations qu'il retire de sa carrière et de sa vie à Hollywood. La réussite et la célébrité ne valent rien, celles d'un criminel comme celles d'une star parvenue au zénith de son ambition. Casey Affleck, le lâche Robert Ford, dans l'amour quasi homosexuel qu'il porte à Jesse James, est parfait face à Brad, en petit salopard incapable de comprendre qu'il est manipulé par plus fort que lui. Mise en scène splendide, sombre et lyrique d'Andrew Dominik, écho lointain du western narcissique et masochiste réalisé par Marlon Brando quarante ans plus tôt, *La Vengeance aux deux visages*, et reflet de l'Ouest des pionniers et des voyous, transposé dans un univers condamné à la *Barry Lyndon*. Musique de Nick Cave – fidélité de Brad… – pour mettre un peu de gaieté dans le chant funèbre ! Une partie de la critique suit, la majorité n'y comprend rien et le public boude. « Je leur donne rendez-vous dans vingt ans, dira Brad. Ils prendront conscience de leur erreur. »

★

Burn After Reading. *Lire et détruire après usage* **(Joel et Ethan Coen, 2007)**

Une histoire de fous comme les frères Coen les adorent. (Au fait, qui fait quoi chez les *brothers* ? Ils écrivent ensemble, ils réalisent ensemble, ils répondent ensemble aux journalistes, des frères siamois, en somme.) Pêle-mêle : un agent de la CIA révoqué pour alcoolisme, maltraité par sa femme acariâtre et qui décide d'écrire ses mémoires pour se venger ; un bellâtre draguant sans aucun scrupule les femmes sur un site de rencontres ; une secrétaire dans un centre de remise en forme qui veut se payer une douloureuse opération de chirurgie esthétique, digne d'un chantier de reconstruction ; le patron du centre en question, amoureux transi de ladite secrétaire ; un coach sportif enthousiaste et complètement idiot, persuadé d'avoir flairé un gros coup ; des diplomates russes dont les oreilles se dressent dès qu'on leur parle de secret-défense ; un disque compact sans intérêt qui fait courir tout le monde ; et, puisqu'on est aux States, des flingues qui partent tout seuls, mais jamais dans la bonne direction. Le scénario magnifiquement tricoté donne une apparence de logique à ce capharnaüm, les personnages sont des marionnettes à demi pensantes, incapables de maîtriser leurs mauvais penchants, comme il semblerait qu'on en croise, hélas, bien souvent dans la vraie vie. Les acteurs délivrent une leçon de raisonnement surréaliste qui pourrait faire craindre pour leur équilibre personnel s'ils n'étaient pas justement des comédiens surdoués. En tête de gondole, au rayon des dingues ordinaires, George Clooney, le baratineur, Frances McDormand, la secrétaire qui rêve de redevenir une belle gosse, John Malkovich, l'ex-espion noyé dans la bouteille, et *last but not least*, Brad, absolument inoubliable en idiot maître chanteur roulant des mécaniques jusqu'au fond du placard où l'on retrouvera son cadavre. On s'amuse tout le temps, et d'autant plus que ce qui brûle après lecture et visionnage, c'est le portrait terrifiant d'une Amérique immorale et lobotomisée par ses obsessions du fric, de la délation, du sexe et de la violence.

★

The Curious Case of Benjamin Button.
L'Étrange Histoire de Benjamin Button
(David Fincher, 2008)

Extrait d'une nouvelle de F. Scott Fitzgerald qui a inspiré le film : « Il aperçut son propre reflet dans le miroir familier. Il s'approcha et s'examina avec angoisse, puis entreprit de comparer son visage avec une photographie de lui sous l'uniforme, prise juste avant son départ. “Grands Dieux !” s'exclama-t-il à voix haute. Le processus continuait. Aucun doute n'était permis… il rajeunissait… Il frissonna. Son destin lui semblait affreux, inconcevable. » Brad (Benjamin Button) naît à quatre-vingts ans, abandonné par son père horrifié et recueilli par une infirmière noire au grand cœur d'une maison de retraite. Il va vivre toute son existence à rebours de son cours normal, comme l'horloge de la gare centrale dont le concepteur a inversé la marche des aiguilles. Vieillard, homme mûr, beau gosse dans la fleur de la jeunesse, gamin caractériel accumulant les caprices de l'enfance et ceux du grand âge, nourrisson décédé de mort naturelle. Pendant ce temps, la marche du monde et le développement du cinéma continuent normalement, mais on les relit en quelque sorte à l'envers, du sépia au numérique. Le thème des signes du temps qu'il faut regarder avant qu'ils ne s'effacent et celui de la perte de toutes choses, sentiments compris, qui survient inexorablement, sont incarnés par l'évolution de Brad tout au long du film. C'est la troisième fois qu'il tourne avec David Fincher, devenu, depuis le succès de *Seven*, l'un des réalisateurs les plus importants de Hollywood. Il n'a pas renoncé à ses obsessions angoissantes qui tissent toute la trame de l'histoire, mais il est évidemment fasciné par le destin propre de son acteur fétiche, sa beauté inaltérable et son angoisse de ne pas avoir le temps d'accomplir tous ses rêves. L'histoire d'amour tout au long du film entre Brad et Cate Blanchett qui vieillit naturellement, peu à peu, s'inscrit dans cette fatalité et, à cet égard, la scène où ils se retrouvent quand elle est une femme marquée par l'âge et lui un tout jeune homme est proprement bouleversante. (Comment ont-ils fait pour réussir cette séquence très sexuelle où Brad a toute la fraîcheur de son adolescence dans les petits films d'université de ses débuts ? Mystère.) Au-delà d'un film fantastique, genre où David Fincher excelle, c'est aussi le mélo flamboyant à l'ancienne qui ressurgit intact des catacombes de l'histoire du cinéma. On a également envie de revoir *L'homme qui rétrécit*, l'extraordinaire film des années cinquante qu'Orson Welles adorait, et que David Fincher et Brad connaissent aussi certainement très bien.

⋆

Inglourious Basterds.
(Quentin Tarantino, 2009)

Depuis le temps qu'ils se frottaient, Brad et Tarantino, il était évident que leur premier film ensemble allait faire des étincelles. Ce sera *Inglourious Basterds*, prononciation imagée d'une version vaguement inspirée des *Douze Salopards*. Trions un peu: ça se passe en France occupée par les nazis, avec toutes les horreurs que l'on connaît. Brad, coupe de cheveux uniforme et mâchoire serrée réglementaires pour mettre un point final – mais pas définitif – au look d'angelot peroxydé, commande une bande de va-nu-pieds militaires auprès de qui les mercenaires de Wagner pourraient passer pour des jeunes filles rêveuses. Il leur aboie de tuer un maximum d'Allemands en précisant un raffinement supplémentaire: ils devront être scalpés pour augmenter sa collection personnelle de petits souvenirs de guerre. L'opération prend de l'ampleur avec l'aide d'une star du cinéma nazi, qui travaille secrètement pour les Alliés, et celle de la jolie directrice d'un cinéma, jeune juive échappée du massacre de sa famille, où l'occupant ennemi va organiser, sous la houlette du bon docteur Goebbels, une soirée de gala dont le Führer sera l'invité surprise. Un SS particulièrement visqueux va et vient dans l'histoire, et Brad, grossièrement attifé en collabo italien baratineur, est aux commandes de l'attentat qui doit faire sauter la salle avec tout son contenu. Beaucoup de personnages, donc, brossés avec un sens aigu du pittoresque et de la dérision, autant qu'il peut y avoir d'idées délirantes dans l'imagination phosphorante de Tarantino. Tout cela très *fun* et juste assez politiquement correct pour qu'on ne s'étouffe pas en préjugés inutiles: Christoph Waltz n'est-il pas absolument parfait en super-nazi ? Vous n'avez pas rêvé un jour d'une histoire où l'on aurait pu se débarrasser d'un seul coup de toute cette bande de salopards ? Mais si, bien sûr, sauf que ça ne s'est pas tout à fait passé comme ça, et qu'il fallait un moral d'acier, à cette époque, pour se marrer quand même. Charlie Chaplin et Lubitsch ne pouvaient-ils pas faire rire en prenant Adolf et ses *cronies* comme têtes de Turcs ? Oui, mais c'était avant que la réalité ne soit complètement dévoilée, avant que les optimistes ne finissent à Auschwitz et les pessimistes à Hollywood, comme l'a finement observé Billy Wilder. Au fond, Tarantino se fout complètement de ce qui a pu se passer chez les sous-développés européens, et c'est un cirque qu'il prend à la rigolade. Brad lui emboîte le pas. Il n'a d'ailleurs jamais brillé pour la clarté de ses opinions politiques quand il s'agissait de donner son avis sur l'Irlande du Nord, le Moyen-Orient, tous les abrutis qui s'étripent loin de l'Amérique. Et quand on lui pose des questions sur ce genre de sujets, il préfère botter en touche. À quoi bon le lui reprocher. Rire aux plaisanteries de Will Ferrell, le Franck Dubosc du « Saturday Night Live », ne prédispose pas à lire du Henry Kissinger dans le texte. Mais il doit bien y avoir quelques grognons dans un coin, que cette amnésie historique gêne un peu aux entournures. Ils n'ont qu'à se plaindre à Harvey Weinstein, le pote de Tarantino qui a produit le film, même s'il est assez difficile à joindre pour l'instant.

⋆

The Tree of Life. *L'Arbre de vie* **(Terrence Malick, 2011)**

L'enfant est mort et son père est dévasté. Par le chagrin et par les remords. Il voulait en faire un homme dont la réussite le vengerait de ses propres échecs, et il n'a récolté que du malheur, celui du fils perdu, celui de sa femme lumineuse et douce, celui de toute la famille. « Un jour viendra où nous pleurerons et où nous comprendrons les choses », avait coutume de dire le père, et ce jour est venu. Et pourtant, ce père toxique aimait ses enfants. Ses échecs, ses frustrations, ses difficultés l'ont enfermé sur lui-même et l'ont empêché de leur faire sentir toute la profondeur et la richesse de l'amour qu'il leur a porté. C'est une tragédie intime racontée avec toute la distance et la pudeur propres à son personnage principal ; Brad, l'antihéros qui croyait bien faire, s'est trompé sur toute la ligne, et pense maintenant que c'est lui qui aurait dû disparaître. C'est un portrait de l'Amérique de la petite bourgeoisie et des banlieues aux maisons bien tenues, où les tableaux de Norman Rockwell sont devenus des tableaux d'Edward Hopper.

C'est surtout un film de Terrence Malick, l'homme qui n'a jamais transigé avec Hollywood, s'est tenu dans l'ombre et n'a tourné qu'une dizaine de longs-métrages, magnifiques et inclassables, empreints de poésie, de lyrisme et de spiritualité. Produit, interprété, incarné par Brad comme s'il écrivait enfin le journal de son enfance. À ranger parmi les favoris. Palme d'or à Cannes.

★

Money Ball. Le Stratège **(Bennett Miller, 2011)**

L'année 2011 est bien celle des carnets intimes de Brad, et *Le Stratège* relève aussi d'une sorte d'autobiographie. Brad dirige et entraîne une équipe de base-ball qu'il a récupérée à Oakland. Elle se traîne en deuxième division, ses meilleurs joueurs sont partis dans des grands clubs, les autres sont démotivés et pas en forme, les sponsors n'ont pas les moyens d'investir au-delà de ce qu'ils ont déjà dépensé. Brad engage un gros balourd, timide et anxieux, qui a repéré sur son ordinateur des joueurs malchanceux avec un potentiel, et toutes les failles des équipes adverses. Ensemble, ils vont refaire des Athletics d'Oakland l'une des meilleures équipes des USA. Hormis son comparse, Brad n'a que sa petite fille pour le soutenir, elle aussi se bat pour progresser et chante lorsqu'elle affronte l'adversité. Si vous ne vous intéressez pas au base-ball, si vous n'en avez jamais compris les règles, ça n'a aucune importance. Le vrai sujet du film est ailleurs, il s'agit de l'histoire d'un homme qui accorde sa confiance à un autre, son amour à un enfant, de sa volonté d'atteindre un objectif a priori impossible, sans se décourager. En ce sens, c'est aussi l'histoire de Brad construisant sa carrière contre tous les aléas qui la menacent sans transiger avec son idéal d'intégrité et de dépassement personnel. On ne le lâche pas un instant, tant le portrait qu'il nous livre de lui-même semble sincère et fidèle. Le film de Brad que Xavier Giannoli préfère, ce qui n'est pas un mince compliment.

★

Cogan: Killing Them Softly. (Andrew Dominik, 2012)

Brad a été déçu par l'insuccès relatif de *L'Assassinat de Jesse James*, mais il garde toute sa confiance en Andrew Dominik, le réalisateur que personne d'autre ne veut faire tourner à Hollywood pour cause de sale caractère et d'engueulades avec les équipes. Comme si les autres réalisateurs étaient tous des gentils communiants qui appellent leur maman au premier bobo sur un tournage. C'est Brad qui a raison, Andrew Dominik est un roi de la mise en scène, doux comme un toutou quand on sait comment lui parler. Et depuis qu'il a travaillé avec Tarantino et Terrence Malick, Brad n'a aucun problème avec les paranos qui flanquent à la porte les grosses légumes des studios lorsqu'elles osent mettre les pieds dans la salle de montage. Puisqu'il y a aussi comme un petit coup de mou dans sa carrière, le public ayant eu du mal à le reconnaître dans l'exercice d'introspection de ses deux derniers films, retour donc au thriller, aux gangsters et aux flingues qui partent tout seuls, avec Andrew Dominik pour la réalisation, la noirceur et la classe. En pleine campagne présidentielle – John McCain-Barack Obama –, où l'évocation pavlovienne de *La Loi et l'Ordre* excite l'opinion publique, les rackets des tripots clandestins à coups de mitraillettes dérangent les petites affaires de la mafia. Même l'organisation criminelle souhaite que le marché des clubs de poker illicites et des paris truqués retrouve son calme et ne soit pas en butte aux initiatives d'une jeune génération de trublions qui ne respectent pas les règles. Elle engage donc Brad, un tueur expérimenté et quelque peu désenchanté à l'égard d'un métier où les traditions se perdent aussi, pour passer l'aspirateur, mais à condition qu'il n'y ait quand même pas trop de vagues. « Tuez-les en douceur », demande le chef local de la mafia dans son entretien d'embauche. Un type sympa, courtois et distingué qui parle à Brad avec des pincettes, car son nouvel employé n'est pas du genre à savoir tenir sa fourchette à table. Enfin, tant qu'il saura se servir de son flingue... Mais le monde des tripots clandestins intéresse décidément beaucoup de monde, et même le ver du désordre s'est introduit dans la mafia où l'on ne peut plus être sûr de personne. Donc ça tire tout le temps et dans tous les sens, et notre Brad est bien seul à mener son opération Kärcher, d'autant plus que Gandolfini, appelé à la rescousse, n'est plus qu'un vieux gangster fatigué et pas très franc du collier. Il mourra d'ailleurs quelques semaines après la fin du tournage. Petit budget, maigres retours au box-office, décidément, Andrew Dominik porte la poisse, diront les critiques et les agents de Hollywood en évoquant un film de gangsters des années cinquante qui se serait égaré dans le cinéma d'aujourd'hui. *Cogan* est un super film d'action et, là encore, rendez-vous dans vingt ans pour juger, selon Brad qui ne se décourage toujours pas.

★

Cartel.
(Ridley Scott, 2013)

Les retrouvailles de Brad et de Ridley Scott qui a lancé sa carrière avec *Thelma et Louise*. Mais Ridley est atteint de plein fouet par la mort de son frère, Tony Scott, qui se suicide après avoir appris qu'il est atteint d'une maladie fatale. Ce drame pèse sur le tournage et explique peut-être l'aspect irrégulier du film : des scènes fortes et d'autres qui se traînent, des comédiens qui donnent l'impression de se diriger eux-mêmes et caricaturent leur personnage, le fil de l'intrigue qui se perd dans les méandres d'un scénario trop compliqué. Et Brad dont le rôle solide n'est pas bien mis en valeur. On ne le voit pas assez alors qu'on voudrait le voir plus. Ridley allait sans doute trop mal pour tenir suffisamment le montage, à moins qu'il ait été embarrassé par la présence constante du scénariste Cormac McCarthy sur le tournage, un romancier célèbre qui a un avis sur tout et que Ridley admire trop pour lui dire de s'en aller. L'histoire est celle d'un type qui s'implique dans une affaire dont il aurait mieux fait de s'éloigner : Michael Fassbender, avocat réputé et très amoureux de sa femme, Penélope Cruz, croit pouvoir jouer au plus fin avec le cartel de la drogue et en retirer un bon paquet de dollars. Mais c'est un bleu. Entre Javier Bardem – look d'enfer en Versace –, bien trop sympa pour être honnête, sa copine vénéneuse, Cameron Diaz, toute une bande de trafiquants sud-américains qui citent la Bible en espagnol, et Brad qui s'est officiellement retiré des affaires mais flaire encore d'un peu trop près des montagnes de poudre blanche, notre candide conseiller juridique est bien parti pour s'attirer de sérieux ennuis et perdre la belle copine qu'il voulait gâter avec son argent mal acquis. À toute la panoplie des morts subites délicieusement sadiques s'ajoute une variante raffinée de la décapitation : un fil de cuivre au travers d'une route sur laquelle fonce la moto d'un inconscient, et c'est une tête qui saute. Un lacet de fer qui se referme sur un joli cou et qui est programmé pour se serrer à toute allure et, cette fois, c'est la tête de Brad qui se détache dans un déluge de sang. À se demander si Pablo Escobar a été engagé comme conseiller technique par la production ! En tout cas, rien que pour cette séquence d'horreur infligée à notre héros chéri, le film mérite le déplacement…

★

World War Z.
(Marc Forster, 2013)

Le film qui a failli torpiller définitivement la carrière de Brad et dont il est finalement ressorti triomphant, en faisant sauter le plafond du box-office. Tout s'est mal passé, et tout s'est bien terminé. Brad en aura retiré un capital inépuisable d'admiration et de respect de la part d'une profession qui s'apprêtait à l'enterrer.

Vous souvenez-vous de *La Nuit des morts-vivants* ? Le vieux film d'épouvante en noir et blanc où les cadavres attaquaient les vivants pour se nourrir de chair humaine ? Budget minable, truquages craignos, acteurs inconnus mais hurlements et sauce tomate à tous les étages, un chef-d'œuvre dans le genre, devenu un classique de l'épouvante. Il y a toujours eu des zombies au cinéma, ils sont sortis du vaudou pour aller se nicher et se reproduire dans les films. Parce qu'il n'y a rien de plus moderne qu'un zombie : il pilote les avions qui s'écrasent sur les tours de Manhattan, il répand le virus du sida et se prépare pour la covid, il nous attrape par surprise et nous dévore sans pitié, c'est bien le mort-vivant que nous deviendrons tous un jour, le vampire ou le monstre de Frankenstein sont des enfants de chœur, comparé à lui. Même à Springfield, Missouri, quand ils s'échappaient du drive-in, le gamin Brad avait peur d'eux. Le temps de la guerre totale est venu, ils attaquent et Brad va en débarrasser l'humanité.

Bon, c'est un film américain, il faut donc que l'Onu, l'armée US, le Mossad et même la flotte aérienne de la Biélorussie (!) prêtent main-forte au héros Brad. Le scénario est en roue libre, il sera réécrit plusieurs fois pendant le tournage, la production pète les plombs et dépasse toutes les prévisions, les extérieurs se déplacent un peu partout dans le monde, pour échapper aux poursuivants-zombies. Des multitudes de figurants portés à l'incandescence se piétinent comme les foules fanatisées de pays hors de contrôle, le réalisateur, Marc Forster, navigue à la limite d'un burn out définitif, mais rien ne résiste aux demandes de Brad qui décide de tout et exige du spectacle, toujours plus de spectacle. Il est le zombie de la production qui dévore toutes les énergies et se les transfuse pour aller sans cesse plus loin, plus fort. À Hollywood circulent de très méchantes rumeurs : le film est en faillite et ne sortira jamais, ceux qui ont mis de l'argent dans cette catastrophe peuvent faire une croix dessus, Brad est devenu fou et bon à enfermer. Et pourtant, quel rythme, quelle réussite dans l'alternance des scènes intimes et des séquences de dinguerie collective, quels moments de pure terreur cinématographique, comme l'attaque des passagers dans un avion ou l'escalade des murs de Jérusalem par une montagne en mouvement de morts-vivants déchaînés ! À l'arrivée, un demi-milliard de recettes et Brad en pleine forme qui joue les modestes sur le ton « je vous avais bien dit que ça allait marcher », alors qu'il a sans doute eu la peur de sa vie. Au fond, *World War Z*, c'est son *Apocalypse Now* et, compte tenu des kilomètres de rushs qui n'ont pas été montés, on peut s'attendre à une floraison de « versions complètes » dans un avenir plus ou moins proche.

★

Fury.
(David Ayer, 2014)

Ce qui est bien, avec Brad, c'est que l'histoire du cinéma ne s'arrête jamais ; il l'arpente en tous sens comme le gamin les Ozarks ou un guerrier le terrain conquis. Les films du passé sont pour lui autant de promesses d'avenir. Il n'hésite donc pas à refaire ce qui a déjà été fait, mais autrement, à sa manière, et selon les informations et les sentiments qu'il retire de sa perception du présent. C'est un classique d'avant-garde, et il campe avec cet oxymore à la fois au centre de l'industrie comme star et comme démiurge, et sur ses marges tel un pionnier prenant des risques fous qui pourraient détruire sa carrière. Ainsi de *Fury* qui prend la suite d'un certain nombre de films de guerre célèbres – du *Bal des maudits* au *Jour le plus long*, de *Croix de fer* à *Les Nus et les Morts* –, et pour lequel Brad marche sur le pas du formidable Aldo Ray, incarnation magnifique et terrible du soldat implacable au courage indomptable, mais qu'on peut aussi haïr pour sa violence et cet amour de la guerre où il trouve un sens à sa vie et à sa mort annoncée. On se retrouve en Allemagne en avril 1945, donc tout à la fin de la guerre, quand le Reich agonise et qu'il n'y a en fait plus tant de raisons de se lancer dans des actes de bravoure héroïques. Brad commande un détachement de chars et il continue à se battre pour barrer la route à une colonne allemande en train de se replier. Pour lui, la guerre n'est pas terminée, si tant est qu'elle finisse un jour. Il galvanise le courage de ses hommes et ils finiront par être tués jusqu'au dernier, lui compris. Avril 1945, la reconstitution est certainement exacte, alors que la paix est à sa portée, comme le montre la longue séquence où son groupe occupe une petite ville allemande et désarme l'hostilité des habitants, ouvrant la perspective d'une renaissance des sentiments d'humanité. Au-delà de l'interprétation follement réaliste et habitée de Brad, la beauté du film réside dans l'évocation du divorce entre la perception qu'il a de l'inutilité d'un combat qu'il veut poursuivre à tout prix et cette mort des sentiments dont il a conscience et qui préfigure sa mort physique. Autrement, c'est aussi un vrai film de guerre avec les classiques affrontements entre soldats, le petit jeune qui découvre l'horreur et que Brad protège à sa manière, le grondement des chars qui se déplacent comme des bêtes blessées, les combats, l'ultra-violence, les crimes inutiles et la cruauté sans limites qui appartiennent aux lois du genre. Et on repense qu'il y eut, jusqu'au dernier instant du dernier jour, des hommes qui s'entre-tuèrent comme s'il était écrit que cela ne devait jamais finir, et qu'il y en a d'autres, ailleurs, en Ukraine, qui recommencent…

⋆

Vue sur mer.
(Angelina Jolie, 2015)

Pièce à conviction à verser au procès à répétition du divorce Angelina Jolie-Brad Pitt. Il s'agit d'un dossier à charge rassemblé par la plaignante sous la forme d'une sorte de comédie qui n'est ni comique ni sentimentale. On ignore la réaction de la partie adverse. Une belle Américaine, ancienne danseuse et clone d'Arielle Dombasle, traverse une crise existentielle aggravée par des difficultés conjugales avec son mari, un écrivain moustachu qui ressemble au père de Brad Pitt et soigne son angoisse de la page blanche en forçant sur l'alcool. Ça se passe dans le sud de la France au cours des années soixante-dix ; DS décapotable comme dans *Un soupçon de vison*, une comédie nunuche avec Doris Day et Cary Grant ; Gainsbourg et France Gall sur la bande-son ; Relais et Château et plage privée ; mais c'est tourné à Malte, et Malte, c'est moche. Des cailloux et pas d'arbres, même le bleu de la Méditerranée est gris. Le Relais et Château est d'ailleurs aussi très moche. Qui a eu l'idée de repérer un truc pareil ? Le couple se dispute tout le temps et pour des riens, il y a un gentil jeune ménage de Français dans la chambre d'à côté qui émoustille les voisins de mauvaise humeur – Mélanie Laurent et Melvin Poupaud –, la dame traîne de son lit à la plage ; le monsieur se biture au troquet du coin avec le patron, Niels Arestrup, le genre de copain idéal pour se remonter le moral, comme chacun sait. La réalisatrice Angelina a beau loucher sur Antonioni et Bergman, on a plutôt l'impression de regarder des poissons dans un aquarium. À la fin, les deux époux se rabibochent un peu et on est bien contents pour eux, d'autant plus que le ratage du film et son échec auprès du public n'ont pas dû contribuer à détendre l'atmosphère de la *Brangelina story*. Ce qui ressort finalement de ce laborieux pensum, c'est l'antipathie d'Angelina pour Brad, qu'elle arrive à rendre laid comme un beauf, une performance qui permet de saluer la générosité de Brad, lequel a produit le film et accepté que sa femme brosse un portrait si peu reluisant de lui.

★

The Big Short. *Le Casse du siècle*
(Adam McKay, 2015)

La crise des *subprimes*, la faillite de la banque Lehman Brothers et l'effondrement de Wall Street qui a failli emporter toute l'économie mondiale, l'escroquerie de Madoff ruinant des milliers d'épargnants : le capitalisme en folie est une mine d'or pour scénaristes qui veulent expliquer la finance internationale aux débiles. Et même si on est très intelligent, il faut être abonné depuis vingt ans au *Financial Times* pour s'y retrouver dans un film qui a fait bingo au box-office. Les Américains, les boursicoteurs de tout acabit et les ennemis des riches, adorent tous ensemble qu'on leur raconte les secrets du capitalisme et le cynisme des banquiers. Mais au fond, ce n'est pas absolument nécessaire de comprendre les lois du marché pour apprécier le film : ce sont les échanges entre quatre rats spécialistes des placements toxiques et tout le système spéculatif représenté par les bandits du *big business* bancaire en pleine euphorie qui emportent le morceau. Des dialogues, des situations, des acteurs formidablement crédibles qui vengent les petits épargnants que nous sommes, torturés par les agios de leur découvert. Brad – méconnaissable en trader, barbu et à lunettes, qui s'est retiré fortune faite et voit clair dans le jeu des quatre petits rigolos acharnés à faire crever la bulle spéculative pour empocher de solides dividendes – est le seul type honnête de cette cour des miracles où les gentils dépenaillés sont aussi méchants que les arrogants en costume cravate Ralph Lauren. Il nous délivre une morale qu'on peut enfin comprendre : ce sont des millions de pauvres gens qui payent finalement les pots cassés dans des bureaux hyper-technos de Manhattan.

*

Alliés.
(Robert Zemeckis, 2016)

Retour au camp de base : un super film d'action et d'espionnage dirigé par le routier inoxydable Robert Zemeckis (*Forrest Gump*, *Retour vers le futur*...), avec un Brad redevenu beau et charmant comme aux premiers jours et une Marion Cotillard pas loin d'égaler l'Ingrid Bergman de *Casablanca*. Le Maroc de la Seconde Guerre mondiale, justement, sert de vivier à une fosse de serpents où s'agitent les agents secrets des Alliés, les faux et les vrais résistants, les agents doubles, les collabos et les nazis, en cette année 1942 où la fortune des armes est encore incertaine pour tous ceux qui aimeraient continuer à mener leurs petites combines et une vie tranquille. Brad est un espion au service de Sa Majesté, qui sait occasionnellement bien se servir de sa mitraillette. Marion Cotillard travaille également du bon côté, enfin a priori. Après les inévitables malentendus et prises de bec, la passion amoureuse finit par les emporter, et c'est tant mieux pour nos âmes romantiques. Exfiltrés tous les deux en Angleterre après avoir perpétré un joyeux massacre au consulat d'Allemagne à Casablanca – encore ! Il ne manque que « Play It Again, Sam » –, une autre version du passé de la belle Marion ne tarde pas à resurgir. Scénario fignolé, direction artistique impeccable où il ne manque pas une Traction 15 Citroën et des tenues de soirée *made in Paris*, stars filmées à l'ancienne avec de beaux éclairages, le Maroc on ne peut plus « souks et Mamounia », la verte Angleterre d'Alexander Korda : un trésor pour cinéphiles à la recherche des vestiges dorés du passé et pour les amateurs plus désabusés d'un cinéma où l'on ne s'ennuie jamais. Il semblerait qu'Angelina soit la seule à ne pas avoir aimé le film, pour des raisons qu'on peut comprendre…

★

War Machine. **(David Michôd, 2017)**

Brad s'amuse comme un enfant avec ses soldats de plomb, sauf qu'il prend pour modèle MacArthur, Eisenhower et surtout Patton, celui qui giflait ses subordonnés quand il les trouvait trop mous, et il s'identifie à eux. Avec la guerre en Afghanistan où les Russes se sont déjà cassé les dents, son général inventé et idéal, le bouillant Glen McMahon, se sent appelé au grand destin de montrer que l'Amérique s'est relevée grâce au courage, à l'efficacité et à la discipline de son armée. Mais il y a une sacrée différence entre déplacer des petits soldats sur le sol d'une salle de jeux et commander des vrais militaires américains qui se demandent ce qu'ils font là, au milieu de barbus peu amènes qui n'ont pas tout à fait les mêmes références culturelles. Au fait, comment traduit-on *fuck you* en pachtoun ? Surtout quand il y a des journalistes vicieux de la grande presse, des politiciens retors et des super-gradés terrorisés par le Congrès qui refusent à tout prix de comprendre que le général n'est plus qu'une pauvre baderne dépassée par les événements. On se croyait parti pour un film de propagande militariste avec un Brad à la démarche de marionnette décérébrée, et on se retrouve dans une comédie au vitriol comme on n'en avait peut-être pas vu depuis le *MASH* de Robert Altman. Au hit-parade des pantins, Ben Kingsley est presque aussi délectable que Brad, dans le rôle du président afghan Karzaï qui se met au lit dès qu'il a une décision à prendre et refuse à tout prix d'être dérangé. Tiré du best-seller *The Operators* de Michael Hastings, qui avait déjà une solution pour l'infortuné général et l'Afghanistan : « On se tire et en vitesse de ce pays de dingues ! » Un détail qui aurait dû nous mettre aussi la puce à l'oreille dès le début : la musique est de Nick Cave, le pote dézingueur tous azimuts de Brad, pas le genre à trouver que Patton était quand même un brave type.

★

Ad Astra.
(James Gray, 2019)

Roy McBride est un astronaute d'élite, hyper-expérimenté et fiable, mais c'est aussi un homme complexe, replié sur lui-même, incapable d'exprimer ses sentiments. Ses chefs lui confient une mission très dangereuse : retrouver un astronaute qui a disparu dans les environs de Neptune seize ans auparavant : est-il mort, est-il vivant, est-il devenu fou ? Les environs de Neptune, comme chacun sait, c'est facile à trouver, la porte à côté, vous prenez Mars à gauche, Jupiter à droite, vous sonnez, c'est là ! Le projet se complique aussi un peu : l'astronaute disparu travaillait sur un programme de politique spatiale qui aurait anéanti la Terre, et il était également le père de Roy McBride. La cerise sur le gâteau, en somme. James Gray, le réalisateur, reconnu à sa juste valeur en Europe – primé dans les festivals et grand cinéphile aimant le cinéma français et la nouvelle vague plus que Tarantino, qui s'en fiche –, est particulièrement attaché aux histoires de famille, et plus encore aux relations fils-père. Du gâteau pour Brad, qui en fait désormais des tartines pour son psychanalyste : Dad ceci, Dad cela, amour et ambivalence. Il a déjà produit James Gray, il produit *Ad Astra*. Mais, comme c'est un très gros budget, il lui faut s'associer avec la Fox, qui n'a manifestement rien compris au scénario. La période est apparemment propice aux films d'astronautes, entre *Gravity* (2013), *Interstellar* (2014) et surtout le superbe *Seul sur Mars* (2015) de Ridley Scott avec Matt Damon. Mais James Gray et Brad veulent raconter une autre histoire, sertie dans une histoire de fusées et d'étoiles mystérieuses, celle du voyage initiatique d'un homme à la recherche de son père. Un homme beau, pur et secrètement fragile comme Brad, et un père terrifiant comme le formidable Tommy Lee Jones, qu'il finit donc par retrouver et dont le moins qu'on puisse dire, c'est qu'il ne s'agit pas d'un cadeau pour son fiston. *Ad Astra* est le début d'une phrase latine : « Vers les étoiles malgré les difficultés. » Pour les difficultés, on en a d'ailleurs pour son argent avec la navette spatiale qui court-circuite, Brad perdu en apesanteur dans les immensités sidérales – le grand classique du genre que les enfants adorent –, des meurtres en pleine fusée, les anneaux de Neptune moins hospitaliers que la banlieue *middle class* où Brad n'a jamais réussi à dire à sa femme qu'il l'aime profondément. Cependant, c'est le récit personnel de Roy McBride (Brad) qui sert de fil conducteur, sous forme de monologues en voix off, avec un très beau texte, émouvant et sobre. Les associés de Brad à la Fox ayant fini par comprendre que le récit freudien du meurtre du père était bien le vrai sujet du film, qu'il ne s'agissait donc pas d'un autre western chez les Martiens, des disputes homériques et des tripatouillages au montage ont fini par abîmer la fin, même si on parvient à comprendre que Brad, désormais libéré de la tyrannie du fantasme paternel, deviendra un homme heureux à son retour sur Terre. Enfin, tel qu'il est, amoché par la bureaucratie des studios que Brad n'a pas eu la force de garrotter à cause d'un contrat léonin, *Ad Astra* reste un film d'une grande beauté. Attendons la revanche, lorsqu'il y aura enfin une diffusion de la version intégrale. On peut faire confiance à Brad et à James Gray, qui finiront bien par avoir un jour le dernier mot.

★

Once upon a time... in Hollywood.
Il était une fois à Hollywood
(Quentin Tarantino, 2019)

Une fantastique leçon de cinéma, à partir d'une évocation somptueuse et nostalgique de Hollywood en 1969, l'année de l'assassinat de Sharon Tate par les cinglés de la bande à Manson. Leonardo DiCaprio est un acteur qui a connu son heure de gloire et dont la carrière est en panne. Brad est son cascadeur attitré, sa doublure et son homme à tout faire. Leur amitié est sans faille, mais le come-back espéré de Leonardo tarde à venir et, en attendant, l'ex-*wonder boy* tourne dans des séries B, tandis que son pote s'occupe de l'intendance et répare les antennes de télévision de sa maison. Il est probable que personne n'aurait pu faire revivre cette époque aussi bien que Tarantino, le voyou qui tenait une boutique de vidéos plus ou moins cochonnes et déroulait dans sa tête en permanence son encyclopédie personnelle de nanars fantastiques. Ce qui est terrible et fascinant, à Hollywood, c'est que l'on y croise des stars en permanence, même quand on est un crève-la-faim et que l'on y baigne tout le temps dans une atmosphère d'espoir, de sexe utile, d'humiliation et de désillusion interminables, avec des projets de films plein la tête qui n'aboutissent pas, dans un merveilleux décor de carte postale et d'enfer en Technicolor.

Leonardo DiCaprio est magnifique, sa fausse belle carrière est racontée avec un brio éblouissant, tous les autres acteurs sont formidables, avec une prime spéciale pour une starlette-enfant et petite peste qui pourrait clouer le bec à Bette Davis. Mais c'est Brad qui illumine littéralement le film par la grâce désenchantée et l'élégance souveraine de son jeu, la beauté et la mélancolie de sa présence. Les scènes d'anthologie se succèdent : ses échanges avec une petite pute qui traîne sur Sunset Boulevard, sa bagarre avec Bruce Lee qui prend la raclée de sa vie, son intrusion cauchemardesque dans le campement sinistre de Manson, etc. L'intelligence de Tarantino surpasse pour une fois son cynisme quand il nous livre sa version fantasmée de la tragédie de Sharon Tate. Il est d'ailleurs probable que Brad aurait refusé de tourner le film si son pote Quentin n'avait pas trouvé une fin acceptable pour tous ceux dont la mémoire s'est glacée une nuit d'été de 1969 à Hollywood. Oscar du second rôle, discours magnifique de Brad en le recevant. Mais dans nos cœurs, c'est un super Oscar du premier rôle qu'il méritait de recevoir.

★

Bullet Train.
(David Leitch, 2022)

Pour de plus amples renseignements, voir la fin du bouquin…

★

Babylon.
(Damien Chazelle, 2022)

Sur l'écran de ses nuits blanches, Hollywood contemple Babylone comme un souvenir imaginaire. Il s'agit d'une histoire ancienne, qui remonte aux débuts du cinéma avec *Intolérance* de Griffith en 1916 : décors grandioses, Nabuchodonosor, les jardins suspendus, des myriades d'esclaves lascives qui ne chantent pas comme dans l'opéra de Verdi. C'est encore le cinéma muet, mais le décor est planté, Babylone est la capitale antique du péché et des plaisirs interdits. Il y a encore aujourd'hui des éléphants statufiés d'après le film qui surplombent Hollywood Boulevard, même si personne ne sait plus vraiment pourquoi. Dans les années soixante, la publication des affreux et délicieux *Hollywood Babylone*, tomes 1 et 2, du sulfureux Kenneth Anger en remet une couche dans la nostalgie scandaleuse : récits de faits divers crapoteux et d'orgies en tous genres. On s'amusait décidément mieux avant l'avènement du parlant et des codes de moralité qui ont renvoyé les stars perverses dans la poubelle du 7e art.

Post-adolescent siphonné à la cinéphilie encyclopédique, Damien Chazelle connaît tout cela par cœur, et il est fasciné par le moment clé du passage du muet au parlant. Avec *Chantons sous la pluie*, Gene Kelly et Stanley Donen nous avaient donné en 1952 le chef-d'œuvre d'une transition souriante, avec *Babylone*, l'enfant prodige, sacré par *La La Land*, nous livre le cauchemar d'une révolution infernale qui a broyé les pionniers du cinéma égarés dans leurs plaisirs. Rayon orgies, on est servis par la maîtrise inouïe de la mise en scène, quand c'est fini, ça recommence. En revanche, il y a un vrai problème de scénario : on perd les héros du film dans la partouze. Margot Robbie en clone de Clara Bow, la bombe sexy des années vingt, Diego Calva, le beau Mexicain ambitieux qui va se brûler les ailes, et Brad, enfin, en John Gilbert, le partenaire de Greta Garbo et l'idole fracassée par les micros s'autodétruira de désespoir. Un beau trio, a priori, entouré de seconds rôles formidables, mais finalement tous noyés dans le maelström. Chacun a au moins un ou deux bons moments mais ce n'est pas assez, même si Brad est celui qui tire le mieux son épingle du jeu dans une scène magnifique où une journaliste dure à cuire lui explique que sa carrière est foutue et qu'il n'a plus d'avenir.

Et si c'était cela, le sujet de *Babylon* que Damien Chazelle noie sous le brio de sa mise en scène pour éviter de le traiter à fond ? La fin inéluctable des années Brad et du cinéma qu'il incarne. C'était déjà là dans *Il était une fois à Hollywood*. Et l'on repense à Luchino Visconti révélant un nouveau visage de Burt Lancaster avec le rôle inespéré du *Guépard*, ou à la manière dont Paolo Sorrentino a su montrer dans *La Grande Bellezza* que *La Dolce Vita* et Fellini ne mourront jamais. Le temps est peut-être venu pour Brad de rencontrer un réalisateur européen à sa mesure. Oui, vivement Sorrentino, mais peut-être est-il déjà trop tard.

(Et puis il ne faut pas oublier tous les caméos, ces apparitions de quelques secondes par amitié et pour le *fun* qui font beaucoup parler, comme lorsque Hitchcock se glissait pour un seul plan dans ses films, et qui apportent des vitamines à des productions pâlichonnes. Petits services ou renvois d'ascenseur pour George Clooney, Cate Blanchett ou Matt Damon, qui est aussi un spécialiste du genre. Un caméo de Brad, c'est du bonheur pour les attachés de presse, les bandes-annonces et les génériques. Un à deux jours de tournage, salaire syndical des figurants, quelques secondes à l'écran. Brad est un roi des caméos, il y a même des collectionneurs fous qui se les disputent sur Internet, où l'on trouve d'ailleurs aussi des perles rares : Brad qui redécore la maison de sa maquilleuse chérie pour lui faire une surprise avec le sourire d'un gamin espiègle. Brad mystérieusement perdu dans le désert entouré de projecteurs géants qu'il allume et éteint avec son portable. Des rushs volés par des petits malins, des pilotes de films qui n'ont jamais été tournés, des bouts de castings oubliés. Quand il s'agit de Brad, la folie des détrousseurs de pellicules perdues ne connaît pas de limites. Les figurations du début, où un Apollon sur la plage éclipse toutes les filles en bikinis et où un blondinet est accoudé au bar d'une boîte de nuit branchée, ne comptent pas. Le caméo véritable, c'est quand une vraie star apparaît devant la caméra dans un vrai film ou une série à succès, comme si elle s'était trompée de porte. Donc Brad en Monsieur Météo loufoque et dépassé parce qu'il y a trop de nuages pour bien voir (« The Jim Jefferies Show »), Brad à la foire aux célibataires où les nanas l'ignorent et ne choisissent que des moches (*Bachelor's Day*), Brad en super-héros invisible que l'on reconnaît quand il s'électrocute avec un téléphone (*Deadpool 2*), Brad sur un tapis rouge où personne ne fait attention à lui (*Being John Malkovich*), Brad en homard avec Matt Damon, menacés d'être dévorés par des pingouins chanteurs (dessin animé *Happy for Two*), Brad enlevé par des inconnus quand il fait la queue devant un cinéma, Brad en candidat nul d'un jeu télévisé, etc. Avis aux navigateurs affamés sur Internet, il y en a encore plein d'autres dans la caisse aux trésors !)

« La sagesse est un arbre de vie pour ceux qui la saisissent. » – Ancien Testament, proverbe 3

Chapitre 5

Girlfriends

> *« Les liaisons sur les tournages : je sais que ça arrive tout le temps mais je me comporte en évitant d'être attrapé ; parce que je sais aussi que ça peut faire beaucoup de mal. »*
>
> Daily Express

Brad a toujours eu la cote avec les strip-teaseuses. Elles n'ont pas oublié qu'il a commencé à Hollywood en leur servant de chauffeur et de régisseur, toujours courtois, serviable et débrouillard. La nouvelle génération des filles qui se produisent désormais pour de petites soirées coquines chez les rupins de Beverly Hills a retenu la leçon des anciennes. Elles aimeraient bien trouver un autre gentleman rustique du Missouri, beau gosse et n'abusant jamais de la situation, conduisant le van sans se tromper d'adresse, récupérant les robes qu'elles lancent dans le public, ramassant l'argent des clients et faisant les comptes sans erreurs, calmant les admirateurs avec un verre dans le nez, trop empressés et prompts à la bagarre. Le genre de gars à qui on peut toujours faire confiance quand il y a tant de types pas nets qui continuent à leur tourner autour. Et puis, le métier est devenu dangereux, trop de coke dans les villas à piscine et trop de clients brutaux et vulgaires qui les traitent comme des putes. À trente ans, beaucoup de filles prennent peur. Elles remisent leurs diadèmes en strass pour aller travailler dans des *diners* ou au McDo, quand elles ne se résignent pas à franchir carrément la frontière et accoler leur photo sur Internet à la rubrique « Escort ». Leurs illusions se sont envolées, mais le marché est toujours demandeur. Les strip-teaseuses sont aussi de plus en plus jeunes, paumées et naïves, accrochées à leurs rêves de faire de belles rencontres.

En 1999, elles n'ont évidemment aucun contact avec Brad depuis qu'il est devenu une star avec *Légendes d'automne* et *Seven*. Il passe ses soirées auprès de Jennifer Aniston quand il ne tourne pas et, même pour les parties de biture et de rigolade entre potes, il n'a jamais recours à elles. Il faudra bien qu'elles se résignent à ne l'apercevoir que de loin, quand il se rend à des premières ou à des remises de trophée, serrées dans la foule surexcitée et maintenues derrière des barrières, ou quand il répond, dans des flashs pour la télé, plus charmeur que jamais, à des interviews express sur le tapis rouge avec des veinardes de petites journalistes qui gloussent de plaisir à chacune de ses réponses. Elles ne peuvent pas l'atteindre mais elles parlent tout le temps de lui. D'ailleurs, à Hollywood, tout le monde parle tout le temps de lui, et il ne se passe pas une semaine sans que les magazines people ne publient de nouvelles histoires à son sujet, indiscrètes et inventées, mais avec plein de photos où il a l'air d'être chez lui, et des adresses, aussi, fausses en général, mais on ne sait jamais, et celle de sa maison préférée dans les Hollywood Hills revient souvent.

Athena Marie Rolando a dix-neuf ans, elle est strip-teaseuse, elle s'est produite chez Leonardo DiCaprio un soir où il n'était pas là et avait laissé sa maison à des copains plutôt sans gêne. La maison lui a beaucoup plu et elle a imaginé que celle de Brad était encore plus belle. Une nuit de janvier, vers 2 heures, elle saute par-dessus la clôture, se promène dans le jardin, avise une fenêtre restée ouverte et pénètre à l'intérieur. Il n'y a personne, les alarmes sonnent mais les gardiens ont certainement mieux à faire que d'entamer une ronde à une heure aussi tardive, quand Brad est parti dormir chez Jennifer. Ils roupillent tranquillement dans leur bungalow bien chauffé, et les alarmes s'éteignent. Il y a aussi deux molosses qui sont censés faire peur et se tiennent en faction dans l'entrée. Athena a apporté une poupée rigolote pour l'offrir à Brad, et quelques friandises à tout hasard. Habitués à une vie heureuse et sans histoires, les deux clébards ne sont pas agressifs, ils remuent la queue et font la fête à l'invitée surprise. Les friandises achèvent de les convaincre quant à ses bonnes intentions. Ils l'escortent dans sa visite, à la cuisine où il y a toujours des bons morceaux pour de braves toutous sympathiques, et ensuite au premier étage, directement dans la chambre de Brad. Ils se souviennent sans doute d'y avoir vu défiler des jolies filles dans un passé encore récent, et cette aimable inconnue relève tout à fait du modèle standard. Allez, vivement qu'on se couche en attendant le patron, elle sous la couette et nous au pied du lit, comme d'habitude. Mais on est en hiver et il fait frisquet. Athena se sert dans le dressing : un survêtement de jogging, un blouson, un bonnet, des chaussures de tennis. Elle se regarde dans la glace ; à défaut d'être avec Brad, elle est devenue Brad, un Brad un peu fluet, imberbe et avec des mèches brunes, mais enfin, la nuit, tous les chats sont gris. Sa petite expédition l'a fatiguée, ce furent beaucoup d'émotions d'un seul coup. Elle se couche dans le lit, elle est bien au chaud, elle respire les oreillers avec la bonne odeur de Brad, elle s'endort, les deux clébards ronflent. Tout va bien.

Le lendemain matin, le jardinier remarque que la lumière est restée allumée au premier étage de la maison. C'est bizarre, il n'a pas vu de voiture ni de moto dans le garage. Il entre dans la maison et appelle depuis l'entrée : « *Hi, Brad, are you home?* » Pas de réponse, seulement les chiens qui descendent l'escalier en frétillant. Il monte au premier, la porte de la chambre est ouverte, il découvre une forme étendue dans le lit. Son premier réflexe est de penser que ce tombeur de Brad n'a pas pu s'empêcher de donner un petit coup de canif à sa liaison avec Jennifer, et qu'il serait plus sage de redescendre l'escalier et de ressortir. Mais Athena s'étire langoureusement dans le lit et se retourne. La conquête de la nuit, en bonnet et survêtement. Il reconnaît les vêtements de Brad, ceux qu'il porte quand il lui donne un coup de main dans le jardin. Il comprend que la situation n'est pas normale, incompréhensible mais pas normale du tout. Tout le monde a bien refait surface, maintenant, les chiens courent autour du lit, Athena regarde le jardinier comme s'il s'agissait d'un intrus qui vient de pénétrer dans sa chambre, et lui, le pauvre garçon, qui veille à se tenir toujours si bien à sa place, cherche à savoir si la situation ne risque pas d'évoluer d'une manière incontrôlable. Il demande calmement à Athena ce qu'elle fait dans le lit de Brad, avec les vêtements de Brad. Il lui parle comme il l'a vu faire à la télévision, avec les braqueurs de banque ou les preneurs d'otage qu'il faut éviter de brusquer pour gagner leur confiance et les rassurer. Il y a des situtations comme ça où les flingues partent tout seuls en cas de tension sévère. Mais Athena n'a pas l'air dangereuse, elle donne plutôt l'impression d'une fille qui sort du sommeil, épanouie et contente, après une nuit d'amour. Ses explications sont confuses. En fait, elle ne sait plus ce qu'elle aurait dit à Brad si elle était tombée sur lui en pénétrant dans la maison, qu'elle avait toujours rêvé de coucher avec lui, sans doute, et qu'une fille jeune et jolie, ça ne se refuse pas, même quand on est Brad Pitt, un homme pourtant couvert de femmes. Mais c'est un aveu qu'elle ne peut pas faire à un inconnu à l'air ahuri et, de son côté, le jardinier se rappelle qu'on lui a toujours dit qu'il ne faut pas réveiller les somnambules. Comme elle a l'air de s'agiter un peu, il la laisse s'éclipser un instant dans la salle de bains en lui précisant, toujours sur le même ton monocorde et presque amical, que ce n'est peut-être pas le moment de remplir la baignoire et de se servir de la brosse à dents de Brad, qui est très soigneux envers ses petites affaires. Il profite du laps de temps qu'elle lui laisse pour appeler les gardiens dans leur bungalow, fort occupés à faire frire les œufs au bacon de leur breakfast en commentant le match de base-ball de la veille. Subitement électrocutés comme s'ils avaient mis leurs doigts dans le grille-pain, voyant défiler en un éclair la menace de quelques sérieux ennuis pour leur avenir, les gardiens bondissent dans la maison, bousculent l'infortuné jardinier et ceinturent Athena qui fond en larmes. Les flics arrivent ensuite très vite, lui passent les menottes et l'emmènent au poste le plus proche. Elle ne se rebelle pas, elle insiste seulement pour que le jardinier remette bien sa poupée-cadeau à Brad. De jour comme de nuit, à Beverly Hills, de petits piranhas en alerte se déplacent dans des camionnettes munies de caméras vidéo pour filmer les faits divers. Les agressions, les meurtres, les cambriolages, tout ce qui peut intéresser et divertir le grand public. Ils travaillent de concert avec les flics, qui ne refusent jamais un petit pourliche pour leurs bonnes œuvres. Les images d'Athena, hagarde dans le survêtement de Brad, déferlent sur « Good Morning America », l'émission matinale la plus populaire, et le téléphone n'arrête pas de sonner dans le nid douillet de Jennifer Aniston, où les deux amoureux les plus célèbres de Hollywood viennent de renoncer à leur grasse matinée.

Athena va bien s'en tirer : injonction de suivi psychologique pendant trois ans et interdiction de s'approcher de Brad, qui ne porte pas plainte. Elle enchaîne les talk-shows devant des ménagères émoustillées où il est beaucoup question de l'arôme des pantalons de jogging de Brad, et dans les programmes du soir, avalanche de sketchs rigolos avec des comiques, qui épèlent leur adresse en espérant qu'Athena viendra leur faire une petite visite impromptue, et des blondes marrantes qui proposent de s'installer carrément chez Brad pour lui éviter d'autres surprises. Puis ça retombe et on passe à la photocopieuse de la Maison-Blanche, à Clinton qui se livre à de savantes explications entre le sexe oral et le sexe tout court, et à Monica Lewinsky, enfin, dans son feuilleton de révélations à rebondissements sur le danger de tirer des documents pour un président qui travaille le soir jusqu'à plus d'heure. Pour Brad, qui a déjà renoncé à mener une vie normale, l'intrusion d'Athena n'est qu'un symptôme de plus de l'hystérie amoureuse et sexuelle de ses admiratrices les plus débordantes : « Il faut vraiment que je me rende compte que je suis observé et suivi tout le temps, bien plus que la plupart des gens. Je croyais être assez entraîné, mais j'ai sans doute encore des progrès à faire. »

Une confidence de George Clooney : « Si j'étais lesbienne et si Brad l'était aussi, je ne perdrais pas une seconde pour le mettre dans mon lit. » Ce compliment un peu bizarre de l'un de ses meilleurs potes illustre un vieil adage : pourquoi faire simple quand on peut faire compliqué ? La vieille timidité des hétéros, sans doute. Il aurait pu choisir entre plusieurs formules moins alambiquées : si j'étais gay et si Brad l'était aussi, on serait déjà ensemble, ou bien si j'étais gay et puisque Brad ne l'est pas, je ferais tout mon possible pour le convaincre d'essayer quand même, ou encore s'il était gay et s'il me proposait la botte, je traiterais cette demande calmement, j'essaierais de me montrer raisonnable et de faire un effort. Quoi qu'il en soit, la déclaration nébuleuse de George a l'avantage de faire prendre toute la mesure des effets ravageurs du sex-appeal de Brad. Dans le même genre, on peut se pencher sur l'interview, qui a été reprise un peu partout, d'une équipe de football américain par un chroniqueur sportif légèrement allumé, à la question : « Si vous deviez coucher avec un acteur célèbre, vous choisiriez qui ? » Mines éberluées de toute l'équipe. Les balèzes aux épaules de gladiateurs s'en tirent par des gaudrioles de vestiaires et des ricanements gênés. Mais le chroniqueur sent qu'il a mis la main sur un scoop, et il insiste. L'équipe est partagée : un peu pour Johnny Depp, un peu pour Matt Damon, mais une nette majorité se dessine en faveur de Brad. On ne sait pas si l'équipe, légèrement déstabilisée, a remporté beaucoup de matchs après cette vivifiante séance de thérapie de groupe. Une autre sorte de sondage sauvage effectué au cours d'une *party* donnée autour de la piscine du Pink Palace à Hollywood. La sympathique petite fête est organisée en l'honneur de Melissa Etheridge, rockeuse lesbienne et icône gay, tendance très militante. « *Please baby can't you see, my mind's burning hell…* » (« S'il te plaît, bébé, ne vois-tu pas que mon esprit brûle comme l'enfer… »). Brad a été invité comme mâle homo compatible et vieil ami de l'artiste, qu'il a accompagnée à leurs débuts lorsqu'ils se démenaient encore tous les deux à faire la tournée des boîtes branchées. Il se sent tout de même un peu perdu dans un casting en béton de *bitches* plutôt sévères avec leur copine diaphane. Il plonge dans la piscine pour se rafraîchir les idées. Quand il sort de l'eau en s'ébrouant comme un jeune chiot, silence généralisé, l'assistance est tétanisée, comme frappée de stupeur. Et lorsqu'il s'éclipse ensuite gentiment, les conversations reprennent sur un seul thème, inépuisable : « S'il devait y en avoir un seul, ce serait celui-là. » D'où la rumeur persistante, qu'il aura le plus grand mal à démentir, d'une PMA généralisée dont il serait l'unique et infatigable géniteur d'honneur. Il y a encore beaucoup d'exemples que l'on pourrait citer pour étudier ce phénomène quasi scientifique : Brad déclenche un courant d'électricité sexuelle à haut voltage partout où il passe, aucun fusible n'y résiste, et surtout chez les filles, évidemment.

À Springfield, quand il était adolescent, la règle était stricte, pour les garçons comme pour les filles : rien avant le mariage chez les anabaptistes. Jane y veillait avec une fermeté souriante, même si elle était bien obligée de tolérer quelques excès de langage sans conséquences de la part de son fiston, et d'admettre qu'il pût préférer Elvis Presley à Ray Conniff, les rockers à mauvais genre plutôt que la guimauve et les choristes en jupette d'organdi. L'usage américain, qui veut que chaque *teenager* mâle ait une *girlfriend* attitrée comme dérivatif bien ajusté contre toutes les dangereuses pulsions malsaines, était également accepté, mais il était établi une fois pour toutes que les rapprochements ne pouvaient excéder quelques baisers furtifs au drive-in ou dans le cellier de la maison. Brad observait d'ailleurs sagement ce code de bonne conduite, même si certaines filles pouvaient se montrer plus entreprenantes et singulièrement peu farouches, se sentant protégées par la fiction de l'impunité selon laquelle tous les problèmes sont toujours de la faute des garçons. L'aveuglement collectif laissait quand même parfois filtrer quelques éclairs qui ne changeaient pas grand-chose à la confusion des sentiments. La bonne volonté générale à se montrer positif en toutes circonstances et à récupérer les petits écarts pour les enfouir dans la marmite où mijotaient le sport, la chorale, Halloween, *I Love Lucy* à la télé et les festivités autour de la dinde de Noël, était toujours la plus forte. Brad était très populaire à l'école, ses parents s'en réjouissaient et on passait donc sur quelques détails intrigants : le calendrier de l'école avec sa photo toujours en couverture, les arguments qu'il bredouillait sur l'amour libre lors des débats en classe avec les profs, sa manie de dessiner des cœurs sur la neige pour épater l'une ou l'autre de ses préférées. Comme de juste, Brad avait donc aussi des *girlfriends*, dont il changeait d'ailleurs assez souvent pour des raisons mystérieuses, quoi de plus normal quand on parle d'un beau gosse charmant et que les candidates sont très nombreuses. Il y a de jolies photos où il pose avec l'une d'entre elles pour la fête de l'école, elle en robe de dentelle blanche, lui en complet de jeune homme avec cravate et fleurs à la boutonnière. Déjà les fiançailles avant le mariage alors qu'il venait de voir *La Fièvre du samedi soir* ou *Un après-midi de chien* et qu'il pensait vaguement à s'enfuir. Quelques noms, désormais emportés à jamais dans des vies de famille à Springfield, avec un mari qui rentre le soir à la maison, regarde le base-ball à la télé et lave sa voiture le dimanche, et avec des enfants qui ont épinglé le poster de Brad dans *Fight Club* sur le mur de leur chambre. Kim Bell, le *date* de ses quatorze ans qui se souvient de lui comme d'un *lovely boy* ; Sara Hart, que Jane aurait bien aimé avoir comme belle-fille ; Pam Senter, qui a désespérément tenté de ne pas tomber amoureuse parce qu'elle craignait qu'il lui brise le cœur ; Tanya Westmaller, une voisine pas seulement attirée par la bonne odeur du barbecue cuisiné par Bill ; Liza Stander, qui a fini par préférer Doug, le frère de Brad qu'elle a épousé, sans qu'on puisse avancer le motif romanesque d'une déception amoureuse à l'origine d'une préférence pour la copie plutôt que pour l'original.

Avec l'université du Missouri commence la liberté. Les plus fins limiers peuvent rendre leur tablier : on ne compte plus les filles qui s'intéressent à Brad de très près, et plus encore si affinités. Enfin, la liste est trop longue, le défilé trop rapide. Les étudiantes de Columbia ne sont plus des mijaurées un brin perverses qui appellent leur papa au secours lorsque la météo tourne à « temps couvert en fin de journée ». Elles n'ont certes pas le droit de rejoindre les garçons dans leur chambre, mais elles ont plus d'un tour dans leur sac et, de toute façon, la banquette arrière d'une Chevrolet, modèle Caprice, discrètement garée à l'écart de l'agitation universitaire, n'est pas uniquement destinée à promener des familles nombreuses. Elles décernent officiellement à Brad le prix de l'étudiant le mieux habillé, le plus chic de tout le campus et, dans une appréciable progression pour l'attribution des récompenses, elles lui attribuent aussi la palme du « Brief Boys Panties », soit le détenteur des plus beaux slips (!). Il y a des diplômes qui valent bien ceux qui sanctionnent la fin des études. Dans la série des activités extrapédagogiques, elles s'arrachent également les billets vendus au profit d'une œuvre de charité injustement méconnue pour assister aux concours de strip-tease masculin où il termine le show en boxer. Il y a pourtant beaucoup d'autres garçons bien balancés, avec un sourire Colgate, qui n'ont pas la langue dans leur poche, savent faire rire et bondissent comme sur des ressorts dans les matchs de basket-ball. Certains sont même pleins aux as, avec des parents qui vivent dans des quartiers sélects de Saint-Louis. Mais aucun n'arrive à emballer les filles avec autant d'efficacité que Brad. Ses qualités physiques et son charme n'expliquent pas tout. Il n'est jamais insistant ni vulgaire comme les crâneurs ordinaires qui ne doutent de rien et peuvent même devenir violents quand ils ont trop bu. Avec lui, la balade, même brève, est toujours romantique, amusante, avec des touches de poésie et de mélancolie qui donnent envie de le protéger aussi bien que de se lover dans ses bras. Mais il ne faut pas s'y fier non plus, ses mots d'amour s'éparpillent comme des feuilles d'automne, et il disparaît quand la situation devient trop intense et se complique. Rien de tel pour qu'elles s'acharnent encore plus. Le risque de la présentation aux parents, du mariage et du bon petit boulot pépère chez beau-papa se précise. Les frères Coen n'ont pas encore tourné *Fargo*, l'histoire génialement racontée d'un petit vendeur de bagnoles, dans un trou perdu du Minnesota, qui fait enlever sa femme par deux voyous pour soutirer une rançon à son beau-père – ça se termine plutôt mal pour tout le monde. À croire que Brad a eu la prescience de ce qui le menaçait. Il a vu, en revanche, *Les Fiancées en folie*, le film si amusant de Buster Keaton où l'homme qui ne riait jamais prend la fuite pour échapper à ses poursuivantes énamourées. Une raison de plus pour abandonner des études inutiles et se carapater à Hollywood.

Mais à Tinsel Town, la « cité clinquante », « pleine de gens moches et de boutiques moches [1] », au tout début, ça se passe autrement avec les filles. Ce ne sont pas les petites effrontées de l'université, elles ne pensent qu'à faire du cinéma et ne s'intéressent qu'aux types qui

1. *J'aurais dû rester chez nous* de Horace McCoy.

peuvent les aider dans leurs rêves de carrière. Brad est peut-être un super beau gosse mais il ne connaît personne, il traîne comme une casserole son accent du Missouri, crèche dans un deux-pièces sordide avec des fumeurs de pétards amorphes et fauchés, où il ne peut ramener personne. Et, s'il parvient à survivre de petits boulots, il ne rencontre que des vendeuses de drugstore et des serveuses de McDo pour qui le train de la chance est passé sans s'arrêter. Ses tentatives peu concluantes de démarcheur commercial par téléphone, où il préfère rigoler avec les clientes plutôt que de leur fourguer de l'électroménager, et ses modestes emplois de déménageur ne le conduisent que dans des pavillons de banlieue où traînent des ménagères en savates flanquées de ribambelles de gosses enrhumés et pleurnichards. Quant au Pollo Loco agitant ses ailes en gloussant sur le trottoir, il n'a évidemment aucune chance d'emballer qui que ce soit ! Et comme il s'est prudemment juré de ne pas toucher aux strip-teaseuses, lorsque le ciel commence à s'éclaircir et qu'elles lui font confiance, il ne lui reste plus, après une dure journée, que des night-clubbeuses de boîtes de nuit, lorsqu'elles ne sont pas accompagnées et qu'il a encore de quoi leur offrir un verre pour les baratiner.

Tennessee Williams vient de mourir à demi fou, oublié à New York, persuadé d'être poursuivi par des gigolos cannibales, et l'hypothèse de la star sur le retour qui pourrait aider l'un de ses jeunes amants à décrocher un rôle n'est plus d'actualité. « Les doux oiseaux de jeunesse » se sont envolés. Paul Newman est l'idole de Brad mais, quand il le voit torse nu, plus beau et plus sexy que jamais, humilié et trahi par Geraldine Page qui s'est servie de lui tel un gadget sexuel et l'abandonne contre la promesse d'un come-back inespéré, il y a largement de quoi penser : « j'aurais dû rester chez nous », comme dans le vieux roman d'Horace McCoy qui raconte à peu près la même histoire. Mais justement, Brad n'est pas Chance Wayne, un ex-barman en perdition à Hollywood, il n'y a plus d'étoile mûrissante pour s'appeler Alexandra Del Lago et il n'a pas lu non plus McCoy ; quant au vieux producteur pédé et sympa qui fait semblant de s'intéresser à la jeunesse, autant l'oublier aussi. C'est une espèce endurante et pas désagréable, mais Brad est encore un gars de Springfield et toutes les aventures dans ce genre ne sont pas pour lui. Il ne lui reste donc qu'à s'accrocher, à garder les yeux bien ouverts et à faire rire quand il a une touche, ça va forcément finir par s'arranger. Et c'est ce qui se passe, ça s'arrange assez vite avec les premières apparitions à la télé, les premiers articles et les photos dans la presse pour *teenagers*.

Les tournages favorisent les aventures. De longues heures passées à attendre, la dépendance et les frustrations à l'égard de la production qui rendent plus vulnérables, la promiscuité, les baisers et les scènes d'amour. On interprète, on joue les séquences de séduction, on rejoue, les prises se succèdent, on rejoue encore et ça finit par déraper. En plus, les journalistes sont ravis, ils jappent à la porte du studio comme des teckels en folie, alimentant les échos et les rumeurs, traquant les moindres indices pour en faire des montagnes d'articles invérifiables. C'est ainsi que Brad se retrouve bombardé *boyfriend* officiel de Shalane McCall, une poupée Barbie larmoyante de quinze ans, après les épisodes de *Dallas* où il l'a serrée dans ses bras. C'est un tout petit rôle et ce ne sont que des scènes de flirt adolescent, mais il y déploie une conviction caressante et des gestes précis qui peuvent prêter à des conclusions plus audacieuses. Une photographie des deux chérubins assis côte à côte sur un canapé, pourtant bien sage et mise en scène par le département communication du studio, met le feu aux poudres, et vaut à Brad le surnom évocateur de « blanc-bec super-tombeur » en couverture de plusieurs feuilles de chou en vente à la caisse des grandes surfaces. Il n'y a plus qu'à les suivre chaque fois qu'ils sortent ensemble dans des boîtes de jeunes pour que l'affaire soit bel et bien pliée. Quelques semaines tout au plus : Shalane se marie très vite avec un musicien, Brad repart vers d'autres feuilletons où ses prestations sont toujours aussi minces et ses partenaires éphémères toujours aussi intéressées par des petites photos plus ou moins naturelles et prises sur le vif. Au fil du temps, de brefs entretiens sur les chaînes de télé locales et des sorties nocturnes, beaucoup d'images qui se ressemblent avec Brad qui a l'air de s'amuser et de jolies filles interchangeables qui rient aussi, des plaisanteries pour ne pas répondre aux questions des journalistes, des gamineries pour faire plaisir aux fans qui l'ont reconnu, de fausses confidences inventées par des scribouillards qui copient les uns sur les autres, au fond, rien de vraiment sérieux. Mais à cette étape de sa carrière de comédien débutant, Brad a quand même pris beaucoup d'assurance ; il enchaîne des petits rôles qui sont de moins en moins petits et il s'évade de plus en plus de la télévision pour se faire une place avec quelques lignes de dialogue au cinéma. Il sort souvent dans les boîtes branchées, rejoint des groupes de rock amateurs avec sa guitare – dont il est le premier à reconnaître qu'il n'en joue pas très bien – et se fait beaucoup d'amis parmi la jeune génération des acteurs et des cinéastes en bonne position, comme lui, dans les starting-blocks de la course à la notoriété. Il a aussi quitté son nid de cloportes pour un logis agréable et bien situé, où il peut recevoir des visites. Il est plein d'optimisme, joyeux, attentif à toutes les opportunités.

Sinitta est une chanteuse noire américano-britannique de vingt-cinq ans. Elle a réussi à décrocher quelques tubes tels que « So Macho » et « Toy Boy », qu'elle interpose dans les émissions de l'après-midi avec deux *boys* pas très masculins. C'est une lointaine héritière des Supremes, une dauphine éloignée de Whitney Houston et déjà une icône pour des gays timides, qui lui trouvent un air sympa et suffisamment mélancolique. Elle est sans doute amoureuse de Brad, de son corps superbe, de son humour et de son caractère très doux, autant de qualités réunies qu'elle n'avait jamais trouvées chez un homme, dit-elle avec un grand sourire. Ils restent l'un et l'autre assez discrets sur leur relation, même s'il a fallu leur demander de modérer leurs transports au balcon d'une salle de concert où l'on n'entendait plus le solo de harpe. En tout cas, ils forment un très beau couple et, s'il n'est pas certain que l'on s'arrache leurs photos à Springfield, aucune objection de la part de Jane et de Bill. Mais la carrière de Sinitta bat de l'aile, on lui propose de meilleurs contrats à Londres. Elle s'éloigne à contrecœur, ils resteront amis. *Once you go black, you never go back* ; la formule n'est peut-être pas très heureuse, mais Robin Givens, qui succède à Sinitta, est aussi afro-américaine. Elle a beaucoup tourné pour la télévision et au cinéma dans un *teen movie* qui l'a rendue célèbre. Protégée par Oprah Winfrey, c'est une battante au caractère bien trempé. Les péripéties de son mariage et de son divorce avec le boxeur Mike Tyson, champion du monde des poids lourds, ont fait les délices de la presse people : la belle et la bête, on ne le dit pas comme ça, mais c'est tout comme. D'où la petite aventure dont on a déjà parlé. Plutôt que de raconter encore toute cette histoire, notons qu'il existe plusieurs versions assez confuses de ce qui s'est passé ensuite et retenons seulement que Brad s'en est tiré sain et sauf. Mettons que King Kong est sentimental et qu'il suffit de savoir lui parler avant de saisir la tangente et de passer fissa par la fenêtre du rez-de-chaussée pour prendre ses jambes à son cou.

Mike grommellera plus tard chez Oprah Winfrey qu'il ne savait pas qui était le morveux qui s'était présenté à lui très poliment, peut-être un de ces traîne-patins que Robin ramassait dans des bars de Hollywood Drive pour faire bisquer le seul homme de sa vie. En tout cas, roucoulades de gestion de crise de la part de Robin, réconciliation sur l'oreiller, et fin de l'épisode amoureux sans K.-O. pour Brad. D'autres filles passent, mais elles n'ont pas de temps à perdre avec un minet qui court encore les castings quand des matous en Porsche Cayenne proposent de les emmener à la soirée des Oscars.

Jill Schoelen est « la reine du cri d'épouvante », un titre qu'elle mérite bien de porter après avoir tourné dans une flopée de séries télé et de petits films de série Z où elle est immanquablement la fille barricadée dans sa chambre quand le sadique de service est en train de défoncer la porte pour la violer. Donc une petite star à son niveau lorsque Brad jette son dévolu sur elle dans *Cutting Class*, un *horror movie* à suspense à l'université, où rôde un *serial killer* en pleine forme. Il est le *boyfriend* rassurant qui l'arrachera aux griffes du monstre après avoir subi des tortures raffinées pour ses beaux yeux. Pour lui, c'est déjà la chance d'un presque premier rôle et d'une romance dans laquelle il se lance à cœur perdu. Jill est jolie, intelligente et manipulatrice. Elle regarde par-dessus l'épaule de Brad quand elle est dans ses bras, vers des types qui pourraient être plus utiles à sa carrière : Keanu Reeves ou Sean Penn, par exemple. Air connu, mais Brad n'a pas encore retenu la musique. La panique est aussi l'ennemi des sentiments sincères quand ils ne sont pas partagés. Comme on l'a vu, ça se termine à Budapest, d'où elle lui a susurré des mots tendres au téléphone avant de l'accueillir froidement et de lui avouer avec des larmes de crocodile qu'elle en aime un autre. Il a dépensé tout son argent pour son aller-retour en avion classe éco, et il a toute sa nuit devant lui dans la salle d'attente lugubre de la gare où il a échoué pour faire le bilan de ses premières amoureuses : des starlettes gâtées et cyniques qui se sont servies de lui parce qu'il est photogénique et qu'il n'a pas d'oursins dans les poches. Elles rateront d'ailleurs leur carrière et, quand elles se rendront compte un jour qu'elles ont loupé leur chance, ce sera trop tard pour elles. Maigre consolation pour Brad : la rancune n'est pas son fort.

Juliette Lewis est une fugueuse. Ses parents ont divorcé lorsqu'elle avait deux ans, elle a obtenu d'être émancipée à quatorze et s'est vite retrouvée chez les flics pour des histoires de drogue et d'alcool, elle vit à droite et à gauche, souvent chez Karen Black, une vraie star qui tourne sans arrêt, entre Bob Rafelson et Altman, et qui l'entoure d'une indulgence et d'une affection maternelle qu'elle n'a jamais connues. Elle n'a pas le physique type de la blonde crantée des studios et des téléfilms, avec son front bombé et ses taches de rousseur, on peut même se demander si elle est moche ou seulement un peu étrange, enfin, c'est un genre qui ne laisse pas indifférent, l'histoire du cinéma est remplie de laides-belles. Elle tourne depuis son enfance, son père est acteur, elle est tombée dans la marmite toute petite. Or, c'est une actrice follement douée qui donne de la profondeur aux rôles les plus banals. Elle joue à l'instinct, chamboule les dialogues, improvise des expressions et des gestes inattendus, se déplace d'une manière bizarre. On lui pardonne d'être incontrôlable car elle met le feu à l'écran par sa présence. Elle adore évidemment les rôles névrotiques, les apparitions angoissantes et glauques. À seize ans, elle est déjà célèbre. Dans *Too Young to Die* (*Trop jeune pour mourir*), le téléfilm adapté d'un fait divers crapuleux et annoncé « pour public averti », Juliette Lewis est donc une adolescente perdue qui se prostitue et devient meurtrière, et Brad, son souteneur et complice. Double chance pour lui : il peut enfin sortir de son emploi d'éternel étudiant ripoliné affolant les pom-pom girls à peu près idiotes et se montrer sous un jour qui l'intéresse, le délinquant hirsute et drogué qui abuse d'une paumée et la pousse au crime. Le téléfilm est un grand pas pour lui dans sa carrière encore balbutiante, un autre succès pour elle qui confirme l'étendue de son talent. Mais il se passe aussi une autre chose. Dans la vie, Brad est fidèle à ce qu'il a toujours été : amusant, poli et prévenant. Juliette n'a connu que des types violents et vulgaires qui la pressaient de coucher en lui faisant miroiter des contrats qu'ils oubliaient ensuite. Brad, c'est tout le contraire ; elle tombe éperdument amoureuse de lui. « Nous rentrions du studio, il conduisait bien, nous avions deux heures de route à faire, j'étais assise à côté de lui dans sa voiture, nous écoutions de la musique sans dire un mot, les Platters, des trucs anciens dans ce genre-là, je n'avais jamais éprouvé une telle sensation de calme et de douceur. Il m'a raccompagnée chez moi sans rien me demander. Je me suis dit, ça y est, c'est lui, je ne le quitterai jamais. » Ils s'installent ensemble dans un grand appartement. Il a vingt-six ans, elle en a seize. À Hollywood, cité des hypocrites, leur liaison suscite sarcasmes et polémiques. On retient son souffle à Springfield. Mais c'est comme ça, ce ne sera pas autrement, il n'y a rien à faire, Juliette et Brad sont arrivés au port.

Au début de leur liaison, Juliette est célèbre, elle s'apprête à tourner pour Martin Scorsese, tandis que la révélation de Brad avec *Thelma et Louise* n'a pas encore eu lieu. Lorsqu'il l'accompagne à une cérémonie hollywoodienne, c'est elle qui a droit aux interviews express sur le tapis rouge, qui sont diffusées sur toutes les chaînes, tandis que les caméras se détournent et que les lumières s'éteignent quand ce pourrait être à son tour. Il s'en amuse, « je suis le type qui accompagne Juliette Lewis, rien de plus ». Quand il ne provoque pas carrément la presse qui se repaît de leur vie passablement décalée, même au regard des critères indulgents de leur génération : « Nous sommes les nouveaux Sid et Nancy, vous ne l'aviez pas remarqué ? » Allusion délicate au couple infernal de Sid Vicious et de sa groupie Nancy Spungen, météores des Sex Pistols qui ont fini par se démolir complètement dans une orgie de drogue et de meurtre. Deux ans plus tard, la situation s'est inversée : Juliette a obtenu de très bonnes critiques et une nomination à l'Oscar pour *Cape Fear*, le film de Scorsese, pourtant c'est loin d'être son meilleur et il ne marche pas très fort. On ne lui propose que des seconds rôles dans le même emploi, la vilaine petite fille et la fausse ingénue perverse. Elle tourne beaucoup mais elle a l'impression de faire du surplace, quand Brad s'envole dans une ascension fulgurante. Les lumières du tapis rouge, cerné par des foules d'admiratrices déchaînées, s'allument maintenant pour lui. Une rumeur circule aussi selon laquelle Geena Davis, Thelma dans le film atomique, qui avait beaucoup insisté pour que le rôle de l'auto-stoppeur voyou lui revienne, aurait obtenu sa petite récompense d'un Brad reconnaissant et toujours enclin à obliger les bonnes copines.

Juliette et lui sont désormais pris au piège infernal des carrières concurrentes et du succès qui bascule. Brad gère la tension patiemment mais Juliette devient jalouse, fait des scènes féroces et retourne à ses excès : absences, liaisons passagères, décoctions dangereuses et mauvaises petites poudres. Lorsqu'ils tournent ensemble *Kalifornia*, qui recycle les mêmes thèmes que *Too Young to Die* avec les moyens d'une production importante, lui en tueur psychopathe et elle en paumée complice, l'air qu'ils respirent n'est plus le même. La performance de Juliette a beau être impressionnante, c'est Brad qui porte le film, trop content d'endosser un rôle antipathique et terrifiant. Ils se séparent. Par sa présence affectueuse et régulière,

Brad avait aidé Juliette à se rassurer, à se reconstruire, à éloigner ses démons. Tout est à refaire, mais le train furieux d'une vie de cinéma à Hollywood ne s'arrête pas quand on tire sur la poignée de secours. Juliette ne se remettra jamais vraiment de la rupture, il y aura encore quelques bons films, quelques rôles marquants, mais la lessiveuse de coke et la scientologie qui guette les victimes vulnérables finiront le travail d'une enfance dévastée et d'un amour perdu.

« La solitude est un sentiment partagé par tellement de gens qu'il serait égoïste de l'éprouver seul. » Brad se souvient-il de cette phrase de Tennessee Williams quand il enchaîne les aventures amoureuses ou, au contraire, quand il s'enferme chez lui sans vouloir voir personne ? Mais d'ailleurs, où est-ce, chez lui ? Il a plusieurs adresses et il en change souvent. Quoi qu'il en soit, la noria des jolies filles reprend de plus belle après la séparation d'avec Juliette. Il y a quand même un problème chez Brad. Quand on essaye de dresser une sorte de catalogue raisonné des promises qui se succèdent durant les périodes intermédiaires entre deux relations amoureuses durables, on finit par se perdre parmi tous les noms aussi obscurs ou exotiques aujourd'hui que ceux des pharaonnes sur les hiéroglyphes de Champollion. Jitka Pohlodek, par exemple, parenthèse plutôt destroy avec un Brad dépenaillé et de très longs cheveux blonds ; E.G. Daily, gentille, chanteuse qui ne gardera que de bons souvenirs d'un passage éclair où Brad était surtout concentré sur sa carrière ; Christina Applegate, cheftaine marrante et de bonne humeur de séries télé appréciées dans les familles, sans doute un peu trop popote pour Brad. Mais non, toutes les trois, pas forcément dans ce désordre et, de toute façon, c'était avant Juliette et, apparemment, ça n'a jamais duré plus de trois mois. Enfin, on peut les confondre, cela n'a pas d'importance puisqu'il a toujours l'air content de poser avec elles, qu'il s'agisse de l'une ou de l'autre. Tandis que Thandiwe Newton, bien jolie et mutine actrice britannique aux racines africaines, multi-récompensée pour ses rôles, ce fut effectivement après Juliette, et pendant près d'un an. Donc à ne pas ranger dans le même classeur que les précédentes. Pour Julia Ormond, la partenaire de Brad dans *Légendes d'automne*, les experts sont partagés. L'émotion que suscitent leurs aveux amoureux dans le film incite à tirer des conclusions, mais il s'agit peut-être seulement d'une amitié sans rupture, puisqu'ils se retrouveront quinze ans plus tard dans *L'Étrange Histoire de Benjamin Button*.

Quant à Claire Forlani, oublions la chronologie car elle ne va apparaître que bien plus tard lors du tournage de *Meet Joe Black* (*Rencontre avec Joe Black*), mais quel dommage que cela n'ait pas marché ! Belle et lumineuse, élégante et douce, toute la grâce au parfum entêtant de la grande éducation britannique, vraiment pas le genre à surjouer les exclamations enthousiastes devant les flashs des photographes ni à distiller les fausses confidences et le trafic des sentiments dans la presse. Mais l'Angleterre lui manquait et cela faisait longtemps qu'il n'y avait plus de place pour une nouvelle Deborah Kerr à Hollywood. Il semble que Brad l'ait beaucoup regrettée. N'oublions pas que le petit gars du Missouri a beau être un tombeur, au fond, il a toujours préféré les femmes qu'on voit dans *Vogue* aux fausses blondes arrivistes qui lui ont constamment couru après.

Gwyneth Paltrow a grandi comme une petite princesse du show-business. Son père est un réalisateur et producteur de télévision connu et estimé, sa mère, une actrice qui a renoncé à une carrière prometteuse pour s'occuper de ses enfants. Ils forment un couple uni de gens ouverts, cultivés, avec assez d'argent pour vivre à l'aise et un solide carnet d'adresses. Beaucoup de talents et de célébrités, proches de ses parents, se sont penchés sur ses jeunes années, et Steven Spielberg a fait office de parrain. Entre la Californie et New York, selon la carrière de son père, elle a reçu une éducation parfaite dans les meilleurs collèges, fréquentés par des jeunes filles qui savent tenir leur fourchette à table et parlent plusieurs langues étrangères. Elle a suivi ensuite des cours d'anthropologie à l'université avant de persuader ses parents, plutôt réticents, de la laisser tenter sa chance au théâtre. Steven Spielberg lui a proposé un petit rôle dans la version de Peter Pan qu'il réalisait et, après plusieurs autres apparitions secondaires, elle s'est retrouvée dirigée par James Ivory dans *Jefferson à Paris.* D'excellents débuts, en somme. Bien sages et convenables. Elle a vingt-deux ans, des manières parfaites, une douceur et une grâce limpide qui éclairent un physique délicat de blonde idéale, quand David Fincher la contacte pour être la partenaire de Brad dans *Seven*, le thriller sulfureux qu'il prépare. D'ailleurs, Brad l'a déjà croisée à plusieurs reprises, et c'est lui qui incite David Fincher à la rencontrer. Brad est devenu une telle star, maintenant, qu'il y a pléthore de candidates, mais elle est choisie dès qu'elle passe son audition, et même avant qu'elle ne commence à lire le texte de son essai, tant les deux amis sont subjugués par la qualité de sa présence. Pour eux, les enjeux sont énormes, David Fincher est sorti carbonisé de la réalisation d'*Alien 3*, où la production lui en a fait voir de toutes les couleurs et a réussi à couler provisoirement sa carrière. Brad souhaite renouveler à tout prix son image de « type le plus sexy du monde » que lui a collée le magazine *People* et dans laquelle il refuse absolument de se laisser enfermer. Ils sont convaincus l'un et l'autre que cette histoire apparemment classique de la rivalité de deux flics, un jeune et un vieux, lancés à la poursuite d'un tueur en série, est une bombe qui rejettera les classiques du genre aux oubliettes. Il faut peut-être aussi rappeler que Brad a également été élu, par un jury de journalistes qui n'émargent pas au *New York Times*, « l'acteur le plus odorant de Hollywood », en hommage au style résolument grunge de certaines de ses apparitions publiques et à la décision de la maison Versace de lui offrir toute une panoplie de sous-vêtements en promotion. Ça ne tombe pas si mal puisque les deux compères, Brad et Fincher, veulent que ce film soit bien glauque avec plein de détails horribles et dégoûtants pour parfumer les victimes du tueur en série. Un film en « odoreur », en quelque sorte... La partie est difficile, les grands studios ont été révulsés par la violence du scénario et il a fallu faire des acrobaties pour réunir un budget modeste – selon les critères hollywoodiens. Sans Brad, cela n'aurait pas été possible. Il joue donc le rôle du jeune flic inexpérimenté et qui croit tout savoir, Gwyneth celui de sa femme, aimante et dévouée, qui sera la victime expiatoire du tueur en série. Un personnage de femme a priori secondaire dans un film d'hommes où le merveilleux Morgan Freeman incarne le vieux flic, sans illusions et fatigué, qui s'attache paternellement à elle. Brad et Fincher ont d'ailleurs redouté qu'elle se désiste. Elle se sent perdue, pas préparée à affronter un monde et un genre de cinéma dont elle ne connaît pas les codes, un partenaire qu'elle n'a vu que dans *Thelma et Louise* et dont la réputation de séducteur l'inquiète même si elle l'a trouvé étonnamment courtois, agréable et attentif lors de leurs premiers échanges. Comment imaginer que ce beau gosse, en l'occurrence bien propre sur lui, si poli et respectueux, et dont Dustin Hoffman dit que « comparé à lui, nous sommes tous aussi attirants qu'une rangée de vieux oignons », pourrait être le même que le voyou qui s'est fait arrêter quelques années plus tôt pour conduite en état d'ivresse et pour avoir aussi montré son cul dans la rue à des dames revêches un soir de biture entre potes ? Oui, Brad a trente-deux ans, il s'est certainement rangé, et lorsqu'elle s'est rendue chez lui, dans une maison impeccable où tout était propre, ordonné et de bon goût, un détail a aussi touché la jolie petite fille d'un bon milieu qui pleurait devant *La Belle et le Clochard* de Walt Disney : l'attachement de Brad pour ses trois chiens, Pordy, Tood et Potter, des corniauds recueillis dans la rue et qui n'ont manifestement aucune envie de changer de maître. Pour Gwyneth, un garçon qui aime ses chiens et qui s'occupe bien d'eux ne peut pas être foncièrement mauvais. Elle s'accroche donc, à raison. Elle vient de franchir le pas qui décidera de sa carrière et lui ouvrira le chemin d'un bel amour.

Brad s'attache immédiatement à elle mais il se montre discret, seulement prévenant, presque timoré. Le *wonder boy* de Hollywood pourrait être un partenaire soupçonneux et capricieux, plein de morgue et obsédé par sa propre image : c'est tout le contraire. Au début du tournage, elle se méfie encore un peu et garde ses distances. Elle constate pourtant qu'il la met constamment en valeur, guide ses pas avec une attention de grand frère pour un tournage au scénario éprouvant, au milieu d'une équipe de balèzes aguerris qui n'ont aucune intention de faire des cadeaux à la petite nouvelle. Elle se découvre bonne actrice, elle capte la lumière, son rôle gagne en profondeur et en intensité, elle devient le sésame de la terrifiante scène finale que les distributeurs du film ont menacé de refuser, et pour laquelle Brad et Fincher ont tenu bon au prix de rudes morsures entre requins. Elle est entrée débutante sur le plateau, elle en ressort presque star. Elle tombe éperdument amoureuse de Brad. Rien ne l'avait préparée à un tel choc. Sûre d'elle-même comme on peut l'être à vingt-deux ans quand on ne sait pas encore grand-chose, protégée par une famille heureuse et une éducation parfaite, elle va s'accrocher au premier homme de sa vie comme une naufragée, et sa chance, c'est que ce premier homme s'appelle Brad Pitt.

Résumé d'une histoire trop intense pour que l'on puisse comprendre ce qui s'est vraiment passé : le nouveau couple doré de Tinsel Town, vivant souvenir, pour les vrais cinéphiles, de Clark Gable et de Carole Lombard, suscite une frénésie médiatique sans précédent. Avec la parution de leurs photos, nus, prises à Saint-Barth par un paparazzi français et diffusées partout, la coupe est pleine. Ils s'échappent en se réfugiant longuement à Manhattan, en voyageant beaucoup à Londres, à Paris, ailleurs en Europe, en Amérique du Sud, aux Caraïbes. Ils sont reçus par le président Clinton à la Maison-Blanche, chez le prince Charles, dans les palais *American style* des milliardaires des Hamptons, le refuge des *beautiful people* à Long Island où ils envisagent d'acheter une maison. Brad découvre une élite, des manières, un style de vie qu'il ne connaissait pas et s'adapte apparemment sans peine en renonçant à son ancienne vie de bohème. Mais elle voudrait plus, une existence tranquille et les agréments d'un cercle raffiné d'intellectuels et d'artistes cultivés. Brad a l'habitude des foules d'admiratrices en délire, des faux amis qui trahissent en distillant insinuations et confidences mensongères et il les traite, selon ses humeurs, par le dédain ou la rigolade. En revanche, Gwyneth traverse des périodes d'insécurité et des états de panique que Brad essaye de réfréner tant bien que mal. Elle a besoin de s'appuyer sur lui en toute confiance et elle ne peut absolument plus rester où que ce soit sans l'avoir auprès d'elle à chaque instant, même lorsqu'il se rend dans un endroit où il est assez naturel d'être seul. Elle a d'ailleurs lu quelque part que Yoko Ono avait le même comportement avec John Lennon. Un épisode parmi d'autres : Harvey Weinstein s'intéresse à la carrière de Gwyneth, il lui propose donc « l'appétissant room service » habituel. Rendez-vous de travail dans sa suite, petits massages pour se détendre – il faut se sentir relax quand on parle de projets artistiques –, et un peu plus encore si affinités. Celles de Harvey ne sont pas les mêmes que celles de Gwyneth, qui s'enfuit, épouvantée. Pour une jeune comédienne qui redoute les mœurs du cinéma, le traumatisme est impeccable. Brad alpague Harvey lors d'une de ces belles soirées hollywoodiennes où « tout le monde il est beau, il est gentil », et lui promet de lui tricoter de jolies pantoufles en béton à essayer au large de Malibu après l'avoir transformé en passoire à coups de Beretta s'il s'approche encore une fois de Gwyneth. Ces propositions peu alléchantes avancées, d'une manière moins festive mais sur un ton dangereusement calme, refroidissent les ardeurs du grand manitou de la tribu cinéma. Accessoirement, Brad aura l'occasion de recroiser Harvey quelques années plus tard sur un plan strictement professionnel, un peu poussé par son copain Tarantino qui apprécie les méchants dans la vie autant qu'au cinéma, et le tigre, ayant rogné ses griffes, se contentera de ronronner devant lui comme un gentil matou qui ne se souvient de rien. Ils feront deux films ensemble, mais qui ne s'est pas associé un jour ou l'autre, en Californie comme en France, avec l'homme qui tenait les manettes de la toute-puissante Miramax ? Clap de fin.

Or, ils travaillent aussi beaucoup l'un et l'autre. Gwyneth est de plus en plus demandée, son ascension culminera bientôt avec un Oscar pour *Shakespeare in Love*. Après le triomphe *Seven*, Brad étend encore bien plus son registre dramatique : dingue dans *L'Armée des 12 singes* qui lui vaut une nomination aux Oscars, procureur vengeur avec *Sleepers*, terroriste de l'IRA pour *Ennemis rapprochés*, où il est en lutte à l'aigre hostilité de son partenaire, Harrison Ford. Ces tournages, outre les tensions parfois si difficiles à supporter qu'ils suscitent chez des acteurs stars constamment sous pression, leur imposent des séparations qu'elle supporte de plus en plus mal. Les compagnies de téléphone, de leur côté, ne s'en plaignent pas : factures faramineuses pour les appels *long distance*. Il lui propose le mariage, lui fait rencontrer ses parents à Springfield, qui se déclarent enchantés, et lui offre une superbe bague de fiançailles qu'il a dessinée lui-même. Le père de Gwyneth s'attache à Brad ; entente, confiance et affection réciproques. Mais elle hésite, elle a vu échouer trop d'unions hollywoodiennes. Deux années d'euphorie plus ou moins publicitaire, suivies de révélations en cascade et de procédures de divorce interminables et sordides. Lorsqu'elle accepte enfin, c'est au tour de Brad d'hésiter, il la sent trop fragile. Il prend peur pour elle, qui aime le cinéma mais pas toutes ses contraintes, et il a peur pour lui-même, qui veut obtenir toujours plus de sa carrière et craint qu'elle ne puisse le suivre dans son ambition forcenée. Les vieux copains commencent à rappliquer, elle relit ses traités d'anthropologie. Le tournage de *Sept ans au Tibet* vire au cauchemar pour Gwyneth, qui est venue le retrouver dans les Andes où Jean-Jacques Annaud a reconstitué le décor de Lhassa. Brad est constamment assailli par des admiratrices argentines en folie, et il prend des risques insensés pour assumer son rôle d'alpiniste malgré sa hantise du vertige. Ils sont loin de tout, mais cernés par une célébrité qui gâche les instants où elle espérait le retrouver. Il est pris par son tournage, elle est seule sans pouvoir sortir de la maison qu'ils ont louée, dans un pays qui lui est étranger et lui paraît hostile. Il ne sait plus comment la rassurer, il se replie sur lui-même et sur les exigences d'un rôle qui lui pompe toute son énergie. Le silence s'installe, ponctué de crises d'angoisse et de larmes pour elle, de retour pour lui à des comportements de gamin du Missouri qui se refuse à l'introspection. Des sentiments trop compliqués. Elle le quitte, il ne la retient pas. Elle dira plus tard : « J'étais trop jeune, je n'ai pas su retenir un homme merveilleux, magnifique sur tous les plans, c'est le regret de ma vie, je l'aimerai toujours, mais il m'a aussi brisé le cœur et bouleversé mon existence. » Lui n'en reparle jamais, autrement que par des allusions quand il évoque tout ce qu'il a raté et où il est évidemment question d'elle. Ils se reverront de loin en loin sans renouer leur ancienne relation, histoire classique des anciens amants déchirés qui n'ont plus que de la tendresse à s'offrir. Il faut toujours se méfier de Brad quand il ne parle pas des sujets qui lui tiennent à cœur. C'est parce qu'ils lui tiennent vraiment à cœur. En fait, sa rupture avec Gwyneth l'a dévasté. En plus de l'aimer et d'être fier d'assumer publiquement sa liaison avec une jeune femme nettement supérieure, en matière d'éducation et de comportement, au tout-venant des starlettes ambitieuses qui s'accrochaient à lui, Brad avait eu l'impression d'avoir pris en charge un être qui dépendait de lui, délicat et fragile, digne de respect à tous les égards, et de l'avoir aidé à s'affirmer comme femme, comme amoureuse et comme actrice. Et ce sentiment l'avait valorisé à ses propres yeux. Gwyneth s'était totalement donnée à lui et, malgré tout ce qu'il savait lui avoir apporté, maintenant qu'il se retrouvait seul, il se reprochait au contraire de ne pas avoir répondu à sa demande comme il s'était pourtant promis de le faire, et d'être retombé dans ses anciens travers au lieu de s'en tenir aux règles qu'il fallait observer avec une si jeune femme, exquise et vulnérable : ses stratégies d'évitement et de fuite, l'alcool, la dope, le je-m'en-foutisme entre machos incultes et matérialistes. À ce désenchantement personnel déjà profond qui le faisait retomber dans des phases de dépression – qu'il a toujours connues mais qu'il pensait avoir surmontées – s'ajoutaient les déceptions apportées par ses derniers films. Le peu d'impact sur le public de son rôle de procureur dans *Sleepers*, le tournage chaotique de son film avec Harrison Ford, les polémiques sur le passé nazi du véritable héros de *Sept ans au Tibet* dont il avait sous-estimé la gravité. Bref, à trente-cinq ans, Brad se retrouve à la croisée des chemins, incertain et sans boussole dans une ville où la roche tarpéïenne est proche du Capitole. Hollywood encense les succès, enfonce les échecs, écrase ceux qui doutent et qui s'essoufflent.

Une légende tenace colportée par les gazettes spécialisées voudrait que la rencontre entre Brad Pitt et Jennifer Aniston ait été complotée par leurs agents pour les sortir ensemble d'une mauvaise passe : elle, prisonnière de son succès de star de la télé à la recherche d'une opportunité au cinéma, lui, englué dans une période difficile avec des films qui marchent moins bien que prévu, tous les deux seuls avec un moral en berne. C'est mauvais pour les affaires, quand les champions, une fois requinqués, peuvent encore rapporter des millions de dollars. Une sorte d'intrigue politique comme autrefois, lorsque les diplomates des grandes puissances arrangeaient des mariages princiers. Jennifer et Brad se sont souvent croisés, dans des soirées très « tapis rouge », mais rien de plus. Ils dînent un soir ensemble dans un restaurant top secret, où les réservations ont été faites sous d'autres noms et où ils se sont rendus en passant miraculeusement sous les radars. Ils s'aperçoivent qu'ils ont beaucoup de choses en commun. Par son père, un comédien qui ne s'en tire pas trop mal, Jennifer est d'origine grecque et, par son parrain, Telly Savalas, autre Grec célèbre pour avoir incarné Kojak à la télé et avoir été le super-méchant d'un James Bond ainsi que de toute une série de films d'action à succès, elle nage à New York dans la bassine du show-business depuis son enfance. Un peu comme c'était le cas pour Gwyneth, mais en moins chic. Après des essais au théâtre très off-Broadway, elle débarque à Hollywood où ses débuts ne sont pas très encourageants. « Laissez votre téléphone, on vous rappellera. » Petits boulots – serveuse, téléachat, livraisons des grands magasins à domicile – avant de galérer lentement dans des petites séries sans lendemain et des films de série Z pour les programmes des bouquets de vidéos. Comme Brad, en somme. Physique agréable, sans plus, mais amélioré par petites touches, caractère sympathique, esprit de repartie, elle alpague un scénariste de séries renommé à un arrêt de taxis pour qu'il lui fasse passer une audition. Elle décroche grâce à lui un premier rôle dans la série *Friends*, qui obtient un succès inattendu et sensationnel. Son personnage de Rachel Green la propulse immédiatement au firmament des stars du petit écran. Un épisode par semaine pendant dix ans, audimat radioactif, plein de récompenses, cachets bientôt mirobolants. Elle est à peu près inconnue à l'étranger, mais célèbre jusque dans les trous les plus perdus de l'Amérique profonde, avant que la série ne soit doublée en allemand, en espagnol, en swahili, enfin dans toutes les langues imaginables, et que tous les bobos de la planète s'identifient à une bande de trentenaires sympathiques qui s'aiment, se disputent et se re-aiment, avec des problèmes de travail, d'argent, de parents possessifs et d'enfants abrutis tout droit sortis de l'imagination fertile de scénaristes créatifs qui ont introduit

Freud, New York, les cours de la Bourse et la sexualité expliquée aux mères de famille dans les algorithmes de leurs ordinateurs. Ils se voient discrètement, de plus en plus, en évitant d'apparaître ensemble en public. Chez l'un et chez l'autre, où ils invitent des amis sûrs et où l'on s'amuse beaucoup dans une atmosphère à peu près naturelle entre gens à peu près normaux. Barbecues, soirées *Sopranos* à la télé, discussions à n'en plus finir sur les meilleurs films de l'année, les petits ennuis de Bill Clinton, l'incroyable couverture de *Rolling Stone* pour laquelle Brad a posé dans une robe sexy et multicolore qui a mis le feu à la planète gay. Il en faudrait plus pour choquer Jennifer, que Brad trouve « intelligente, sensible, juste assez compliquée pour être stimulante, et surtout cool, tellement cool ».

Avec Jennifer, Brad n'a jamais l'impression de passer un examen pour savoir s'il a le bon niveau. Qu'il s'agisse de sa vie sociale et mondaine ou des récréations moins conventionnelles avec ses *buddies*, qui ne vont pas sans quelques dérapages en plaisanteries lourdingues et inhalations diverses. Il peut l'emmener visiter les bâtiments de son idole, l'architecte Frank Lloyd Wright, lui expliquer comment cheviller un meuble qu'il a façonné de ses mains, lui faire un cours sur les poinçons en argenterie, sa nouvelle passion, sans qu'elle lui donne jamais l'impression de retenir un bâillement. Cette fille-là, c'est celle dont il avait besoin.

Donc, leurs caractères s'accordent. Jennifer est une jeune et solide Américaine de trente ans qui s'est fixé un programme de réussite professionnelle, positive sans être cannibale, sentimentale mais évitant les pleurnicheries, régulière et loyale, dotée de la jovialité à tous usages et des manières ordinaires des actrices à succès qui perçoivent que le monde ne se limite pas aux dialogues de leurs scénarios, guère intellectuelle et sans ambitions artistiques définies mais curieuse d'esprit et prête à s'intéresser. Elle n'a connu que des pseudo-acteurs à la mâchoire carrée qui ne l'ont ni regardée ni bien traitée. Pour elle, la perspective de vivre avec Brad est un enchantement.

Mais la rumeur enfle ; ils s'affichent désormais publiquement ensemble et si Jennifer, par expérience, est aussi habile que Brad à éluder les questions des journalistes, ils ne peuvent pas cacher qu'ils ne se sépareront plus. Séjour à Springfield chez les parents de Brad encore plus contents, fête d'anniversaire bien arrosée de Telly Savalas, grands voyages en Espagne et autour de la Méditerranée, émeute à Londres quand ils débarquent à l'aéroport. Juliette et Gwyneth compliquent un peu la situation en pleurant dans des talk-shows mais, cette fois, Brad est bel et bien décidé, et Jennifer est d'accord : ils annoncent leur mariage.

Il veut une fête comme on en a perdu le souvenir à Hollywood depuis le mariage d'Elizabeth Taylor et de Mike Todd dans les années cinquante. C'est une constante, avec Brad : il faut s'inscrire dans le sillage des stars légendaires, Hollywood appartient à l'histoire américaine et le glamour est un devoir dont on est responsable. Lointaine, très lointaine mémoire de l'ancienne élégance aristocratique européenne, plus vivante dans l'esprit innocent du prince charmant des studios que le palais de la Belle au bois dormant de Disneyland. Mais Brad est aussi resté le garçon sans prétention qui déclare : « Je crois au mariage, je veux embrasser la fiancée, lui mettre l'alliance au doigt, porter le costume chic. Et me réveiller le lendemain, et dire à ma femme en partant travailler: "Bonjour, ma femme, à ce soir!"» Pourtant, c'est le délire, dans la pure tradition de Tinsel Town, qui l'emporte ce soir de juillet 2000 dans la somptueuse maison de Malibu sur l'océan Pacifique louée pour l'occasion à un milliardaire de la télévision. Exemples: si vous avez Madonna, Salma Hayek, Sting, Cameron Diaz, Anthony Hopkins, Bruce Willis, les «Friends» au grand complet, dans vos petits papiers et inscrits à votre carnet répertoire, vous êtes sur la liste et bon pour une invitation. N'oubliez pas de signer le joli formulaire sur papier vélin qui accompagne le bristol. Il précise qu'il ne faudra pas faire de photos ni raconter vos impressions à des journalistes – «Ne te fais pas d'illusions, Brad, ils ne pourront pas s'en empêcher et, au fond, ce n'est pas si grave, ce sont des amis», dira Jennifer. Si vous aimez le caviar à la louche, les huîtres, les langoustines, le pot-au-feu à la française, le risotto comme au Harry's Bar de Venise, la truite saumonée à la façon du Savoy de Londres, les tacos mexicains en provenance d'Acapulco, l'omelette norvégienne et la farandole des pièces montées, ne faites pas la fine bouche – «Les officiers de sécurité y auront droit, bien sûr», précisera Brad. Quand le parfum des vagues de fleurs de lotus flottant sur la piscine et des buissons de roses tapissant les buffets vous aura monté à la tête, essayez de reprendre vos esprits avec les magnums de Mouton Rothschild, les vins de Napa Valley, production Francis Ford Coppola, le bourbon du Kentucky, le bon vieux gin irlandais, le scotch des Highlands – «Tu n'oublies pas qu'il y en a qui ne boivent que du Coca-Cola et des jus de fruits», préviendra Jennifer. Il faut bien insister auprès de Moshe

Ya'alon, l'ancien agent du Mossad chargé de la sécurité, et de la police du comté pour que l'autoroute soit fermée, l'espace aérien au-dessus de la maison interdit de survol, et la plage quadrillée par des flics pour qu'aucun trouble-fête ne s'approche – « Il n'y aura que les photographes de *Match* et *Vanity Fair*, qui verseront trois millions de dollars à une de tes fondations charitables, ma chérie », confirmera Brad.

Valentino, Lawrence Steele, Manolo Blahnik pour le *dress code* glamour, une chorale tout en blanc pour le côté religieux, Melissa Etheridge pour rappeler que l'amour ne connaît pas de genre, bouzouki pour honorer la Grèce, le petit prodige Horvath pour « The Way You Look Tonight », la *Marche nuptiale*, trois orchestres – rock, latino et gipsy –, la mariée et les demoiselles d'honneur en robes longues rose pâle ; le marié, les témoins, son frère, Doug, et son père, Bill, en smoking Hedi Slimane. « C'est la plus belle nuit de ma vie », chante Brad, et aussi « je veillerai à ce qu'il y ait toujours la même chaleur au thermomètre ». « Je jure devant Dieu que je te ferai toujours les meilleurs banana split », promet Jennifer, la voix étranglée par l'émotion. Des trucs dans ce style, n'en jetez plus, envoyez le feu d'artifice et la musique de Jeff Buckley avant le bouquet final. Au fond, le mariage d'Elizabeth Taylor et de Mike Todd, c'était plus simple, auraient dit ces vieilles vipères à ragots de Hedda Hopper et Louella Parsons si elles avaient été invitées ; mais elles sont mortes depuis longtemps.

Parfois, le cinéma rapproche ceux qui ne se connaissent pas et sépare ceux qui s'aiment. Brad et Jennifer n'ont tourné aucun film ensemble, hormis le feuilleton amplement diffusé et audimat-compatible, quoique sans surprise, de leurs multiples apparitions publiques, ainsi qu'un épisode de *Friends* où Brad fait une apparition hilarante à un dîner qui rassemble la joyeuse petite bande. Son comportement est censé plomber l'exaspérante bonne humeur de la fine équipe. Il est présenté comme un ancien obèse qui a suivi un régime de fer, on a du mal à le croire surtout quand on sait qu'il vient d'être bombardé pour la deuxième fois « l'homme le plus sexy au monde » par le magazine *People*. Il est censé être, aussi, un éventuel ex-amoureux éconduit qui détesterait Jennifer et on a aussi du mal à le croire. Mais la séquence joue évidemment sur le contraste entre la réalité d'une idylle qui fait rêver toute l'Amérique et une vieille recette qui fonctionne toujours très bien, ce ressort des comédies sentimentales où les ennemis s'adorent sans l'avouer et sont mûrs pour un *happy end*. Ces deux-là jouent à se faire peur, les mimiques de Brad en furieux impuissant à se contrôler sont très amusantes, tandis que Jennifer se montre parfaitement inconsciente, incapable de comprendre la situation. De toute façon, *Friends* appartient pleinement à leur histoire. Lorsqu'il tourne à l'étranger, Brad regarde les épisodes de la série, doublés en espagnol ou en allemand dans sa chambre d'hôtel, histoire de retrouver Jennifer comme s'ils n'étaient pas séparés par plusieurs milliers de kilomètres. C'est presque aussi efficace que leurs appels en longue distance à n'importe quelle heure de la nuit pour se dire qu'ils pensent très fort l'un à l'autre, sans compter leurs appareils de vidéo dernier cri qui leur permettent de communiquer quand de tels instruments sont encore rares et hors de prix. Pourtant, leurs carrières empruntent des voies divergentes qui risquent de les éloigner insensiblement. Jennifer est très demandée, et encore plus depuis leur mariage, mais surtout pour des rôles sympathiques dans des comédies familiales avec des résultats inégaux au box-office, tandis que Brad enchaîne des films originaux tels que *Snatch* ou commercialement ambitieux comme *Le Mexicain* avec Julia Roberts, *Spy Game* avec Robert Redford, son papa retrouvé, ou encore *Ocean's Eleven* au casting d'enfer, puisqu'il rassemble notamment son pote George Clooney, Matt Damon, Andy Garcia et encore Julia Roberts. Julia, au fond, c'est un autre pote, toujours partante pour le *fun*, les blagues un peu salées et la tequila *on the rocks*. Des films qui permettent à Brad de renouer avec le succès et de renouveler son image.

Rien à craindre pour Jennifer, du côté de Julia Roberts. Malgré son statut de superstar féminine, elle est foncièrement réglo, et Brad a toujours su cultiver les amitiés féminines qui ne dérapent pas. Et durant le tournage du *Mexicain*, malgré leur isolement dans des trous perdus, ils se seront plus amusés à débusquer les scorpions qui les attendent tranquillement dans leurs lits respectifs qu'à s'y livrer à d'autres activités.

Pour l'un et l'autre, ce sont des tournages qui demandent beaucoup de temps et d'énergie, mais ils ne courent encore apparemment aucun danger. Jennifer : « Aucune femme ne peut rêver de connaître une vie aussi intense que la mienne, auprès d'un homme aussi fantastique que Brad. » Et lui, de confier de son côté : « Ce qui est nouveau, pour moi, c'est la fierté que j'éprouve maintenant quand je regarde cette femme. Nous sommes embarqués dans un grand voyage tous les deux, je n'ai jamais vécu une telle expérience avant de la connaître. Ça n'a rien à voir avec toutes les paillettes de notre métier, et tout réside dans la simple beauté de nos instants passés ensemble. » Émouvantes déclarations très appréciées à Springfield, comme on peut l'imaginer… Leurs cachets leur permettent d'acheter une nouvelle maison à Beverly Hills, que Brad redécore entièrement à sa façon, qui n'est pas forcément celle de Jennifer. Meubles d'avant-garde ou fabriqués de la main même de Brad, lignes pures et dépouillement austère. Et ce n'est jamais fini, il y a toujours quelque chose à reprendre. D'autant plus qu'ils acquièrent aussi une villa sur le Pacifique ayant appartenu à Fredric March, l'amant de Greta Garbo dans *Anna Karénine* : Oscars et moissons de récompenses prestigieuses, mari fidèle et gentleman tout au long de sa vie et de sa brillante carrière. Un exemple d'humanité à respecter et une occasion parfaite pour que Brad puisse se livrer encore un peu plus à sa passion pour les arts décoratifs des années trente et à la célébration du Hollywood d'antan et de ses valeurs, qu'il voit disparaître avec un sentiment de désolation. Jennifer ne partage peut-être pas tout à fait ces engouements, mais elle préfère en rire quand elle se sent un peu perdue, et elle apporte des coussins plutôt que de se plaindre.

Ils fondent tous les deux une maison de production, Plan B Entertainment, avec un des jeunes loups de la Paramount, et se répartissent les actions à égalité. C'est une entreprise très risquée si on considère le train des affaires à Hollywood : comptabilité opaque des grands studios partenaires, où les frais généraux imprévus poussent subitement comme des champignons vénéneux, armées d'avocats dont le taximètre horaire mouline des milliers de dollars et qui épluchent des contrats interminables aussi arides et remplis de chausse-trappes que des papiers d'assurances rédigés par des arnaqueurs anonymes, aigrefins de tout acabit aux manières sympas et aux sourires engageants, qui s'approchent pour proposer leurs conseils et qui espionnent pour la concurrence et fuitent dans la presse. Plan B, c'est la goutte de sang dans la mare aux crocodiles. Mais Brad tient à son idée, fondée sur une constatation évidente : il n'y a rien entre les films à gros budget qui sortent tels des bombardiers de l'usine à rêves et les films d'auteur aux besoins plus modestes, que de petits débrouillards parviennent à financer avec des concours acrobatiques, obtenus dans les filières parallèles de la vidéo et de chaînes de télévision de second ordre, toujours à l'affût de programmes pas chers. Autrement, rien de rien. Impossible de financer des budgets moyens qui permettraient à des réalisateurs, dont Brad admire le talent, de pouvoir faire leurs preuves. Ils s'épuisent lentement avec leurs projets de films dont personne ne veut, sous le soleil de plomb de Hollywood où la lumière est tellement rare. Tom DiCillo, Terrence Malick, Andrew Dominik, beaucoup d'autres. Brad est bien décidé à les sortir de ce mauvais pas et à débloquer leur situation en plaçant sa participation personnelle dans la balance, mais il ne peut pas non plus déséquilibrer complètement les acquis d'une carrière chèrement gagnée. Il lui faut du temps et une structure de production qui fonctionne. Ce sera donc ce Plan B Entertainment, dont Brad a choisi le nom après mûre réflexion. Jennifer n'hésite pas une seconde à l'accompagner dans le projet risqué que bien des bonnes âmes trouvent insensé. Il y a beaucoup d'amour partagé et de confiance mutuelle de leur part à tous les deux pour cette aventure qui veut redonner au cinéma une part de ce qu'ils ont obtenu de lui. De fait, Plan B va se révéler une grande réussite qui clouera le bec aux médisants. Brad ne confond pas son usage de l'argent avec les bonnes œuvres ou les coups de cœur, et, comme il sait négocier les montants faramineux qu'il retire de ses contrats personnels de films, pubs, royalties diverses, il déploie la même rigueur pour gérer la situation budgétaire délicate de chacun des films qu'il veut produire. Les partenaires au verbe haut, les grandes gueules qui pensaient lui apprendre la production à ses dépens et pouvoir abuser de ses manières franches qu'ils prenaient pour de la candeur n'en sont pas revenus et ruminent encore leurs déconvenues. Brad est *tough* en affaires, les petites comme les moyennes ou les grandes, ce n'est pas la taille qui compte mais la précision et la régularité que l'on déploie pour les traiter. Une leçon retenue de son père, si dur à la tâche pour faire vivre sa famille et pour que ses enfants ne manquent de rien ? Les traditions anabaptistes transmises par sa mère qui ont la négligence et le gaspillage en horreur ? Le spectacle de tant de stars autrefois triomphantes qui finissent leur vie dans de sordides pensions de famille près de l'aéroport, acculées à la ruine par imprudences et désordres en tous genres ? Un peu de tout cela pour mesurer à quel point il sait se défendre contre l'âpreté ou la malhonnêteté ambiantes. Il laisse en revanche la plus grande liberté de création aux artistes qu'il a décidé de soutenir. Il a donné sa parole et il la tient. On peut lui demander conseil, mais il n'en abuse pas. Et si ça ne marche pas, si le film n'obtient pas le résultat espéré, s'il est massacré par la critique, c'est certainement dommage mais ça n'a aucune importance. La confiance de Brad ne se marchande pas. Et beaucoup de grands succès quand même : *Les Infiltrés*, *Twelve Years a Slave*, *Moonlight*, etc. Depuis vingt ans, Plan B a produit ou coproduit plus de quarante films, et Brad n'a tourné que dans sept d'entre eux. Curieusement, le premier, ce fut *Troie*, méga péplum où Brad est Achille. L'exception confirme la règle… Accessoirement, Jennifer sera largement rétribuée pour son investissement lorsque Brad lui rachètera ses parts dans Plan B quelques années plus tard. Pas de comptes d'apothicaires, ni de traquenards comptables, tout sera sur la table, bien net, bien clair, payé rubis sur l'ongle.

Célébrités au sommet de leur carrière, superpuissances dans l'industrie du cinéma, amoureux après plusieurs années de vie commune, qui proclament en toute occasion leur parfaite entente : que manque-t-il donc au couple légendaire du cinéma américain ?

Il manque des enfants. Brad, si avare de confidences aux journalistes, évoque souvent les *bambinos* qu'il souhaite voir courir dans la maison ; enfin, dans l'une de leurs maisons. Mais ils tardent à venir. La presse spécialisée dans les événements planétaires s'empare du sujet avec l'élégance et le tact qu'on lui connaît. Suspense insupportable : Jennifer a un peu grossi, Jennifer paraît fatiguée, Jennifer n'a pas pris l'avion pour revenir d'Angleterre où elle avait rejoint Brad, etc. Conclusion : Jennifer attend un heureux événement, attendrissements hypocrites, paris sur le sexe et le prénom, impatiences. « Mais enfin, c'est pour quand ? » L'hypothèse contraire revient en force et permet d'inverser la rumeur : Jennifer préfère protéger sa carrière, Jennifer pense qu'il faut attendre encore un peu, car ni elle ni Brad ne feraient de bons parents, Jennifer n'est pas sûre que Brad y tienne tellement, etc. Conclusion : Jennifer ne veut pas avoir d'enfants. En fait, la curiosité malsaine et la misogynie latente se font la courte échelle pour insinuer que la femme de Brad lui refuse égoïstement d'être le père de famille qu'il a toujours voulu devenir. C'est cette campagne insidieuse qui heurte et blesse Jennifer plus encore que ses tentatives pour avoir des enfants. Elles s'avèrent infructueuses malgré tous les régimes, les tisanes chinoises et les séances de yoga, les examens et les consultations de spécialistes, auxquels elle se soumet discrètement. Mais rien, absolument rien ne prouve que cet échec ait pu être un sujet de désaccord entre les deux époux. Calomniez, calomniez, il en restera toujours quelque chose. Un sujet, peut-être, qu'ils n'osent plus aborder entre eux, tant la pression médiatique s'avère injuste et insupportable. À tel point qu'elle finit par creuser une fêlure qu'ils ne savent plus comment colmater. Jennifer ne le sait pas encore, mais elle va beaucoup souffrir et beaucoup pleurer. Brad a raté Grace Kelly, il va perdre Doris Day et s'ouvrir un compte illimité à la banque espérances trompées, remords sans fin, chagrins insupportables, et bienvenue au retour programmé des papillons noirs.

Mr. et Mrs. Smith, c'est l'histoire d'un couple où le mari, Brad Pitt, doit tuer sa femme, et où la femme, Angelina Jolie, doit tuer son mari, sur ordres des organisations criminelles qui les emploient régulièrement et secrètement comme tueurs à gages. Au-delà du résumé de l'intrigue dont les lecteurs ont déjà été gratifiés, peut-être faut-il revenir un peu sur l'atmosphère du tournage d'un film où le mensonge mène la danse et fait valser les apparences. M. et Mme Smith pratiquent en général leur métier sans trop d'états d'âme inutiles, mais là, dans ce cas précis, ça se complique un peu. L'opération doit s'effectuer sans bavures, « à l'insu de mon plein gré », comme dirait l'autre, et, pour ne pas éveiller de soupçons de chaque côté, Brad et Angelina font semblant, en attendant l'occasion favorable, de vivre comme un couple ordinaire. Journées professionnelles fictives à l'extérieur, dans des bureaux de cadres supérieurs, jolies voitures, tenues élégantes, le bonheur californien à la portée des *beautiful people*. Dîners tranquilles et un peu languissants à deux dans une belle maison confortable d'un quartier chic, réunions amicales chez des voisins sympathiques, séances de consultation avec un conseiller conjugal pour analyser un certain manque d'appétit sexuel envisagé comme un problème classique et passager, après quelques années de mariage. Tout paraît lisse et très normal, mais on sait bien qu'il y a un loup quelque part : il n'a pas grand-chose à raconter quand il rentre de son boulot officiel, elle se livre à des rendez-vous fétichistes en tenue de fouetteuse à ses heures perdues, ils détestent en vérité leurs gentils voisins, ils pataugent dans leurs explications au conseiller conjugal. On a deviné que c'était déjà assez compliqué au départ, mais ça s'emballe très vite et rien ne se passe comme prévu, délire de quiproquos et de malentendus, rebondissements incessants, arsenal d'engins de mort en surchauffe, fusillades, explosions à gogo et cascades en tous genres avant l'inévitable *happy end* des deux valeureux sportifs du crime organisé. C'est franchement très amusant. Le scénario d'une comédie policière d'action qui fonce à toute allure sans nous laisser le temps de bien comprendre ce qui se passe, atmosphère de jeux de massacre où les deux guignol's stars s'en donnent à cœur joie, production XXL, réalisation hystérique du surdoué Doug Liman. Brad adore l'histoire estampillée «*It's fun*», Angelina rassure les familles: «Je ne serais pas attirée par un homme qui trompe sa femme.» Oui, mais le tournage dure plusieurs mois, il y a tant de choses à régler. Durant les pauses pour les lumières, l'installation des travellings et des grues, la vérification des armes factices, Angelina est tapie dans sa caravane de luxe. Elle attend Brad. Il y a toujours une réplique à répéter, un mouvement à revoir. Il passe la tête, revient de temps en temps, puis de plus en plus souvent. Il finit par y rester pendant des heures. Quand ils ressortent, Brad arbore un air dégagé et rigole comme d'habitude avec les machinistes, sur les pronostics des matchs de base-ball... Mais il y a des regards dans l'équipe. Quant à Angelina, un assistant note qu'elle a cet air qui ne trompe pas de celle qui vient de «prendre un pied d'enfer». Jennifer n'a plus qu'à se préparer pour les talk-shows.

Pour relater ce qui se passera ensuite, entre douze ans de vie commune et six années de guerre impitoyable, il est sans doute préférable de s'en tenir à une option expéditive, et, avouons-le, plutôt partiale, pour éviter de s'enliser dans les sables mouvants d'un immense marécage d'apparitions médiatiques spectaculaires, d'interviews et de reportages plus ou moins contrôlés, de fake news et de commentaires enfiévrés sur les réseaux sociaux. Écartons tout de suite le fait qu'ils n'ont pas cessé de travailler beaucoup durant cette période, leurs deux carrières ne connaissant pas d'éclipse. À l'exception du flop monumental de *Vue sur mer*, le film qu'ils tourneront ensemble, réalisé par elle-même et annonciateur lugubre de la fin de leur relation amoureuse.

Angelina Jolie, donc : actrice américaine, trente ans, belle aux yeux des hommes qui aiment les femmes ventouses mais lèvres sans traces officielles de Botox, brune, ascendance iroquoise lointaine mais probable, élancée, sourire éclatant et présence solaire en toutes circonstances. Fille de Jon Voight, comédien célèbre (le gigolo de *Macadam Cowboy*, *Délivrance*, *Mission impossible*), mais relations conflictuelles pour des raisons obscures. Sa mère, très aimée : Marcheline Bertrand, décédée à cinquante-huit ans d'un cancer. Un frère, James Haven, acteur et réalisateur apprécié et manifestement sous son emprise. L'actrice Jacqueline Bisset et l'acteur et réalisateur allemand Maximilian Schell font office de marraine et de parrain. Éducation soignée entre New York et Los Angeles, ascension cinématographique rapide selon l'échelle habituelle : cours d'art dramatique chez Lee Strasberg, théâtre, séries télé, films de plus en plus importants, premières récompenses et Oscar du second rôle pour *Une vie volée*, percée internationale avec le personnage de Lara Croft, accès aux cachets des stars. Caractère réputé indomptable, deux mariages éclair et deux divorces par K.-O. Technique des époux imprudents et téméraires, liaisons homosexuelles assumées, scarifications et tatouages, fascination pour le sang, courte hospitalisation psychiatrique. Forte implication dans des organisations internationales de solidarité, ambassadrice de bonne volonté sous l'égide des Nations unies, déclarations et interventions largement reprises lors de diverses crises humanitaires, argumentaire offensif contre les critiques du charity-business. Adoption d'un petit garçon au Cambodge, Maddox, d'une petite fille en Éthiopie, Zahara, et d'un autre petit garçon au Vietnam, Pax, avant de donner naissance à trois enfants naturels, Shiloh Nouvel et les jumeaux, Knox Leon et Vivienne Marcheline. Brad adoptera ou reconnaîtra toute la nichée en lui dispensant amour et protection. Autrement, intelligence supérieure, ambition d'acier, narcissisme imperturbable, forte aptitude à la manipulation, #metoo avant l'heure, qui d'ailleurs n'oubliera pas d'ajouter sa signature à la liste déjà bien fournie des plaignantes.

Il y a beaucoup d'images de la *Brangelina story* que l'on n'a pas envie d'oublier, chaque fois qu'ils sont ensemble et qu'ils donnent l'impression d'être si contents, détendus, plaisantant avec le public : Brad et Angelina au Festival de Cannes pour la projection de *Mr. et Mrs. Smith*, tranquilles et souriants, tellement beaux et chics, devant une foule déchaînée d'admirateurs et de reporters ; le glamour hollywoodien d'autrefois ressuscité, remisant le toc et la vanité des paillettes. Brad et Angelina avec les victimes de l'ouragan à La Nouvelle-Orléans ou des inondations dans les bidonvilles au Pakistan, la naissance de Shiloh en Namibie, celle des jumeaux à Nice, quasiment retransmises en Mondovision, et cette joie qui irradie Brad, même si l'on sait que les clichés vont se vendre pour des millions de dollars aux *charities* d'Angelina. Les instants où la petite famille se déplace, *streetwear* de rigueur pour lui, sophistication discrète pour elle, Brad avec les jumeaux dans les bras, Shiloh contre lui, Pax et les deux aînés avec leur mère, ou dans une disposition différente, mais tous serrés les uns contre les autres, nounous et sécurité dans les parages, et cette impression d'une vie familiale chaleureuse où les enfants grandissent protégés de l'intrusion des photographes. Les jeux avec les enfants, Maddox à la neige et son père qui lui apprend à skier, tous à la plage ou dans un parc de loisirs, Brad qui les amuse, les entraîne, les console, Angelina qui les photographie et qui les filme. Une première ou une remise de prix, à moins qu'il ne s'agisse d'un anniversaire avec Jane et Bill, Brad si heureux et fier de sa femme et Angelina parfaite en belle fille attentionnée. Les cadeaux somptueux, les déclarations passionnées, les projets, toutes ces séquences de la *Brangelina story* dont le public ne se lasse pas, et eux non plus d'ailleurs.

Pourtant, ils ne s'accordent pas. Brad a beau penser et proclamer qu'Angelina est la femme de sa vie, il a toujours autant de mal à la suivre. En dépit du socle solide de son éducation à Springfield et de ses équipées aventureuses dans les Ozarks, malgré toute son expérience des zones d'ombre de la vie à Hollywood et des poisons du succès, Brad n'était sans doute pas préparé à vivre avec une personnalité aussi complexe et imprévisible qu'Angelina. Il mettra longtemps avant de s'en rendre compte, ainsi que de l'inanité de ses efforts pour être à la hauteur de ses exigences. Angelina est une femme qui veut toujours autre chose, Brad ne sait pas quoi faire pour la contenter, mais au fond elle ne le sait pas non plus et trouve toutes sortes de prétextes pour le lui reprocher quand même. C'est insidieux, ça monte peu à peu, loin des regards. Elle lui a certainement apporté tout ce qui lui manquait encore : stimulation intellectuelle permanente, une discipline pour refréner ses addictions à l'alcool et aux petits joints que l'on roule si facilement, un style de vie menée à grandes guides qui ne connaît ni frontières ni barrières sociales, et surtout une famille qu'il adore et pour laquelle il dispense des trésors de disponibilité et de bienveillance ; mais sa tranquillité d'esprit n'est pas au programme. Il affirme certes que chacun doit avoir sa part de liberté dans un mariage et que la clé d'une entente réussie réside dans le respect de la personnalité de l'autre, il démontre une tolérance inépuisable à cet égard, mais il a aussi constamment l'impression que les contraintes sont surtout pour lui. Comment peut-on être tout à fait sûr d'une femme qui s'est fait tatouer une citation de Tennessee Williams, « Une prière pour les cœurs à vif tenus en cage », « La force de la volonté » en caractères arabes, « Ce qui me nourrit me détruit » en latin, cette fois, soit des formules qui ne sont pas très familières au héros de *Snatch* et de *Fight Club* ; et d'autant plus qu'elle rajoute régulièrement sur sa peau de satin à toute épreuve des phrases mystérieuses, en efface d'autres, comme si son épiderme était le parchemin magique sur lequel des praticiens réputés dermatologues peuvent manuscrire sans risque et à prix d'or les factures de ses propres pratiques ésotériques. Elle lui échappe, et il ne sait jamais quand, ni comment, ni pourquoi elle devient soudain une étrangère avant de lui revenir comme si de rien n'était. L'ennui est peut-être un obstacle à l'amour, mais elle ne lui laisse pas beaucoup d'occasions d'en ressentir les effets. Et lui, de son côté, il lui échappe aussi. Princesse impérieuse de l'aristocratie du cinéma, elle lui reproche ses façons de garçon du Missouri, sa nostalgie des rigolades entre potes, et, malgré tous les efforts qu'il déploie, sa réticence inavouée à se distancier de la règle d'or de son père : on est jugé sur ses actes plutôt que sur ses paroles ou ses excuses psychologiques. Elle est aussi trop intelligente pour ne pas mesurer les différences entre leurs carrières, l'exigence avec laquelle il mène la sienne et les facilités qu'elle accorde à la sienne. Il y a en Brad une volonté farouche de servir l'idée qu'il s'est toujours faite du cinéma. Elle peut le porter jusqu'à la limite de ses forces. Il maîtrise aussi une perception très claire de la place qu'il a conquise dans l'industrie, à la fois au centre avec les blockbusters qu'il interprète et sur les marges avec des films d'accès plus difficile pour le grand public, que la profession a refusés et qu'il parvient à imposer. De *Troie* à *L'Arbre de vie*, en somme. Angelina est d'ailleurs prise au piège, d'une certaine manière, puisqu'il est le dernier recours qui lui permet de produire ceux qu'elle réalise désormais elle-même. Une situation inégale que les tournages n'arrangent pas, avec leurs tensions et leurs éloignements inévitables. Celui de *World War Z*, par exemple, quand tout Hollywood pariait qu'il allait se casser la figure avec un tel film, tant il avait pris de risques pour le produire et le mener à bien jusqu'à obtenir un succès inespéré. A-t-elle vraiment compris alors ce qu'il voulait faire et partagé des angoisses qu'il gardait surtout pour lui ? Quant aux opérations chirurgicales lourdes qu'elle s'impose pour écarter les risques du cancer qui a emporté sa mère, et qu'il déclare approuver haut et fort en ajoutant l'expression de l'admiration qu'il ressent devant son courage, au fond de lui, qu'en pense-t-il vraiment ? Reconstructions parfaites mais quelle étrange relation entretient-elle donc avec son corps qu'elle a déjà tant malmené dans le passé ? Et que reste-t-il du désir après de telles manipulations ? L'éducation des enfants est aussi un sujet qui devient de plus en plus complexe au fur et à mesure qu'ils grandissent. Brad est compréhensif bien au-delà des principes religieux que ses parents lui ont inculqués et avec lesquels il a rompu, mais il est aussi fidèle à l'exemple de droiture morale et de fermeté qu'ils lui ont donné. Il entend jouer pleinement son rôle de chef de famille. Angelina trouve dans l'indulgence qu'elle témoigne aux enfants une manière de renforcer l'emprise qu'elle exerce sur eux. Elle voudrait en faire des citoyens du monde, futurs acteurs d'une nébuleuse fraternité universelle, il redoute de les voir devenir des petits Américains déracinés, arrogants, impolis et gâtés. Les enfants hésitent entre l'un et l'autre. Maddox, adolescent, se dresse naturellement contre son père ; Shiloh, qui a hérité de la beauté fulgurante de Brad, veut qu'on la traite en garçon et refuse obstinément d'être considérée comme une fille. Étrange phénomène de mutilation mentale – où même Œdipe perdrait son petit Sigmund illustré –, qu'Angelina a l'air de trouver normal, alors qu'il inquiète sérieusement Brad dont la relation avec sa fille-garçon est fusionnelle. On échappe de peu, et après d'âpres discussions, au traitement hormonal.

Bientôt, Brad va de plus en plus mal et Angelina de mieux en mieux. Des scènes violentes les dressent l'un contre l'autre, les prétextes sont encore futiles, le malaise est ailleurs, il n'a pas encore de nom mais les mots sont désormais cruels. Brad claque la porte et revient.

Angelina le récupère comme une maîtresse d'école avec un enfant désobéissant et penaud. Il a l'impression de ne plus avoir de prise sur quoi que ce soit. Réconciliations éphémères, le mariage à Miraval, voulu et mis en scène par Brad, devrait donner le signal d'un apaisement durable, mais c'est l'arrangement du déni et de l'indifférence, et le nouveau départ double le cap de la désespérance. Brad replonge dans l'alcool, la maîtresse d'école est devenue Louise Fletcher dans *Vol au-dessus d'un nid de coucou*. À ce régime, il ne faut pas s'étonner qu'elle ait réussi à le rendre fou. Quitte à abuser des références cinématographiques où ils peuvent se reconnaître, Brad, c'est maintenant le professeur Unrat de *L'Ange bleu*, humilié, désespéré, déchu aux yeux des enfants. Il finit par craquer dans l'avion privé qui les ramène tous de France en Californie. Maddox prend une beigne qu'il avait peut-être méritée par son insolence, cris, mêlée confuse à la porte des toilettes et naufrage définitif à dix mille mètres d'altitude. Une scène à laquelle personne n'a vraiment assisté mais dont l'écho résonne en boucle sur toutes les chaînes de télévision, alertées par Angelina, et que la police de Los Angeles classe sans suite, faute d'une preuve tangible de maltraitance. Fin sordide de la *Brangelina story* et début d'un règlement de comptes à répétition, qu'aucune tentative d'excuse ou de bonne volonté ne parviendra à solder. Angelina à la manœuvre, Brad silencieux mais qui rend coup pour coup. Six ans plus tard, on en est toujours là, et les enfants ne parlent plus à leur père. Jane Pitt dira ce qu'elle avait sur le cœur depuis longtemps : « Angelina a détruit la vie de mon fils. » C'est une mère qui parle. Elle aurait pu ajouter : « Les mariages de cinéma finissent souvent mal. Au lieu d'une star américaine, toxique, Brad aurait dû épouser une femme aussi belle et indépendante mais qui mène une carrière brillante dans un domaine très différent, comme son ami George Clooney avec Amal Alamuddin, l'avocate internationale qui le rend parfaitement heureux. »

« *Brad has expanded my life in ways I never imagined. He's not just the love of my live, he's my family.* » – Angelina Jolie
(« Brad a agrandi ma vie dans des proportions que je n'aurais jamais imaginées. Il n'est pas seulement l'amour de ma vie, il est ma famille. »)

Chapitre 6

Un album

« J'ai toujours été en guerre avec moi-même pour de bonnes ou de mauvaises raisons. J'ai grandi comme ça, et ça me convient. »
The Hollywood Reporter

Ça se passe en 1952. La révélation de l'année s'appelle Marilyn Monroe, elle vient de faire la couverture de *Life*, Hollywood s'agite autour d'elle et prédit qu'elle va devenir une star. Un journaliste insistant et vulgaire lui demande ce qu'elle porte pour dormir. Elle lui répond avec son sens inégalable de la repartie : « Seulement du *Chanel N° 5.* » Sur le moment, le tac au tac fait rire, mais passe relativement inaperçu. C'est néanmoins le déclic pour Jacques Helleu, le brillant directeur des parfums Chanel : il faut que la marque de la précieuse fragrance soit incarnée pour la publicité par des femmes aussi belles que célèbres. Les idées lumineuses mettent toujours un peu de temps à faire leur chemin, pourtant les films *Chanel N° 5* s'imposeront un jour comme des chefs-d'œuvre de la publicité avec des étoiles comme

Candice Bergen, Catherine Deneuve, Carole Bouquet, et des réalisateurs tels que Ridley Scott, Richard Avedon ou Helmut Newton. Mais après le tremblement de terre planétaire déclenché par Nicole Kidman filmée par Baz Luhrmann, l'empire Chanel pense qu'on ne pourra jamais faire mieux. Il faut imaginer quelque chose d'autre tout en gardant la charte inaugurée par Catherine Deneuve : la star filmée de près et de face s'adresse directement à la caméra. Et pourquoi pas un homme pour célébrer le *Chanel N° 5* auprès des femmes ? Ce serait la première fois, une transgression révolutionnaire qui préserverait l'essentiel et un événement sensationnel à la mesure du flacon mythique. Jacques Helleu y avait d'ailleurs réfléchi avant de disparaître prématurément.

Un homme, soit, mais quel homme ? Le brainstorming chez Chanel n'a pas besoin de s'éterniser. En 2014, la célébrité de Brad Pitt atteint des sommets. Sa beauté et son charisme ont imposé *Troie* comme un triomphe mondial, son humour et son apparent détachement ont largement contribué au jackpot à répétition de la série de comédies d'arnaqueurs des *Ocean's Eleven*, *Twelve*, *Thirteen*. Il réussit aussi bien comme producteur, avec la Palme d'or décrochée à Cannes pour *L'Arbre de vie*, un film qu'il a porté de bout en bout quand personne d'autre n'en voulait. Et depuis le tournage de *Mr. et Mrs. Smith*, sa liaison avec Angelina Jolie embrase les couvertures des magazines à gros tirages. *Last but not least*, il est perçu par le grand public comme un type libre, intègre, sympa, dans le genre de ceux que les hommes voudraient avoir pour meilleur copain et avec qui les femmes aimeraient sortir, au risque délicieux de ne pas rentrer chez elles et de cocher la case « et plus si affinités ». Le physique, la notoriété internationale, le glamour et puis la voix. Brad a une belle voix, chaude, mâle, bien timbrée. Même les yeux fermés, rien qu'à l'entendre, on reconnaît sa présence. Ce sera donc Brad pour le grand saut dans l'inconnu. Détail rassurant : il a déjà tourné en 2005 un spot publicitaire particulièrement réussi pour Heineken, réalisé par son pote David Fincher qui l'a dirigé dans *Seven* et *Fight Club*. Le film est fidèle à l'univers glauque et macho-horrifique où ils ont excellé. Il met en scène, sur un mode *fun*, un Brad échappant à la poursuite d'une horde de fans déchaînés comme des morts-vivants. Parfait pour Heineken, qui n'est pas un sirop de femmelettes, moins indiqué pour Chanel, sans doute, mais l'heure n'est pas à ce genre de pensées chagrines. Brad porte aussi en évidence des montres Rolex, Omega, Patek Philippe. Mais il n'y a de contrat d'exclusivité avec aucune marque. Donc la voie est libre.

Négocier à Hollywood avec l'agent d'un acteur célèbre n'est jamais une partie de plaisir. Cela tient du dîner poker avec Joe Pesci et d'une soirée serpentins et cotillons en taxi avec Robert De Niro dans les films de Scorsese. Secrétaires expéditives et glaciales, borborygmes dans un idiome américain incompréhensible à l'autre bout du fil, d'où surnagent des avalanches de chiffres astronomiques et de clauses léonines, bombardement de Télex comminatoires signés « *truly yours* » mais dignes d'un ultimatum à la Pologne, et bien sûr aucun contournement possible pour atteindre la star en direct. L'agent de Brad est particulièrement réfrigérant et coriace, la patience et l'élégant savoir-faire d'une maison aussi prestigieuse que Chanel sont mis à rude épreuve. On finit quand même par s'accorder. Montant resté confidentiel, mais compter quelques zéros sur le virement. L'agent en question s'avérera aimable et caressant sur le tournage : fidélité de Brad au requin qui lui a décroché ses premiers contrats quand ils n'étaient encore l'un et l'autre que de petits piranhas anxieux et affamés, et habituelle schizophrénie du *big business made in USA*, où les brutes les plus racornies se transforment miraculeusement en princes charmants une fois que le *deal* a été signé. Tout de même, le look à géométrie variable de Brad, qui peut passer sans crier gare du type gendre idéal au SDF hirsute, suscite de légères inquiétudes chez Chanel. Le contrat précise donc qu'il aura les cheveux courts et sera rasé de frais. On préfère Mr. Smith à *Kalifornia*. Il est aussi prévu qu'un rendez-vous préalable sera organisé avec Joe Wright, le réalisateur, l'agence de publicité, les huiles de Chanel, comme ce fut le cas avec les stars féminines des précédents films.

Accordé. *What else?* comme dirait George Clooney… Rien, tout va bien, l'équipe de soixante personnes est déjà sur le pied de guerre dans un studio à Londres. Un petit détail à retenir, cependant : Angelina Jolie est justement en train de tourner à Londres, dans une énième version Disney de *La Belle au bois dormant* où elle incarne le rôle de la très belle et très méchante sorcière « maléfique », l'idole des drag-queens, soit dit en passant. « Une personne ne connaissant rien à l'amour, à la gentillesse ou au fait d'aider les autres », selon Sean Griffin, un spécialiste des comédies d'épouvante qui font délicieusement peur aux petits enfants – mais de qui parle-t-il donc, de la sorcière ou d'Angelina ? Une autre considération géographique à retenir : c'est aussi au Royaume-Uni que Brad s'apprête à tourner une séquence essentielle de *World War Z*, le film de science-fiction à grand spectacle où les zombies envahissent la Terre, menaçant de mort et de destruction l'humanité entière. Il en est à la fois le producteur et l'acteur principal. Il a pris des risques énormes pour porter à l'écran cette tentaculaire aventure, et il est soumis à une tension telle que n'importe qui d'autre que lui aurait pu lâcher prise. On comprendra qu'il n'était sans doute pas au mieux de sa forme pour célébrer un chef-d'œuvre délicat et légendaire de l'art de vivre dans un monde luxueux et préservé, le parfum *Chanel N° 5* et son flacon légendaire.

Il n'y aura donc pas de rendez-vous préalable, et Brad arrive au studio avec les cheveux longs et une barbe de plusieurs jours. Il paraît un peu absent, préoccupé, tellement épuisé qu'il s'endort pendant les essais de maquillage. Malgré sa fatigue, son charme opère immédiatement. Fidèle à sa réputation, courtois et disponible pour chacun, il renonce à l'hélicoptère qui devait le prendre devant la maison qu'il a louée avec Angelina pour l'emmener au studio. Arrêtons les dépenses inutiles, une voiture fera aussi bien l'affaire. Le temps presse, Chanel renonce à se lancer dans un nouveau round de négociation avec l'agent vétilleux et à reporter le tournage. Pourtant, une difficulté chasse l'autre. Joe Wright, le réalisateur, nourrit d'emblée un sentiment d'animosité irrationnelle à l'égard de Brad. Jalousie devant celui dont on lui a vanté la beauté, déception en découvrant son look destroy, méfiance pour le star-system en général ? On ne saura jamais, mais ce n'est pas de bon augure. Il faut regarder son sujet avec amour, admiration, ou respect à tout le moins, pour réussir un film publicitaire. Les stars féminines avaient bénéficié d'un tel traitement, au lieu de quoi Joe Wright s'embrouille dans des éclairages compliqués, comme pour noyer ou effacer celui qu'il n'aime pas. En vain, car la présence de Brad sera la plus forte, mais il reste quelque chose de cette défiance au fur et à mesure des prises qui vont se multiplier.

Et puis il y a un vrai problème de texte. Celui que Brad doit prononcer face à la caméra. Les agences de publicité ont pour habitude de phosphorer en permanence pour trouver les slogans qui feront mouche. Le monde des créatifs dans la réclame est un univers étrange de jeunes gens à la mode, apparemment sympathiques mais aussi très sûrs d'eux, qui hument l'air du temps, recyclent des bribes de culture hâtivement accumulées et jonglent avec les formules chocs. Leur langue n'est pas la nôtre, mais une sorte de sabir d'outre-Atlantique à la syntaxe mal identifiée, dont ils se gargarisent dans l'ébullition de réunions interminables à la poursuite de l'étincelle. Ils vivent dans la fièvre de décrocher de nouveaux clients et la hantise de perdre des budgets. Chanel est un trésor de guerre convoité par la concurrence. Écrire un texte pour Brad Pitt, c'est décrocher la timbale. Mais le problème reste entier, il faut trouver ce qu'on va lui faire dire. On se réfère à son expérience artistique personnelle et à la séduction qu'il exerce sur le public féminin, on lui fait évoquer le symbole de la femme idéale, on obtient qu'il fasse directement l'éloge du parfum, ou tout en même temps en rassemblant habilement des thèmes aussi porteurs en quelques phrases bien ciselées ? Attention, trente secondes chrono, brainstormings à la chaîne, tests et brouillons posés à la virgule près, consultation d'un orfèvre en la matière : trois textes sont retenus pour aboutir à une manière de pastiche élégant et sibyllin d'un poème de Paul Éluard. « Ce n'est pas un voyage. Tous les voyages ont une fin. Et nous allons sans cesse. Le monde change et nous changeons avec lui, les ambitions s'évanouissent, les rêves demeurent, mais où que je sois, tu es là, ma chance, ma destinée, mon talisman. » Et à la fin de l'envoi, je touche : « *Chanel Number 5; inevitable.* » C'est sans doute mieux en anglais, avec la diction impeccable et la belle voix de Brad, mais ça reste quand même abscons et mystérieux. Les étoiles du cinéma sont des dieux de l'Olympe, il n'est pas nécessaire de les comprendre pour les glorifier.

Le tournage se passe plutôt bien. Contrairement aux stars aux funestes habitudes, qui se déplacent toujours entourées d'une cour s'ingéniant à multiplier les faux problèmes, Brad arrive seul sur le plateau avec un unique assistant, poli et discret, qui filtre les appels téléphoniques. Il ne laisse passer que ceux qui proviennent d'Angelina Jolie ou de la production de *World War Z*, et seulement lorsqu'ils lui paraissent urgents, ce qui arrive quand même assez souvent. Chaque fois, Brad s'isole un instant pour répondre et reparaît en s'excusant pour le dérangement, tranquille et sans rien trahir des soucis qui l'accablent. Les quotidiens anglais qui traînent au maquillage ne sont pourtant pas avares de pseudo-confidences : rumeurs de disputes avec Angelina, paris sur une séparation prochaine, échos fielleux annonçant le désastre inévitable de la production du film de zombies. Mais enfin, rien de tel que de se retrouver enfermé dans un studio pour s'isoler des vaguelettes du monde extérieur et prendre un peu le temps de voir venir. Brad dit son texte avec toute l'intensité nécessaire, il s'en tient à des échanges professionnels avec Joe, pose patiemment pour les flashs de Steven Klein qui accompagneront la campagne de lancement, plaisante pendant les pauses avec l'équipe qui le trouve « super, vraiment super ». Même la brève visite du fameux agent, désormais tout sourire, passe inaperçue et sans complication particulière. Brad pousse la conscience professionnelle jusqu'à vouloir enregistrer le texte en français. Plusieurs prises, mais son accent américain est tout de même trop prononcé et la tentative n'est pas retenue. Dommage, il y tenait, et peut-être aurait-il fallu insister. Est-ce pour cette raison, afin de laisser deviner sa déception, qu'il enregistre aussi sa propre version du texte, avec l'accent à couper au couteau du Missouri agrémenté de quelques «*fucking*» du plus bel effet ? Rigolade générale assurée, l'équipe est médusée par la performance. Pourtant, une dame de chez Chanel, plus perspicace, ne s'amuse pas autant. Et si c'était ça, le vrai texte qu'il aurait fallu lui faire tenir ? En l'édulcorant un peu, sans doute, mais sans cette prétention poétique à tutoyer les étoiles et en restant plus proche de la personnalité et de l'esprit de Brad. Cependant, il est tard, le tournage s'achève, clap de fin.

Les premières projections privées chez Chanel sont accueillies avec enthousiasme. Voilà le film qui tranche sur tous les autres, la modernité saluant la légende, le nouveau regard qui ouvre le chemin de la jeunesse. Un vrai homme, enfin, pour parler aux femmes et respirer le *N° 5* sur leur corps, pas un de ces mannequins permanentés qui ressemblent à Ken, le fiancé asexué de la poupée Barbie ; le beau gosse réinventé, poète et libéré des conventions, qui les emmènera dans le monde enchanté des senteurs capiteuses et des plaisirs interdits. Oui, pas de doute, la campagne publicitaire s'annonce triomphale. L'euphorie ne dure pas longtemps. Comme au KGB, il y a sans doute des taupes dans le monde ouaté de la mode, qui attendaient l'heure de trahir. Le film a fuité sur les réseaux sociaux, la presse prend le relais, les talk-shows sont en alerte. Des craquements inquiétants se font entendre dans le réseau des parfumeurs, partagés entre la panique et l'effarement, le *Chanel N° 5*, navire amiral du prestige et de l'élégance à la française, est devenu un objet bizarre qu'ils ne savent plus vendre. L'univers du luxe est en émoi. Il tourne comme une girouette à tous les vents, ceux de la critique et du désenchantement sont les plus forts. Les tentatives d'explication se perdent dans le désert. On n'ose pas imaginer ce qu'en penserait Gabrielle Chanel, Mademoiselle doit certainement se retourner dans sa tombe. Au fond, c'est l'apparence de Brad qui horrifie le public attaché à l'image de Mr. Smith et du voyou bien libre et attirant de la série des *Ocean*. Une sorte de beatnik comme on en croise à New York, dans le métro et les soirées pétards et poudres blanches, pour faire l'article du parfum le plus chic et le plus cher, vous n'y pensez pas ! Brad est grave, dans le film, on le trouve sinistre. Il est intense, on l'imagine inquiétant, son texte est lyrique, on le juge ridicule. Toute la construction savamment élaborée pour renouveler en douceur l'image du célèbre parfum s'écroule comme un château de cartes. Pourtant, la marque a tout de même du répondant, héritage d'une longue histoire. Curieusement, les ventes ne s'effondrent pas autant que l'on commençait à le craindre, mais le malentendu est tel que certains messieurs veulent acheter le précieux flacon en croyant que c'est une eau de toilette qui leur est destinée avant que le prix ne les ramène à la réalité.

La situation est devenue si rapidement catastrophique en matière d'image que Chanel tente une contre-offensive. Le film est remonté, le top model Sigrid Agren représente désormais la femme idéale que l'on avait perdue en route, le texte et la voix off de Brad ont été gardés mais il apparaît seulement à la fin, «*inevitable*», en quelque sorte. L'opération «il faut sauver le soldat Brad», et le *Chanel N° 5* par la même occasion, rate son débarquement une nouvelle fois. Le coup de grâce est alors tiré en rafales, par une série de parodies très amusantes qui déchaîne une flopée d'émules et passe en boucle sur les chaînes américaines: une sorte de militante féministe anorexique, un Black qui parle bamboula, un clochard obèse, une folle hystérique, etc. Ils débitent tous un texte aussi obscur que l'original avec un ton pénétré et un rythme saccadé, grotesquement imités. La cerise sur le gâteau, c'est l'envoi final: au lieu du glorieux flacon, le faux clip publicitaire entonne les mérites d'un village de vacances au Nigeria, des préservatifs pour toutous, ou une marque de tacos, les beignets mexicains évidemment immangeables. La palme revient cependant à un amuseur patenté du «Saturday Night Live», l'inénarrable Taran Killam. Il ressemble de manière stupéfiante à Brad car le look destroy est finalement interchangeable, il débite un texte délirant mais il n'hésite pas à s'interrompre pour apostropher l'équipe du tournage: «Hé, les gars, qui a écrit un script pareil? Vous n'en auriez pas un autre car je deviens fou à répéter ces conneries!» Il termine par une série d'onomatopées obscures avant de remplacer l'«*inevitable*» final, sur lequel ont planché des escouades de fringants publicitaires, par un «*incomprehensible*» définitif qui résume bien l'état des choses et l'étendue du désastre. C'est à mourir de rire. Chez Chanel, l'hilarité n'est pas de mise devant l'avalanche des parodies. Tout l'état-major assiste dans une atmosphère funèbre au massacre de l'idée du siècle réduite à un sketch loufoque dont même les Marx Brothers n'auraient pas osé rêver. Inutile d'insister, on arrête la campagne publicitaire, aussitôt jetée aux oubliettes.

Ce qui est intéressant, avec certains désastres, c'est qu'ils ne sont de la faute de personne. Difficile de trouver une équipe plus expérimentée et cultivée que celle qui est responsable de la communication et de la publicité chez Chanel. Elle peut s'enorgueillir d'un nombre impressionnant de réussites à son actif. Quant à Brad, il a honoré très régulièrement son contrat, même si sa présence intimidante a tétanisé la production et chloroformé toute velléité de lucidité. Non, c'est l'accumulation insidieuse d'une multitude de détails inaperçus qui transforme un beau projet en catastrophe. Le hasard et la malchance, on se coupe finalement sur le fil du rasoir.

Les parodies vont continuer longtemps, comme des piqûres de moustiques sur un cadavre, avant de s'arrêter finalement faute de carburant. Pas de commentaires de la part de Brad, il est retourné au taf et il a déjà fort à faire entre tous ses ennuis, les disputes avec Angelina et la bagarre avec les zombies. C'est dans un couloir d'aéroport que j'ai découvert pour la première fois une photo du clip qu'on avait oublié d'enlever. Je suis resté un long moment à la considérer, le cœur serré. Devant l'allure de Brad et son regard traqué, je me suis dit que les gens qui font profession de regarder ne voient pas toujours l'essentiel, et j'ai aussi pensé que les papillons noirs étaient venus le reprendre.

A priori, le spot Chanel partait d'une bonne idée qui a malheureusement mal tourné. Mais ce ne fut pas le cas pour la plupart des autres films publicitaires avec Brad. Au contraire, les annonceurs ont su se servir de sa célébrité et de quelques-uns des aspects les plus attirants de sa personnalité pour mettre en valeur la marque qu'ils voulaient vendre. Le sex-appeal, bien sûr, mais aussi une sorte d'innocence et de bravoure candide devant l'adversité ; le goût de la liberté et de l'aventure, le refus de se prendre au sérieux, la gaieté comme remède à l'ennui et à la grisaille insistante. Revoir les anciens films publicitaires de Brad est une expérience émouvante d'archéologie sentimentale. Elle donne l'impression de se plonger dans ces albums de famille d'un être cher que l'on retrouve un peu par hasard et qui gardent la trace intacte des périodes heureuses. Elles s'étalent sur une vingtaine d'années, depuis l'envol de sa carrière jusqu'au temps sans retour de la gloire internationale et des premières désillusions encore informulées. Mis bout à bout, ce sont des petits films qui en forment un seul, dont Brad est le héros, tout à sa sincérité juvénile et à sa poursuite de l'insouciance. Quand les papillons noirs faisaient encore semblant de dormir.

Il vante d'ailleurs rarement directement la marque qu'il est censé vendre, et c'est sans doute très efficace : on identifie le produit à sa personnalité, à la fois séduisante et mystérieuse. Allons, allons, c'est du cinéma, pas de la réclame. Si vous avez suivi le film parce qu'il est bon, et si vous aimez Brad, vous achèterez le produit. Pas la peine de nous écorcher les oreilles, mais réflexe de Pavlov obligatoire dès que le slogan de la marque s'imprime sur la dernière image, comme le tampon d'un visa sur un passeport. L'exercice a été confié à de grands réalisateurs qui le connaissent bien et ont disposé chaque fois de très gros moyens, star-system oblige. Avec Brad, la publicité est un mensonge qui dit la vérité. D'ailleurs, les derniers films qu'il a tournés récemment sont plus sombres. Toujours très beaux, mais plus sombres. Qu'il s'agisse de la marque de vêtements Brioni ou des reportages de mode du magazine *GQ*, c'est le désenchantement qui s'impose. Mais avec une telle élégance, désormais, que le produit et les marques n'en souffrent pas. Le romanesque de l'expérience et les leçons douces-amères de la vie ennoblissent la démarche de la réclame.

Le spot Pringles en faux Technicolor vitaminé, avec des ados décérébrés et sexy filmés au rythme d'un plan par seconde, sur fond de palmiers californiens, et la pub pour Levi's, bien mieux réalisée et désormais cultissime, ont ouvert le bal. Brad était encore inconnu, plus pour longtemps, certes, mais inconnu quand même. Pour la marque de jeans, la caméra de Tony Scott – le frère de Ridley, tiens, tiens… – sent bien que son objectif est en train de capter un miracle, mais elle ne comprend pas tout, ce qui est le propre des miracles. Elle se contente d'enregistrer un film au scénario bien léché mais qui lui échappe, comme Brad, d'ailleurs, quand il disparaît à la fin avec la Cadillac décapotable et la belle fille.

« Mate mon cul, c'est intéressant, c'est très mignon ! » (« *My ass, it's very nice* », en anglais). On se croirait au début du *Mépris* entre Bardot et Piccoli : « Et mes seins, tu les aimes ? » Brad est tout jeune, blond, sourire enjôleur, il s'adresse à la caméra, un peu décalé sur la selle de sa moto pour qu'on voie bien son cul et la coupe parfaite de son jean. C'est sans doute la première fois qu'il tourne dans une pub pour les jeans Edwin, qui vont s'abattre comme un typhon sur le marché japonais. Car ça se passe au Japon dans les années quatre-vingt-dix, où un bataillon de stars américaines, de Madonna à Leonardo DiCaprio, tournent des spots et sont payés des fortunes, avec l'assurance absolue qu'ils ne passeront pas aux États-Unis. Le « Japan Daring [1] », une vraie mine d'or. La cible, comme on dit dans les agences de pub, c'est le concept « mignon ». Les jeunes Japonais adorent ce qui est mignon, les filles qui dorment avec leur ours en peluche et les garçons coiffés comme les petits héros dans les mangas. Brad est le super-mignon idéal, le champion toutes catégories du Japan Daring. En dix ans, il tourne au moins cinquante spots, on s'y perd, on ne peut plus les compter. Des films souvent très courts, réalisés à la va-vite, à peu près n'importe comment mais sympas et rigolos. Le succès faramineux de Brad tient aussi de *Lost in Translation* et des Pokémons, car il annonce le numéro des jeans, le 503 et le 505, en se trompant dans la prononciation. « *Go Murisan* » plutôt que « *Go Marisan* », peu importe, c'est du japonais de cuisine et ça devient furieusement tendance pour les *teenagers*. Un signe de reconnaissance qu'ils répètent en chœur dans les émissions de variétés

1. Expression désignant les films de publicité réservés au marché japonais.

à la télé, en se tordant de rire. Il le chante lui-même en s'accompagnant aussi mal que possible à la guitare, et il y a même un spot où une sorte de starlette très connue dans l'archipel, la jolie Odessa Rae, tente de lui faire dire correctement le cri de ralliement, en vain, évidemment. Fou rire généralisé et magasins Edwin dévalisés. Autrement, Brad jongle, très bien, cette fois, avec un ballon de foot pendant que la bande-son distille de curieux feulements amoureux ; il tente sa chance dans un hôtel, auprès d'une blonde de la chambre 505 ; il fait de la planche à roulettes dans les escaliers du métro et tombe dans un téléviseur ; il partage les travaux ménagers dans une coloc un peu cradingue avec son frère jumeau ; il fait semblant de réparer une voiture, caché sous le capot avec une fille qui a l'air bien contente ; il danse tout seul sur un air de rock ; il attend, affalé sur un canapé, que les toilettes se libèrent, etc. Cheveux longs, cheveux courts mais bien nets, toujours joyeux, toujours mignon, le fameux cul bien serré dans son Edwin et le cri primal « *Go Murisan* » ou « *Go Marisan* » comme une sirène d'alerte pour emporter le morceau avant le cachet Edwin tamponné sur la dernière image, au cas où les petits Japs auraient encore du retard à l'allumage.

Honda, avec l'Advenger, la bagnole des jeunes, et de mystérieuses canettes de boissons énergisantes qui transforment les lambins du bureau en « *bizness bombs* » tentent aussi leur chance sur le marché, mais sans rivaliser vraiment avec Edwin, et puis Brad n'a désormais plus vraiment le temps de rigoler avec les enfants du Mikado. Pourtant, le yen est une monnaie forte, et les Japonais n'ont pas dit leur dernier mot. Ils rappliquent avec l'arme fatale de la SoftBank, qui n'est pas une filiale du Crédit Lyonnais mais une marque de téléphones portables – 60 milliards de chiffre d'affaires, 80000 salariés… Nous sommes fin 1990 et début 2000, le marché est en plein boom et Brad va incarner le héros d'une série de spots délirants, diffusant en mode *fun* le venin délicieux de la sous-culture du portable et du clic mortifère. On ne saurait le lui reprocher. Hormis quelques gamins surdoués de la Silicon Valley qui se rêvaient futurs maîtres du monde dans la fumée de leurs pétards – et qui le sont d'ailleurs devenus –, rares étaient les esprits éclairés qui discernèrent alors que le raz de marée s'avancerait masqué avant de tout emporter. Le principe des productions SoftBank est de prouver que ses téléphones cellulaires fonctionnent en toutes circonstances, allant du tsunami à l'invasion des extraterrestres, et du folklore sympathique de la peuplade exotique des Français sous-développés au bordel incompréhensible d'un marché de Bombay. En véritable frère jumeau de Tintin, toujours maître de lui dans des situations loufoques ou dramatiques, Brad se sert en permanence de son portable qui met en valeur la règle d'or de la SoftBank: «*Serving you in every way necessary.*» Le «toujours prêt» des scouts à la sauce apocalypse.

Premier complice dans la série, l'honorable et très imposant Musashimaru, sumo du haut grade yokozuna, mi-Japonais, mi-Américain, venu des îles Samoa et Tonga, où les messieurs ne ressemblent pas à des petites filles anorexiques, mais vrai champion dans son noble art, trésor national pour l'archipel nippon et invité régulier de la Maison-Blanche. Une masse de chair et de muscles de deux cent trente-cinq kilos et de un mètre quatre-vingt-quinze, en tenue traditionnelle et d'humeur peu conciliante. Brad est présenté comme son assistant, aux petits soins pour contenter son maître. Avec son gentil costume trois-pièces, sa cravate Hermès, sa coupe garçonnet et son chétif mètre quatre-vingt-trois, un moucheron que Musashimaru pourrait écraser sans même s'en rendre compte. C'est Spike Jonze, époux transitoire de Sofia Coppola et multi-palmé pour ses films et ses vidéos, qui met en scène avec jubilation l'improbable rencontre entre King Kong et Tintin. Musique plus ou moins orientale, paysage vague d'une avenue de New York, il fait nuit et il pleut, une limousine noire s'arrête, Brad quitte la place du chauffeur et déploie un parapluie pour Musashimaru qui s'extrait de la voiture, le visage fermé. Le sumo s'avance d'un pas martial, Brad suit avec le parapluie et écarte d'un geste vif un admirateur du champion. Le duo pénètre dans le hall monumental et désert de ce qui doit être un grand hôtel. Le sumo continue à marcher droit devant lui, Brad époussette ses larges épaules et lui tend un téléphone portable. Toujours sans regarder Brad, Musashimaru rejette le portable et Brad n'insiste pas. Soudain, l'une des attaches des sandales du sumo se déchire, il pointe du doigt ce crime de lèse-majesté inattendu et dirige un regard peu amène sur son assistant. N'écoutant que son dévouement, Brad prend dans ses bras le demi-quintal renfrogné et le soulève comme un jeune marié le ferait de sa promise au seuil de la nuit de noces. Un reportage photo hilarant sur le tournage de la séquence montre le sumo ficelé dans des harnais, une sorte de levier à toute épreuve pour le soulever, et la mine mi-inquiète, mi-rigoleuse de Brad qui se demande si les sangles vont tenir et s'il ne va pas finir écrasé sous son poids.

Merveille des trucages par ordinateur, à l'image les sangles ont disparu et Brad porte, avec un sourire goguenard, Musashimaru comme il le ferait avec un gros bébé qui aurait un peu forcé sur les biberons. Une deuxième séquence retrouve le duo au restaurant de l'hôtel. On sert de minuscules sushis à l'Himalaya de chair, qui les considère avec dédain. Brad tente de le faire manger en avançant ses baguettes, nouveau refus du sumo ; Brad use alors d'une ruse comme on le ferait avec un enfant et fait semblant de vouloir prendre les sushis pour lui. Piqué, le sumo les récupère et les dévore. Profitant de sa victoire, Brad lui tend le portable et Musashimaru répond enfin brièvement avant de caresser gentiment la tête de Brad. Vieille histoire, le lion féroce dompté par la douceur et la bonté de sainte Blandine. On est mûr pour recevoir le logo de la SoftBank.

Il y a bien d'autres épisodes dans la saga Brad et SoftBank, très réussis, parfois étranges, tous habités par une sorte de poésie lunaire que leur apporte la présence de Brad. Il ne cache pas son plaisir de jouer durant trente secondes ou une minute des rôles très brefs où il se reconnaît sans doute. À les regarder attentivement, ce qui s'avère toujours amusant et agréable, on pourrait y trouver certaines clés expliquant son caractère et ses états d'âme successifs. Comme une chasse au trésor où ce qui est caché saute aux yeux, à condition de savoir ce que l'on cherche. Exemple : Brad, en tenue immaculée et son portable à l'oreille, descend seul une rue-escalier dans le genre casbah, quelque part entre le Mexique et le monde arabe. Des enfants jouent et se battent parmi des adultes indifférents à sa présence, occupés à mener toutes sortes de petites affaires indéterminées. Tout est blanc, écrasé par le soleil, il est lui-même très « notre agent à La Havane » ou l'infortuné Sebastian de *Soudain l'été dernier*, avant qu'il ne soit dévoré par des hordes de gamins cannibales. Impression générale vaguement inquiétante. Musique très *Troisième Homme*. Qui sont ces gosses avec lesquels il joue un instant pour les calmer, ces gens qui l'ignorent et qu'il doit écarter poliment pour pouvoir passer ? Ne vont-ils pas se jeter sur lui s'ils le reconnaissent ? Le fantasme inversé des fans qui le harcèlent sans lui laisser un instant de répit. Angoisse et solitude. Et où va-t-il ? Que fait-il ? C'est bien le moment de se servir de son portable, et le logo survient pour balayer le suspense sans révéler le secret.

Autre exemple, Brad traverse une place en Inde, grouillante d'humanité diverse : des familles, des femmes en sari, des fakirs à demi nus, des petits marchands, des enfants qui tournent sur un manège, un tuk-tuk vide, un éléphant qui déambule. Rien que des Indiens et atmosphère bon enfant d'allégresse générale. Couleur locale garantie, mais pas de pittoresque racoleur façon *National Geographic*, et pas de misère non plus pour l'apitoiement hypocrite des étrangers qui adorent les bidonvilles. Musique indienne plus ou moins inspirée de Ravi Shankar. Là encore, personne ne reconnaît le bel Américain qui passe. Tout est filmé en un seul plan par le Steadycam d'un opérateur prodigieux d'habileté et de précision. On imagine les heures de répétitions et de mises en place afin d'obtenir la fluidité de ce chant d'amour pour un ailleurs idéal. Brad et ses rêves de fuite vers des horizons où l'attirent sa soif de découvertes, son besoin de communiquer avec des inconnus qui ignorent tout de lui. Mais non, l'ailleurs n'existe pas, le logo SoftBank vient lui rappeler qu'il suffit d'un portable pour le repérer partout. C'est comme ça, il n'y a rien à regretter.

Les deux variations autour de Monsieur Hulot sont intrigantes. Elles sont révélatrices de l'admiration de Brad pour Jacques Tati et de son attachement pour notre pays. Coiffé d'un petit bob et vêtu comme le héros des célèbres vacances, on le découvre sur la place d'un petit village ensoleillé de Normandie. Sassetot-le-Mauconduit, pour être tout à fait précis – accessoirement, le village où Sissi, l'impératrice, abrita sa dépression chronique, mais bon, c'est encore une autre histoire… Atmosphère très années cinquante. Il converse avec un marchand ambulant et une brave dame tout droit sortis d'un vieux catalogue de La Redoute, pousse la 2 CV d'une famille qui peine à démarrer, manque de se faire écraser par une bande de cyclistes qu'il salue théâtralement, et photographie un groupe de randonneurs qui s'en vont, mais le cliché qui s'imprime est celui d'une jolie fille nue à l'arrière-plan. Camille Cottin, la marrante de Canal+, désolée, paraît-il, de n'avoir été filmée que de dos. Nous aussi ! Brad est très affairé, personne ne fait attention à lui, il est à la fois touchant et vaguement ridicule, petit Français d'adoption dans le pays idéal et désormais évanoui du facteur de *Jour de fête*. Trente secondes gracieusement mises en scène par Wes Anderson, avec, pour la bande-son, la voix acidulée de France Gall qui chante « Poupée de cire, poupée de son ». C'est charmant et désuet, mais le logo SoftBank nous rappelle in fine qu'il s'agit d'une fantaisie. Le message sérieux est que l'on peut se servir de son portable jusque dans un trou perdu de la France où les indigènes n'ont pas encore mordu au fruit de la modernité. Un autre film le retrouve sur une plage entre deux cabines de toile dans lesquelles il cherche à s'introduire. Il est encore avec son bob et attifé comme Monsieur Hulot, mais il n'a toujours pas de chance. Le ballet bien réglé d'une dame un peu forte en bikini, d'un type entre deux âges et d'un autre monsieur plutôt désagréable l'empêche de pénétrer dans les cabines, sans le gratifier d'un regard. Décidément maladroit, un peu perdu et dépité, Brad s'enfuit sur la plage en serrant son portable. Il s'agit peut-être de l'un de ces gags de music-hall que Tati aurait imaginés. Wes Anderson dirige à nouveau le mouvement, Christophe chante « Aline » et la SoftBank vient finalement au secours de Brad. Mais le charme de la saynète au village manque, et il est probable que l'impact publicitaire de cette historiette oubliée n'ait pas été très bon.

Brad et David Fincher sont amis pour la vie depuis *Seven*. *Fight Club* et *L'Étrange Histoire de Benjamin Button* n'ont fait que renforcer leur lien, si tant est que ce fût nécessaire. Le réalisateur héberge son acteur fétiche lorsque celui-ci va mal, chez lui, là où aucun journaliste ne peut le retrouver. Son univers incroyablement sombre, son usage prodigieux des photos, des articles découpés dans la presse, des vidéos perdues et des bouts d'essai sortis de nulle part ou qu'il a tournés lui-même, fascinent Brad. Le génie singulier de David Fincher est inclassable, mais on peut évoquer à la fois Andy Warhol et Orson Welles afin d'essayer de retrouver sa trace. Il était donc inévitable qu'ils se rencontrent encore pour un spot SoftBank.

Brad marche la nuit en parlant dans son portable à travers une ville américaine mise sens dessus dessous par un vent si violent que tout vole autour de lui, y compris une voiture qui se retourne brutalement. Brad continue à marcher, imperturbablement, en usant toujours de son téléphone, sans prêter attention au désastre qui l'entoure, sauf pour jeter un bref regard sans expression à la voiture renversée. Le message est clair, avec SoftBank la communication fonctionne quelles que soient les circonstances les plus dramatiques. Un seul plan, on imagine encore ce que furent les répétitions. Musique saccadée et angoissante de l'artiste black Saul Williams, rappeur et slammeur, cinéaste et poète dont les textes s'accordent par leur intensité aux fantasmes de David Fincher: « Si je ne m'ouvrais pas aux possibilités offertes par l'inconnu, je serais perdu. » Cette image en mouvement de Brad se déplaçant, calme et le visage fermé, en pleine apocalypse, tient de l'autoportrait ou peut-être seulement de la manière dont David Fincher le considère. Elle est en tout cas révélatrice de la confiance qui les unit. Le résultat est très beau à voir et d'une puissance extraordinaire. Le film est difficile à retrouver aujourd'hui dans les anthologies consacrées à David Fincher. Il ne serait pas étonnant que SoftBank ait calé devant sa violence en restreignant sa diffusion.

Rappelons une règle intangible: Brad ne fait pas directement l'article du produit qu'il promeut dans un spot. Soit. Des petits malins d'une agence astucieuse travaillant pour le compte d'une banque en ligne, filiale de la Société Générale, trouvent la parade: on va le faire parler mais on n'entendra pas ce qu'il dit. Et cela quand tout le monde s'adressera à lui et que le son répercutera les bruits de la rue, de l'activité de la ville. Le slogan est tout trouvé: «Nous n'avons pas besoin que Brad Pitt recommande Boursorama Banque, parce que personne ne le fait mieux que nos clients.» Le projet a été proposé à George Clooney et à quelques autres, mais le concept amuse Brad et il répond oui très vite. Tournage à New York confié à François Rousselet, qui est un super-pro, demi-saison, Brad en casquette et tenue très *casual*, barbe de quelques jours. Il montre la carte de la banque à plusieurs reprises et, quand il s'adresse à la caméra, naturellement, ça se passe comme dans un film muet. Un vendeur de journaux, une fille souriante, un marchand de boissons, un distributeur automatique, un chantier, un orchestre de rue: on le reconnaît, on lui parle, il a l'air de répondre mais rien ne sort. Le décalage fonctionne, l'atmosphère est sympathique, on est censé se demander ce qui est arrivé à ce beau parleur devenu inaudible même si on soupçonne tout de suite qu'il doit y avoir un truc quelque part. Arrive le slogan de la banque. Ouf, on respire. Sauf Brad, toujours frappé par le même maléfice quand il monte dans un taxi et que le chauffeur s'agace de ne pas l'entendre.

«Dans ma rue», une association d'aide aux SDF, détournera habilement le concept, en profitant du succès du spot: les répliques muettes de Brad sont doublées, cette fois en français, par une voix d'homme qui est censée être la sienne et qui prend la défense des sans-abri. Le résultat est efficace, l'association recueille des fonds dont elle avait besoin. Brad, qui aurait pu s'offusquer de ce piratage imprévu, laisse faire: il milite lui-même en faveur des SDF new-yorkais.

Brad tombe en panne d'essence avec sa moto dans une ville allemande. Cheveux courts, barbe de trois jours, blouson de motard, le casque sous le bras, très beau. Il sonne chez une famille qui habite une maison confortable pour demander de l'aide. La mère est encore jeune et plutôt jolie, le père regarde *Ocean's Twelve* à la télé, enfoncé dans son canapé, la fille adolescente a punaisé un poster de Brad dans sa chambre. Panique : tout le monde l'a reconnu mais personne ne parle anglais – ce qui est rare en Allemagne –, et lui ne parle pas un mot d'allemand. Sourires, petits imbroglios, le téléphone fixe ne marche pas, les taxis sont en grève, on colle Brad devant un ordinateur où il pourra se servir du fournisseur d'accès « Alice ». « *Schoenen Alice* » comme tambourine le logo de la marque de l'opérateur Internet, incarnée par une pulpeuse créature devenue célèbre outre-Rhin avant que les annonceurs ne fassent le grand saut, la remplaçant par Brad. Le film est assez long, avec plein de petits détours amusants : la mère est tout excitée, le père fait la gueule, la fille prévient des copines sur son portable, Brad s'escrime à tenter de comprendre comment fonctionne la « *Schoenen Alice* », qui n'a pas l'Internet coopératif. À la fin, tout semble arrangé, Brad remercie ses nouveaux amis et s'apprête à sortir. Mais toute la ville a été prévenue et l'attend dehors. Il rentre dans la maison, souriant et dépité. La famille a l'air ravie de le récupérer. On ne connaît pas la suite : en tout cas, pour séduire la « *Schoenen Alice* », il faut parler la langue de Goethe. Réclame de facture teutonne et à usage germanique, donc, pas très Fassbinder mais gentiment démodée, divertissante et agréable à regarder.

Brad Pitt et George Clooney s'amusent des rumeurs de mésentente sur les tournages des films qu'ils font ensemble, et des articles ou des gros titres sur leur prétendue rivalité, quand ils sont en vérité très proches. Différents mais très proches, ne serait-ce que dans leur manière de ne pas se prendre au sérieux. Leur amitié n'est pas feinte. Un exemple parmi d'autres: ils n'auraient pas choisi de vivre à quelques kilomètres l'un de l'autre dans le Midi s'ils n'éprouvaient pas toujours autant de plaisir à se retrouver et à partager de bons moments ensemble. Il y a pourtant un domaine où ils sont entrés en collision, celui des cafetières électriques, enrôlés chacun dans des camps adverses pour la guerre planétaire Nespresso-De'Longhi. George a dégainé le premier et a gardé longtemps l'avantage, avec la bombe atomique à répétition des spots Nespresso. Mais à force de demander « *What else?* » (« Quoi d'autre ? »), Beckett n'attend plus Godot mais la cafetière, et il fallait bien qu'il s'attende à recevoir un jour ou l'autre une réponse menaçante et à voir débouler Brad juché sur le char d'assaut Perfetto-De'Longhi. Au fond, chacun mène la bataille à sa façon et il est difficile de dire qui l'emporte dans le conflit fratricide. Les spots de George sont élégants et pratiquent un humour teinté d'autodérision légère, ceux de Brad sont romantiques et un tantinet mélancoliques. George en profite pour tenter de draguer des jolies femmes, Brad est essentiellement solitaire. Certes, tous les deux préparent bien leur café à Los Angeles, mais l'un est à Hollywood au cœur du Carré d'Or des pseudo-stars en Vuitton, quand l'autre s'évade du côté de Big Sur, en face des horizons infinis du Pacifique. Détail qui n'est pas sans importance et qui a dû susciter de fiévreuses séances de brainstorming dans les agences de pub : George utilise des capsules en simili aluminium, dont l'empreinte carbone peut faire sourciller des militants écoresponsables ; Brad trimballe des sacs en papier remplis de grains déjà torréfiés. « Saturday Night Live », le programme rigolo de la chaîne NBC, ne pouvait laisser passer l'occasion. Il a enrôlé les deux rivaux pour un sketch très amusant : George s'approche tranquillement de la cafetière miracle, le sourire aux lèvres, et se rembrunit soudain en constatant que Brad est attablé dans la même pièce en train de siroter une tasse du breuvage magique tiré de sa De'Longhi personnelle. Nonobstant son mécontentement, George active bravement son Nespresso mais, quand il se retourne triomphalement vers l'insolent pour savourer sa victoire, sa tasse bien remplie à la main, De'Longhi a été plus rapide et Brad a disparu. George peine à cacher son désappointement, Brad, depuis la rue, lui fait un doigt d'honneur avec le rire du petit malin qui a gagné la partie.

Dans l'ensemble, on pourrait conclure au match nul, mais il y a comme un tremblement nostalgique avec Brad, bien conforme à son personnage, qui peut finalement lui assurer la victoire auprès des âmes sensibles à la recherche du réconfort qu'apporte une tasse de bon café. Précisons. Brad met sa moto en marche. Contact et cliquetis du démarrage pour les amateurs de grosses cylindrées, casque, jean et blouson pour les amateurs également. Pas forcément les mêmes. Il longe l'océan, seul sur le ruban d'asphalte, tôt le matin sans doute, quand ça ne va pas très fort. Il achète son sac de grains de café à un inconnu – qui le reste –, il le remercie avec un bref sourire et il repart. Il fait vérifier quelque chose sur sa moto par un mécano que l'on aperçoit à peine et il regarde ailleurs. Lunettes noires de celui qui n'a pas envie qu'on lui parle. Un peu plus loin, encore un coup d'œil, comme s'il attendait quelque chose ou quelqu'un, mais rien ne vient, et il met de l'essence. Il reprend la route le long du Pacifique. Lumière nacrée du bord de mer. Ensuite, grand et beau jardin californien, superbe maison de verre comme celles que dessinait Richard Neutra, un architecte des années cinquante qu'il admire. Elle est déserte, évidemment, Angelina n'est pas là, mais la petite machine Perfetto l'attend, fidèle au poste. Les enfants ont aussi disparu, même si Jacques, le bulldog bien aimé qui ronfle et qui pète, ne doit pas être bien loin. Brad met la machine en route en appuyant sur la bonne touche. Il prend son café, muscles et tatouages, bracelets de crin, cheveux mi-longs, le look actuel auquel on est habitué, silencieux, indéchiffrable. À quoi songe-t-il ? On a tendance à penser pour lui à tout ce qui lui manque désormais. Mais peut-être seulement au plaisir minuscule de prendre son café ; oui, une joie de pas grand-chose qui rend la vie supportable quand elle est devenue si difficile. Perfetto tente une explication : « Du grain à la tasse, savourez le meilleur de l'expresso avec De'Longhi. » Débrouillez-vous avec cette réponse, faites pareil, vous irez mieux, certainement, et ne cherchez pas plus loin puisqu'on vous dit que c'est un autoportrait qui pourrait être le vôtre si l'on vous abandonnait aussi. C'est magnifiquement filmé par le *wonder boy* Damien Chazelle, avec son équipe de nouveaux petits génies multi-oscarisés de *La La Land*. Et c'est mis en musique par Justin Hurwitz, justement oscarisé dudit film. La ballade d'un cœur meurtri et solitaire, sifflotée avec tendresse mais sans pathos. Il ne faudrait quand même pas oublier que c'est un spot publicitaire, pas une lecture de « Suicide, mode d'emploi ». Malgré tout, des rigolos ont tenté des parodies, mais elles n'étaient pas drôles et n'ont pas marché. On peut se moquer des sentiments quand ils sont faux ou trafiqués, mais pas quand ils sont sincères et vrais. Enfin, normalement…

Mais c'est encore à son pote David Fincher que Brad devra le meilleur de ses films de pub : un spot pour la bière Heineken réalisé en 2005. Période *Ocean* et *Mr. et Mrs. Smith*, avec une forte réminiscence de *Seven* et de *Fight Club*. L'histoire est a priori simple et naturelle, et dotée du style Fincher qui change tout. Brad, dans une suite à pas moins de mille dollars la nuit, a besoin de boire quelque chose. Il n'y a que des sodas dans le réfrigérateur. Il sort pour acheter une boisson. Une meute de fans, alertés comme ceux qui l'assiègent en permanence, se lance à sa poursuite. Mais Brad connaît le quartier, il sait par où passer pour leur échapper. Les fans sont fous, se bousculent, se marchent dessus, piétinent le toit d'une voiture, s'invectivent et tombent les uns sur les autres comme un magma confus. Dans un petit drugstore, Brad achète un pack de bières et ressort par la porte de derrière. Les fans s'écrasent contre la porte vitrée du magasin. C'est à la fois le souvenir de *La Nuit des morts-vivants*, le film d'épouvante culte de la fin des années soixante, et l'annonce sans doute déjà consciente de *World War Z*. Les fans sont des zombies qui veulent dévorer leur idole. Pourtant, Brad a plus d'un tour dans son sac et il rentre calmement chez lui en laissant un infortuné photographe rater le cliché de sa vie. De retour, Brad répond, au téléphone, à une voix masculine ; projet de soirée entre potes, c'est peut-être David Fincher qui est à l'autre bout du fil. Il est encore temps de se taper une bonne bière Heineken : envoyez le logo ! Ça, c'est pour l'intrigue. Voyons maintenant le style.

Brad en blouson de cuir et coupe garçonnet, imberbe, à travers une série de plans de valeurs différentes et qui changent tout le temps : général, rapproché, américain, gros plan, travelling. Avec la *Fincher touch* de rigueur, un bref montage de photos et le son des clics à l'appui. Ça passe très vite et on n'a pas le temps de se poser la question de savoir qui a pris les photos. Fincher lui-même, un flic ou un *serial killer* planqué quelque part, à moins qu'il ne s'agisse d'archives personnelles que ce rat de réalisateur aurait terrées dans son hallucinant complexe de Diogène. Le type qui garde tout et ne jette jamais rien. Avec un plan totalement surréaliste en prime : le visage de Brad qui se reflète dans la porte du réfrigérateur. Vous en connaissez beaucoup, des frigos qui vous renvoient votre portrait ? Et beaucoup de plans aussi pour évoquer une apocalypse urbaine : nuit glauque, rues du crime, images en surplomb depuis le sommet d'un gratte-ciel où s'agitent tout en bas les fourmis humaines. Impression générale d'insécurité quand Brad demeure égal à lui-même, tranquille et déterminé : quelques comparses pour de brèves interjections, histoire de montrer que la science-fiction et l'angoisse appartiennent à la vraie vie. Le concierge de l'hôtel qui a l'air d'un petit comptable effaré, un fan excité comme pour un lynchage, un gérant de supérette absorbé par sa télé et qui a dû forcer sur les pétards, un photographe en veilleuse pour qui ça ne doit pas marcher très fort et qui, de saisissement, laisse tomber son appareil lorsqu'il reconnaît Brad. Et encore l'autoportrait plus que jamais : le concierge lui donne du Mister Pitt, le photographe l'appelle Brad. Il répond chaque fois brièvement, poli, courtois, pressé. La bande-son ne laisse rien au hasard et se glisse dans une tambouille de musiques diverses qui s'enchaînent à toute allure avec une tonalité rock et Rolling Stones.

Film parfait qui tape dans le mille. La folie Brad telle une soif terrifiante qu'il faut absolument étancher. Une minute tournée et montée comme une superproduction, avec un réalisateur qui est auteur complet et une star au plus fort de sa légende. Ainsi vont les films publicitaires avec Brad, qui le racontent en quelques secondes parfois mieux que ses longs-métrages.

Restent les montres, ultimes attributs luxueux de la virilité triomphante. Les retards, c'était bon pour Marilyn mais, désormais, quand on est une star, on est à l'heure sur un tournage ou ailleurs, il ne faut pas faire attendre le jet privé qui a un plan de vol à respecter, le Président vous attend pour le déjeuner à 13 heures précises, etc. Tom, Leonardo, George, Johnny et Brad n'ont que l'embarras du choix pour arborer en pleine page de réclame de précieuses toquantes entre toutes les marques qui les sollicitent. À eux cinq, ils pourraient monter une horlogerie géante à faire sauter tout le duty free de l'aéroport de Hong Kong. Mais au top-chrono, il semblerait que ce soit quand même Brad qui l'emporte. Chaque marque lui propose une floraison de modèles et tous les genres lui conviennent : sport, *casual* et business, sous-marin ou croisière, formule rallye et Vingt-Quatre Heures du Mans, sobre élégance ou glamour hollywoodien. Il n'est pas question de mégoter, rien à moins de plusieurs milliers de dollars, voire beaucoup plus si affinités. Avant de se séparer, Brad et Angelina se sont offert réciproquement plusieurs montres aux prix astronomiques, quelques mauvaises langues ayant néanmoins persiflé qu'il y avait un zéro de moins quand le cadeau venait d'elle. Ce qui est sûr, c'est que le pauvre type qui rêve sur les pages des magazines peut aller faire fumer sa carte bleue ailleurs en gardant la jolie Swatch offerte par sa maman pour son anniversaire. Au début, Omega, Patek Philippe et TAG Heuer tenaient la corde, jusqu'à ce que Rolex se réveille et remporte le marché, en l'occurrence le poignet de Brad – à titre d'exemple, une Rolex Daytona 1968 de Paul Newman vient de faire quinze millions de dollars dans une vente aux enchères... L'offensive cinéma a commencé plutôt insidieusement, à coups de gros plans furtifs, repris par des placards dans la presse. Puis on est passé aux affaires sérieuses pour la série des *Ocean* où Brad accomplit enfin le mouvement de bras décisif qui lui permet de consulter son IWC Spitfire, sa Bell & Ross BR01 et sa Rolex GMT Master II. Un modèle par épisode pour bien passer l'aspirateur à dollars. Il est évident qu'on ne peut pas lambiner en perdant la moindre seconde quand on se lance dans le casse du siècle à Las Vegas, où la machine à pomper du fric à des joueurs qui ont perdu la notion du temps fonctionne jour et nuit. Ensuite, foin de subterfuges et de formalités inutiles, il n'est plus nécessaire de ruser avec des producteurs et des scénaristes sur les mouvements des aiguilles, on passe directement aux spots de pub : la Daytona, la Cellini et l'Explorer ne peuvent plus attendre.

Brad est seul, dans un appartement plutôt chic, cadré en gros plan, cheveux courts en pétard, blazer et col de chemise blanche. Il a l'air à la fois désœuvré et agité, il passe un coup de fil, acquiesce et consulte sa montre. Le spot ne passera nulle part, Brad donne l'impression d'être en manque et d'attendre son dealer. Toujours dans le même appartement où, manifestement, la femme de ménage mexicaine n'a pas fait d'heures supplémentaires, Brad en tee-shirt, cadré plus largement, assis sur un canapé, le regard fixe, attend encore quelque chose ou quelqu'un. Le cendrier est plein de mégots, un verre d'alcool *on the rocks*, des cachets de poudre blanche plutôt suspecte traînent sur une petite table. Heureusement, son amie la Rolex veille sur lui, elle le rassure, le rendez-vous ne va plus tarder. Spot un peu limite mais accepté, on peut penser qu'il espérait la venue de sa copine. Brad est au lit, nu sous la couette, il n'a besoin de personne pour passer la nuit, il a sa Rolex qui lui tient compagnie. Son vieux réveil sonne mais la pendulette n'a rien compris et n'est pas précise, elle s'est trompée d'heure. Cauchemar de devoir se lever et s'habiller en vitesse. Brad jette un coup d'œil à sa Rolex qui dit toujours la vérité. Il lui reste encore un peu de temps, ouf, il peut se coucher et se rendormir. Chaque fois, une voix masculine, ferme et rassurante, venue de nulle part comme une injonction du ciel, précise sur un ton sans appel : « *Nothing but Rolex.* »

Oui, mais c'était compter sans le tic-tac infernal de Breitling, l'autre mastodonte en pleine forme de la précision horlogère. On ne s'endort pas à La Chaux-de-Fonds, dans le Jura suisse, depuis que Georges Kern, un manager de choc – disons très helvétique –, s'appuyant sur un fonds d'investissement britannique peu enclin aux états d'âme, a repris les rênes de la griffe préférée des aviateurs. Parmi les nouvelles idées chocs, le lancement des *squad missions*, qui confient à des célébrités l'office évangélique de raconter de belles histoires filmées sur les pôles, des triathlons dans les fonds sous-marins, partout où il y a une promesse d'aventure bien chronométrée. Les publicitaires, sans doute enivrés par l'air tonifiant des sommets suisses, n'y sont pas allés de main morte : « Breitling célèbre l'esprit collectif des *squads* unis dans la poursuite de leur mission. Soutenus par la camaraderie et motivés par l'objectif, nous accomplissons plus ensemble que nous ne pourrions le faire seuls. » On aura deviné que ces ONG d'un genre un peu particulier visent avec précision les portefeuilles bien garnis de patrons qui ne pointent pas aux Restos du cœur et de beaux types toujours en forme, nostalgiques de l'heureux temps où #metoo n'existait pas. L'escouade cinéma a engagé Charlize Theron, la blonde atomique, Adam Driver, le super-méchant des dernières « guerres des étoiles », et Brad, qui se la joue modeste et en demi-teinte alors qu'il crève l'écran. Ils sont censés tourner un film au scénario mal identifié, mais ça se passe aussi comme dans *Les Trois Mousquetaires* : la Breitling, c'est d'Artagnan, la star numéro 4. Il y a également un hymne pour le cas où l'on n'aurait pas bien mesuré l'héroïsme de l'escouade cinéma : « Wales » par Askery. De l'électro *made in Switzerland*, mais pas très arbre de Noël des orphelins du canton de Genève ni pot de départ en retraite de la comptable de Lausanne. Studio géant, loges, projos, travellings, tenues chics et décontractées – cuir et tee-shirts –, atmosphère de camaraderie émaillée de plaisanteries, de déplacements et de mines concernées. Charlize rit, Adam éparpille les feuilles de son texte, Brad ausculte le matériel et les lumières. À la fin, le trio s'avance vers nous d'un pas décidé, au cas où l'on n'aurait pas compris le message : pas de salut sans Breitling. On se dit plutôt qu'il s'agirait d'un autre épisode de filouterie publicitaire de prestige, cher, artificiel et surjoué, s'il n'était pas réalisé par Peter Lindbergh, lequel a imposé un noir et blanc magnifique. Justement réputé pour son humanité et sa profonde gentillesse, le photographe allemand a aussi réussi à faire sentir la sympathie qu'il ressent pour ces trois lascars. Et puis, comme il meurt brutalement à la fin du tournage, on ne regarde plus pareil et on s'en fout, de Breitling. On trouve que Charlize se force à rire, qu'Adam est comme absent, et que Brad fait le malin pour cacher qu'il est en fait triste et fatigué. A-t-il deviné que l'adorable Peter Lindbergh était au bout du rouleau ?

« I've been talking to myself for two hours straight and I'm starting to sound insane. »
– Taran Killam
(« Je me parle à moi-même depuis deux heures sans m'arrêter et j'ai l'air d'un fou. »)

Taran Killam, un jeune Brad bien imité

Chapitre 7
Miraval

« C'est magnifique. C'est tellement vrai. Ils m'appartiennent autant que je leur appartiens. Ils sont frères et sœurs. Ils sont heureux ensemble. Ils se chamaillent, aussi, comme dans toutes les familles. J'en suis si fier. »

Interview par Larry King

Pour aller à Miraval, le plus simple, c'est de prendre l'autoroute et de sortir à Brignoles. Après, on gagne Correns, la commune où se situe le domaine. Une quinzaine de kilomètres par des petites départementales peu fréquentées qui mènent aux Préalpes du Sud. En traversant les paysages préservés du Haut-Var, on a l'impression de remonter le temps. Pour un peu on croiserait des Juvaquatre et des dames en noir avec des chapeaux de paille qui prennent le frais en écossant des haricots sur le seuil de leur maison. Brad et Angelina gagnaient Miraval en hélicoptère quand ils étaient encore mariés, avec les enfants, les nounous, tout le tremblement, et ça ne plaisait pas beaucoup aux habitants des alentours, ce côté *Apocalypse Now* dans des terres paisibles et reculées de Provence. Brad revient régulièrement depuis qu'ils se sont séparés et qu'Angelina a vendu ses parts à un Russe sans le prévenir – ce qui envenime encore la procédure de divorce. Il n'envisage aucunement de se retirer car il est profondément attaché à Miraval. Il y a d'ailleurs investi des sommes considérables pour en faire une exploitation agricole florissante, productrice d'un vin rosé excellent qui se vend dans le monde entier, et dont il a lui-même dessiné les bouteilles et les étiquettes rondes. Le chiffre d'affaires a été multiplié par dix en quelques années, et il envisage de développer désormais un champagne maison qui devrait fort bien marcher. Nul ne sait d'ailleurs comment se conclura la bataille juridique où s'affrontent des régiments d'avocats pour confirmer ou annuler la vente. À moins que Brad ne s'entende finalement avec le Russe, qui a fait fortune dans les spiritueux et semblerait plutôt civilisé : il se dit opposant de toujours à Poutine et réside prudemment en Suisse ou à Londres, on ne sait pas très bien. De toute façon, cela se passe dans un monde inconnu pour les villageois de Correns, qui lisent peu la presse people américaine et ne sont pas abonnés au *Financial Times*. Pourtant, ceux d'entre eux qui s'approchent de Miraval malgré le caractère peu accommodant des gardes à oreillette s'accordent à reconnaître que la propriété est parfaitement entretenue. Une appréciation partagée par les chasseurs qui poursuivent les sangliers dans les bois environnants et franchissent parfois les frontières, lorsque les caméras de surveillance tombent providentiellement en panne. Bien plus, pour Correns qui s'affiche fièrement comme le premier village bio de France et où même les poulets, les chèvres et les chevaux sont écoresponsables, la famille Perrin, les viticulteurs réputés qui se sont associés à Brad et au succès de son entreprise, quoique généralement silencieuse, ne manque pas de claironner que la production de Miraval est également on ne peut plus bio.

Le domaine est très vaste, plusieurs centaines d'hectares, et, bien qu'il continue de s'agrandir en toute discrétion, il reste difficile à trouver, à l'abri des collines et d'une ceinture forestière. Les paparazzis et les curieux qui ont fini par repérer son portail élégant et mystérieux doivent se contenter de photos collectées par des téléobjectifs ou des drones. On y découvre une superbe bâtisse du XVIIe aux pierres blondes, de grandes dépendances aussi anciennes, un beau parc agrémenté d'un étang, une piscine soigneusement dissimulée, l'horizon apparemment sans limites de vignes rigoureusement alignées et qui montent encore à l'assaut de restanques toutes nouvelles. Le type même de ces exploitations agricoles à la fois aristocratiques et rustiques, emblèmes d'une civilisation humaine et méditerranéenne dont le charme altier s'est répandu depuis des siècles de la Provence à la Toscane. Le lieu a évidemment une histoire. Sans remonter jusqu'à l'Antiquité – qui a laissé de nombreux vestiges enfouis autour de Correns et une citation de Cicéron qui est passé précisément par là dans une villa romaine – ni faire l'inventaire des invasions sarrasines et des interminables disputes entre les moines de Montmajour et la piétaille des seigneurs locaux, ou des massacres entre catholiques et protestants, on retrouve à Miraval tout le bric-à-brac romanesque des châteaux français. Regardons plutôt ce qui se donne encore à voir. Les blasons imprimés de familles nobles de l'Ancien Régime, dont les lignées se sont enchevêtrées au gré des mariages entre Châteauvert et Pontevès ; les diplômes poussiéreux de l'inévitable ingénieur savant local bien oublié, mais qui a inventé le béton armé et n'a heureusement pas infligé sa découverte à l'architecture de sa demeure ; les récits romanesques du lent déclin des propriétés de familles minées par le phylloxera ; les successions siphonnées par de mauvais fils qui aimaient trop la ville et ses femmes dangereuses ; les débâcles de la rente et de la Grande Guerre. Jusqu'au jour où le célèbre musicien Jacques Loussier, séduit par la splendeur et l'isolement de cette campagne à l'écart, relève la bastide menaçant ruine, y compose plusieurs disques d'or et y implante des studios d'enregistrement où les Pink Floyd, Sting et la fine fleur de la pop des années quatre-vingt finissantes viendront y graver quelques tubes mémorables. Tout ce qu'il fallait en somme pour plaire à Brad, qui regarde toujours attentivement où il met les pieds, s'intéresse à l'histoire, au legs des usages, au patrimoine des arts décoratifs et des instruments du passé. On ne s'étonnera pas non plus qu'il ait désormais entrepris de rénover les studios endormis après que Loussier eut cédé Miraval à un millionnaire américain, qui l'a finalement revendu quinze ans plus tard au jeune couple royal de Hollywood, encore enchanté par leur amour tout neuf et l'incandescente lumière de la Provence.

Pour savoir ce que les habitants de Correns pensent vraiment de Brad, je me suis rendu au village un certain 8 mai. Il me semblait que la célébration annuelle de la fin de la guerre me permettrait de rencontrer les élus, des cultivateurs et des vignerons, des gens qui travailleraient peut-être pour le domaine. Avec mon plus jeune fils, je suis arrivé tôt pour visiter le village, qui est très beau et très tranquille, une vraie carte postale du Midi et de la France d'autrefois pour les tournées du facteur de Tati. Un monsieur belge qui s'y est installé depuis longtemps m'a gentiment fait visiter les principaux monuments : le fort Gibron et son donjon, vestige de l'ancienne abbatiale où se réunissent des artistes à la belle saison, la porte Saint-Germain, les ruelles escarpées, la place du Général-de-Gaulle avec des maisons de noble apparence que convoite l'agence immobilière, le Cercle de l'Avenir où quelques retraités qui n'en ont plus beaucoup carburent au pastis et au vin blanc dès potron-minet, bien avant l'arrivée, sur leur Mobylette pétaradante, des jeunes en marcel exhibant crânement leurs tatouages. Et j'ai vu bien sûr le fleuron du tourisme local, l'église Notre-Dame et son retable baroque. Elle connaît, paraît-il, une affluence considérable chaque vendredi 3 mai, soit environ six fois par siècle, lors du Grand Pardon où l'on expose une sainte relique de la Vraie Croix à la vénération des âmes innocentes, qui ne se sont jamais demandé combien elle pouvait mesurer compte tenu du nombre de fragments encore en circulation dans toute la chrétienté. Sous la houlette de l'évêque du diocèse, après une nuit de prières, la châsse sacrée franchit une petite porte de l'église, toujours fermée mais ouverte exceptionnellement à cette occasion, pour être portée à travers le village jusqu'au calvaire érigé à l'entrée de Correns, assurant aux fidèles des indulgences plénières pour leurs péchés, dûment certifiées par le pape. En revanche, la célébration républicaine et laïque de l'anniversaire du 8 Mai se déroule un peu plus bas, près du joli pont à une arche sur l'Argens, le fleuve qui traverse Correns. Un modeste fleuve côtier, certes, mais pas une rivière, me précise fièrement mon guide, puisqu'il se jette directement dans la mer, bien plus loin, du côté de Fréjus. Durant toute ma visite, je pense à Springfied, la ville natale de Brad, si loin, si près de Correns. Que sait-il de ces rites d'un autre temps, d'un autre monde ? Et s'il lui est arrivé de les connaître avec Angelina, leur ont-ils apporté l'apaisement de leurs tourments et la joie soudaine d'une réconciliation, ressentis par Ingrid Bergman et George Sanders dans le merveilleux *Voyage en Italie* de Roberto Rossellini ? De naïves conjectures pour cinéphile égaré que la réalité a démenties.

« Appelez-moi Nicole », me dit Madame la Maire, entourée de tout le conseil municipal sur le perron de l'hôtel de ville. Son adjointe, également charmante, s'enquiert discrètement des raisons de notre présence. Quand j'évoque mon enquête sur Brad Pitt et Angelina Jolie, elles me répondent de concert avec une pointe de regret qu'elles n'ont rien à m'en dire, car « on ne les voit jamais ». « D'ailleurs, on ne sait pas quand ils sont là, les commerçants ne les connaissent pas, même la farine pour le pain, ils se fournissent on ne sait trop où ! » Manifestement, ce n'est plus un sujet depuis longtemps, et l'excitation des premiers jours à l'idée de les accueillir est bien retombée. Une accorte sexagénaire qui répondait aux reporters de la télévision qu'elle serait ravie d'ouvrir son lit à Brad et de cuisiner de la fougasse pour Angelina ne se souvient plus de rien. Quant au président de la société des chasseurs, il compare en soupirant la réserve obstinée du couple hollywoodien avec l'attitude du prince Charles et de ses fils qui ont participé à une battue et ont partagé gaiement un cuissot de chevreuil au feu de bois. À Brignoles, après y avoir également acheté une bastide, George Clooney a posé pour les photographes avec les élus et il est populaire parmi les habitants, qui le croisent quand il fait ses courses. Comme j'objecte timidement que Brignoles, c'est ailleurs, de l'autre côté de l'autoroute, et qu'une résidence secondaire, ce n'est pas un domaine agricole prestigieux comme Miraval, Nicole acquiesce gentiment mais n'est pas convaincue par la faiblesse de mon argument. Elle précise sans insister que son seul contact fut après avoir refusé le permis de démolir d'un pigeonnier ancien, ayant alors reçu une lettre en retour prenant aimablement acte de sa décision. Un autographe de Brad repose donc dans les archives de la mairie de Correns. La gentille adjointe me précise que l'ancien maire a bien été convié à dîner un soir à Miraval. Le couple lui a offert une caisse de vin rosé en apprenant qu'il s'était occupé d'une ONG au Congo pour la réhabilitation des enfants soldats, mais la rencontre, quoique prometteuse, n'a pas eu de suite. « Nous n'avons aucun reproche à leur faire, mais ce sont des gens qui vivent sur une autre planète que nous », conclut Nicole en rajustant l'écharpe tricolore de la petite présidente du conseil municipal des enfants qui se prépare pour la célébration. La cause m'a paru perdue, et je n'ai plus insisté.

Ensuite, la célébration du 8 Mai s'est très bien déroulée : lecture d'une lettre de la ministre des Anciens combattants, dépôt de gerbe devant le monument aux morts, minute de silence, salut au drapeau par des anciens d'Algérie ; toutes les guerres se valent, en somme. Le directeur de l'école, un beau gosse sympathique, a fait chanter *La Marseillaise* aux enfants avec un refrain de Leonard Cohen et un autre de sa composition. Et puis il y a eu un petit verre de l'amitié avec les gens du village. On entendait le flot de l'Argens qui roulait sous le pont, le vent dans les arbres, les premiers grondements d'un orage menaçant, et moi, je pensais encore à Brad dans *Fury*, ce formidable film de guerre où il meurt aux commandes d'un char américain en avril 1945. Les images terrifiantes des dernières heures de l'apocalypse en Allemagne se superposaient à celles de cette cérémonie bon enfant d'une douce France si fragile. Mais bon, je n'allais pas gâcher la fête en reparlant de Brad. Nicole a été parfaite avec un mot pour chacun, la gentille adjointe m'a cité, des dames m'ont dit qu'elles regrettaient de ne plus me voir à la télévision. Au troisième verre de blanc accompagnant la tapenade, on était tous un peu partis et il était temps de s'en aller pour de bon, mon fils et moi.

Juste au-dessus de Correns, au pied des monts du Bessillon, on peut faire une belle balade au long du vallon Sourn. Les noms méconnus d'une Provence secrète. L'Argens y coule entre de hautes falaises de calcaire. C'est donc un petit fleuve mais il est capricieux, son cours alterne des cascades avec des étendues d'eaux plus dormantes, bercées de plages de sable fréquentées l'été par les familles du village qui viennent se baigner. Jacques Rozier y a tourné un délicieux court-métrage dans les années cinquante : un gamin fait l'école buissonnière en nageant dans le fleuve au milieu des truites et des orvets, sans regrets pour la cloche de la communale qu'il n'entend plus, son cartable et ses cahiers délavés à force d'avoir été mouillés. Des aigles nichent dans les falaises, des canards sauvages volent au-dessus du fleuve, la végétation est luxuriante sur les rives, on est saisi par la beauté d'une nature intacte. Le vallon Sourn et son fleuve ne peuvent sans doute pas rivaliser avec le Montana d'*Et au milieu coule une rivière*, le magnifique film de Robert Redford, et je n'ai pas rencontré de pêcheur à la mouche qui ressemblerait à Brad ou à son frère, mais je n'ai pu m'empêcher d'imaginer qu'il a dû venir dans cet endroit qui lui rappelait certainement de très bons souvenirs avant de prendre la décision d'acheter Miraval.

Brad est comme Cadet Rousselle, il a trois maisons aux États-Unis, peut-être plus. À Springfield près de ses parents, sur les hauteurs de Hollywood, sur la plage de Malibu. Il va de l'une à l'autre. Il les a décorées selon ses goûts pour l'architecture et le design, en fabriquant certains meubles de ses propres mains, avec une préférence marquée pour le style *craftsman* des anciennes maisons américaines, telles qu'on les voit dans les films, avec le rocking-chair sous la véranda et des vieux à bretelles et robes à fleurs qui prennent le frais. Pierre et bois, cheminée, un seul étage, mais modèle nettement agrandi et amélioré, évidemment. Adresses connues des seuls initiés, abords sécurisés, il faut montrer patte blanche pour y accéder. Il lui arrive aussi de dormir ailleurs, lorsque les papillons noirs viennent le tourmenter. Chez son pote David Fincher, par exemple, où il se contente d'un futon à même le sol et refuse tout autre accommodement. Pour quelques jours, parfois des semaines entières, avec des livres, son ordinateur, son téléphone portable, la douche sur le palier. David

Fincher a l'habitude, il lui fiche la paix tout en restant disponible pour lui lorsqu'il sort de sa cellule.

Cependant, Brad adore Miraval, la bastide enchantée du moine-soldat. En plus de tout l'argent qu'il y a dépensé, il y a aussi investi un temps et une énergie considérables, depuis près de vingt ans. Miraval est une réussite, mais c'est aussi un projet d'avenir qu'il compte poursuivre envers et contre tout. Le climat de la Provence n'est pas très différent de celui de la Californie, la nature intacte et l'arrière-pays intouché lui rappellent les Ozarks. Il retrouve dans la quiétude du Midi celle de Springfield, mais sans le conformisme pesant qu'il a voulu fuir. Voici la terre étrangère dont il a longtemps rêvé. Celle de ses meilleurs souvenirs d'enfance et d'un ailleurs idéal. Et puis, c'est en France, l'autre pays qu'il a toujours apprécié et dont il a un peu appris la langue. Tout ne fonctionne pas aussi bien qu'aux États-Unis, mais ces défauts ne le gênent pas, tant lui pèsent la violence et la brutalité américaines. En France, on s'intéresse aussi à lui, mais on le laisse à peu près tranquille. En aménageant l'intérieur de la bastide pour y faire entrer encore plus cette lumière de la Méditerranée qui fut à l'origine de l'essor de Hollywood, mais qui est désormais menacée par le smog et la pollution, en redessinant les chambres, en concevant les allées, la piscine, les terrains de jeux pour que les enfants y soient heureux, Brad a voulu créer une maison de famille à l'épreuve du temps. La belle demeure enchantée où ils pourraient tous se retrouver aux différents âges de la vie, un lien indéchirable malgré la distance inévitable qui séparerait leurs existences, le lieu immuable et privilégié dont ils chériraient toujours la mémoire. Ils y ont ainsi connu de grandes joies tous ensemble. Les baignades, les pique-niques, les balades en quad et à bicyclette, les siestes à l'ombre, dans la chaleur de l'été et le chant des cigales. L'observation des étoiles filantes durant les nuits du mois d'août, les vendanges en septembre, les sarments de vigne qui flambent dans la cheminée quand vient l'automne, les films que l'on regarde sur un grand écran pendant les soirées d'hiver, le retour des hirondelles au printemps, la chienne de berger qui a eu des petits d'un vagabond inconnu et le petit marcassin, orphelin, perdu et adopté, fidèle comme un toutou.

Un épisode parmi d'autres a passionné tout le petit monde de Miraval : la recherche d'un trésor enfoui quelque part dans la bâtisse. Un des artisans chargés des travaux de restauration a persuadé Brad de l'existence d'une cassette mystérieuse remplie de pièces d'or. En France, c'est bien connu, il y a toujours un trésor caché dans les vieilles demeures. Brad a donc fait l'acquisition d'une sorte de radar ultra-perfectionné, capable de renifler au plus profond des murs, sous les pavements, sous les cintres du grenier. On s'est excités pendant plusieurs semaines en compulsant de vieux grimoires dans la bibliothèque. Mais en vain. Le radar était sans doute enrhumé, ou il n'y avait tout simplement pas de trésor. Déception légère : les enfants aiment les belles histoires et, finalement, le vrai trésor ce fut d'avoir cru à son existence et d'avoir mené une enquête fiévreuse où chacun pensait avoir trouvé une piste. Ce ne sont bien sûr que des moments égrenés au fil des saisons et qui ne durent jamais très longtemps, car, entre les études des enfants, les visites à Springfield, les sports d'hiver, les voyages incessants de Brad et d'Angelina pour les tournages de films, la famille reste surtout ancrée à Los Angeles. Emmener toute la tribu demande aussi un rude effort d'organisation, avec les nounous, les secrétaires, les gardes du corps et les professeurs particuliers. Brad s'occupe de tout jusque dans les détails, il veille à ce que les enfants continuent à s'instruire et à suivre des cycles scolaires quasi normaux malgré les déplacements à Miraval et ailleurs. Là où ça se complique aussi un peu, c'est lorsque Zahara veut apprendre l'éthiopien, Maddox, le chinois, et Shiloh, l'espagnol.

On ne sait pas si Angelina a aimé Miraval. Les péripéties et les rebondissements hystériquement médiatisés du divorce, les griefs réels ou inventés à l'encontre de Brad, la vente vengeresse de ses parts du domaine à l'oligarque russe n'ont pas permis de déterminer le montant exact de sa contribution à l'achat du domaine et aux énormes investissements engagés par son ex-mari. Il existe beaucoup de photos de Brad et des enfants à Miraval et très peu d'Angelina, mais c'était peut-être elle qui tenait le Minolta. En revanche, c'est bien à Miraval qu'elle a tourné le voluptueux spot publicitaire pour *Mon Guerlain* – qui passe encore fréquemment à la télévision –, avec une équipe précisément au parfum de ce genre de performances ultra-sophistiquées et pour un budget certainement pharaonique. Atmosphère délicatement sensuelle, déambulation à la royale dans la bastide et le long des vignes, lavande à profusion, lumière caressante sur les tatouages. Pourtant, malgré l'hommage indirect rendu par *Mon Guerlain* à l'œuvre de Brad, Angelina n'y a pas joué à la châtelaine pour des revues de décoration ultra-snobs destinées à un public choisi de milliardaires mûrissantes et toujours impeccables, à la recherche d'une touche de style provençal à l'ancienne pour leurs modestes villas de vingt-cinq pièces à Palm Beach ; ni pour des magazines féminins où le thème de la star toute simple, évoquant de manière émouvante, au sein de son intérieur raffiné, le sort malheureux des enfants affamés du tiers-monde, fait toujours un tabac dans les salons de coiffure du Middle West. Le fait est qu'elle s'est manifestement éloignée sans regret de Miraval, jeté à la corbeille avec tout le reste de la *Brangelina story.*

Il y a eu aussi un moment à marquer d'une pierre blanche. Un moment très : « Tout était en l'air au château de Fleurville. [...] Les vacances étaient tout près de leur fin, les enfants s'aimaient tous de plus en plus » – soit la comtesse de Ségur en Provence. Oui, un moment d'illusion à grand spectacle, le mariage du couple le plus glamour de la presse people, enfin célébré à Miraval, dans la chapelle du domaine, après neuf années d'une relation amoureuse réputée torride, le 23 août 2014. En tout petit comité, avec les parents de Brad, Jane et Bill, son frère Doug, sa sœur Julie et sa progéniture, un juge californien chargé de recueillir les consentements, le joaillier Robert Procop qui a serti de diamants les alliances. Tous arrivés dans un avion privé, affrété par la maison de production de Brad. Et les six enfants du couple, bien sûr, autodéclarés maîtres de cérémonie. Mais Jon Voight, le père d'Angelina, son frère, James, n'ont pas fait le déplacement. En revanche, Brad a eu un beau geste de plus en faisant inscrire dans la chapelle une plaque au nom de Marcheline Bertrand, la mère adorée d'Angelina, emportée par un cancer sept ans plus tôt. Un photographe est chargé d'immortaliser l'événement. Il travaille pour les magazines *People* et *Hello*, qui ont obtenu l'exclusivité du reportage contre la coquette somme de huit millions de dollars, versée à des organisations d'entraide parrainées par les jeunes mariés. Ça devient une habitude. La naissance de Shiloh, en Namibie, et celle des jumeaux Vivienne et Knox, à Nice, avaient déjà suscité les mêmes gestes de générosité sélective. Mœurs américaines, diront quelques esprits chagrins peu portés sur l'attendrissement charitable qui pourtant se paye toujours d'une manière ou d'une autre, comme chacun sait. Autrement, personne d'autre. On ne signale aucun paparazzi planqué dans les vignes ou survolant le domaine en hélicoptère.

Tout a été organisé dans le plus grand secret par Brad, et jusque dans les moindres détails. Il a voulu ce mariage comme l'accomplissement de son rêve le plus cher : fonder une famille aux yeux de tous ceux dont l'indiscrète curiosité l'oppresse, et surtout à l'égard de sa propre mémoire empreinte de nostalgie, de regrets, d'un sentiment de solitude. La reconnaissance officielle et définitive d'avoir su mener sa vie au but qu'il s'était fixé, la confirmation intime de ne pas s'être trompé de chemin. Angelina l'a laissé faire. Les photos du mariage sont très réussies, charmantes et belles. Elles donnent à voir la joie des enfants, la beauté altière d'Angelina, l'indéchiffrable maîtrise de Brad face à ses émotions. La pudeur d'un homme qui ressent tout et n'avoue jamais. Un truc du Missouri et des baptistes, peut-être : on ne se penche pas sur soi-même, on n'étale pas ce qu'on éprouve, on se définit par ses actes. Ne pas s'y tromper, tout de même, le calme de Brad c'est celui d'un bonheur intense. Il le confiera plus tard: «Je crois n'avoir jamais été aussi heureux de toute mon existence.» Maddox et Pax conduisent leur mère à la chapelle, Zahara et Vivienne répandent des pétales de roses, Shiloh et Knox sont chargés des alliances. Les garçons sont habillés comme des messieurs, les filles portent de jolies tenues fantaisie, sauf Shiloh, extraordinaire réplique de la beauté de son père et qui se revendique petit gars, en short noir et chemise blanche avec cravate. Brad porte un costume sombre, la robe de mariée d'Angelina signée Luigi Massi, de l'atelier Versace, est constellée de dessins imprimés par les enfants. L'idée est amusante, le résultat plaisant, et toute la cérémonie est à l'avenant, à la fois chic et joyeuse. On entend presque les rires des enfants, leur animation allègre, cette fête est bien aussi donnée pour eux. On imagine la fièvre des préparatifs, l'atmosphère euphorique de petits secrets et de surprises, le temps passé à dessiner les motifs de la robe, les discussions pour la répartition des rôles à tenir. Tout se déroule comme un vrai mariage puisque c'en est un, les enfants intimidés et fous de joie, l'instant de gravité lors de l'échange des consentements et des alliances, le baiser fougueux des amoureux aux yeux clos, la photo de famille, tous assis dans l'escalier de la bastide, Brad posant son bras sur celui de Shiloh comme pour dissiper un souffle inattendu d'inquiétude fugace. Dîner à l'italienne avec des pâtes *al dente*, des fruits de mer et le rosé de Miraval, la pièce montée cuisinée par les enfants sous la supervision de leur grand-mère Jane, le petit discours en forme de déclaration d'amour de Brad. La nuit est tombée, on s'endort tous si heureux, la fête ne finira jamais.

D'où vient que je peux aussi regarder ces images avec une certaine indifférence ? Ce n'est pas une affaire d'envie de ma part, je ne convoite pas le bonheur des autres et je ne suis pas jaloux de sentiments qu'ils n'éprouvent pas pour moi, puisqu'ils ne me connaissent pas et ignorent tout de moi. L'histoire des gens heureux n'est pas mon histoire, elle me renvoie seulement à ce que je n'ai pas su obtenir de l'existence. Et puis, je ne suis jamais sûr de rien, les apparences dissimulent peut-être un piège dans lequel je ne veux pas tomber non plus. Brad et Angelina se sont séparés deux ans plus tard, il ne s'en est pas vraiment remis, le divorce se passe très mal. Les enfants grandissent et sont désemparés. Il ne faut pas se réjouir de ce que l'on ne sait pas.

Xanadu en Provence, mais où est caché le Rosebud ?

Chapitre 8

Un homme en fuite

« J'ai des bicyclettes avec des antivols partout dans le monde. Quand je dois partir, je trouve une bonne cache et je mets l'antivol. J'imagine que je la retrouverai si je reviens. J'ai des bicyclettes à Amsterdam, au Canada, en Oregon, à New York et à Las Vegas. J'ai toutes les clés sur une chaîne. »

The Spectator

Bullet Train, le film des papillons noirs. Il a été vendu en plein mois d'août par Brad et ses acolytes comme une comédie policière déjantée, au cours d'une campagne de promotion ébouriffante entre Paris et Berlin, assortie de pitreries sympathiques, rameutant des foules de fans surexcités et une avalanche de reportages télé. L'opération marketing survient deux mois après le pilonnage ahurissant de Tom Cruise et de son *Top Gun : Maverick* sur le Festival de Cannes, avec la patrouille de France toutes ailes déployées en demoiselles d'honneur, et sur un panel démesuré d'admirateurs flagorneurs et de médias décérébrés. Du travail à l'américaine dans les deux cas, efficace, mobilisant de gros moyens et des attachées de presse intraitables, qui ne négligent aucun détail, mais aussi conforme à l'ancienne rivalité toujours active entre celui qui ne croit pas en Dieu et n'appartient à personne et le *pontifex maximus* de la scientologie, droit dans ses bottes de pilote prophétique. Les critiques de mauvaise humeur sont heureusement partis en vacances, sans doute pour revisionner l'intégrale des films de Marguerite Duras, et Brad l'emporte à l'applaudimètre des journalistes de l'été, enchantés de le rencontrer toujours aussi charmeur dans des séances d'interviews pourtant soigneusement millimétrées, tandis que Tom bénéficie d'une avance irrattrapable au box-office. Enfin, c'est un combat dans la stratosphère où le seul vrai gagnant est encore le cinéma de Hollywood et la machine à produire des blockbusters.

Pendant ce temps, une autre super-production se déroule sur les réseaux sociaux, où Angelina Jolie occupe le terrain en permanence : hyper-maman moderne et aimante veillant sur ses six enfants dès qu'ils mettent un pied dehors et jouant avec le sourire la comédie du bonheur familial en célibataire, à l'abri de son voyou d'ex-mari qui persiste à faire le mariol avec ses potes. Encore un exercice de perfection automatique, mais chacun de ces trois films raconte en vérité une autre histoire à la dureté impitoyable : *Top Gun* ou l'« *America First* » de Donald Trump, débarrassée des fantasmes gays de la première version qui avaient fait ricaner Tarantino, *Bullet Train* ou l'exercice d'autopersuasion affirmant que la seule victoire en amour est de s'en foutre et de s'enfuir en tirant sur tout ce qui bouge, « Angelina sur les réseaux sociaux » ou la version trash d'un divorce à l'américaine: «J'ai pris les gosses, un maximum de fric, il ne me reste qu'à fourguer mes parts de Miraval pour le faire chier un maximum.»

Au demeurant, *Bullet Train* est plutôt divertissant. La mécanique est simple. On pourrait dire qu'elle applique rigoureusement les règles des tragédies classiques, si on ne craignait pas de pousser le bouchon un peu loin du best-seller japonais à l'origine du scénario – lui-même cuisiné à la sauce mangas en folie. Unité de lieu dans le Shinkansen, le fameux train ultra-rapide qui relie Tokyo à Kyoto et renvoie notre TGV sur la voie de garage des tortillards de banlieue, orgueil de la technologie nippone transformé en caisson sensoriel roulant pour une bande de pantins multicolores dépensant toute leur énergie et leur faible contingent de neurones à tenter de s'entre-tuer. Unité d'action dans la mesure où leurs mauvaises intentions les incitent tous à s'emparer d'une mallette mystérieuse qui contiendrait une fortune en yens ou en dollars. Unité de temps, celui du parcours qu'emprunte la sarabande infernale piégée par les horaires à l'exactitude justement réputée des chemins de fer japonais, soit deux heures Fujiyama compris, traversant donc à toute berzingue une métropole tentaculaire où la science-fiction, c'est aujourd'hui. Brad surjoue le *fun*, tendance délire, en tueur imbécile et maladroit, selon un de ses accès de plus en plus fréquents d'autodérision masochiste qui n'augure au fond rien de bon sur l'état véritable de son moral. Assumant la mission impossible de s'emparer de la fameuse mallette – confiée par un mystérieux officier-traitant, une voix féminine sur son téléphone portable indifférente à ses moments de panique – et de la garder, Brad se révèle évidemment beaucoup moins stupide et empoté que prévu. Rira bien qui rira le dernier, en somme. On pense à Buster Keaton qui pourtant ne riait jamais, à Tati que notre héros a toujours admiré, et aussi bien sûr à certains soucis personnels et matrimoniaux qui n'ont pas cessé de le torturer et sur lesquels il aurait finalement cessé de s'épancher, ce qui n'est pas forcément bon signe non plus. Autour de lui s'agite le jeu de massacre d'une série de bouffons, que l'on croise hélas trop rarement dans la grisaille de nos vies tranquilles, incarnés par une pléiade d'acteurs formidables. Bravo aux magiciens des castings et ola d'honneur pour Brian Tyree Henry, le Black peroxydé dont la balourdise mélancolique ferait fondre les cœurs les plus endurcis, et pour la punaise meurtrière, Joey King, graine de Bette Davis à qui l'on donnerait le bon Dieu sans confession, quand elle ne songe qu'à vous envoyer le retrouver au plus vite. Et en prime deux caméos réjouissants, le beau gosse Channing Tatum, plus qu'au bord du coming out, et la chiquissime Sandra Bullock en manipulatrice secrète de tout le tintouin. Un renvoi d'ascenseur, puisque Brad faisait lui-même un an plus tôt le caméo dans *Le Secret de la cité perdue*, où le couple improbable du Musclor et de la princesse de Hollywood décrocha une timbale imprévue au box-office. Avec cette réplique bienvenue de Sandra à Brad : « Mais comment faites-vous pour être encore aussi beau ? » On comprendra qu'ils aient du mal à se perdre de vue. Pour résumer, *Bullet Train* est un film qui fonce et que l'on regarde hypnotisé comme le lapin devant les phares de la voiture. On n'y comprend pas grand-chose, mais il y a une sacrée ambiance, des dialogues rigolos, un sadisme léger pour public des familles, un Niagara de cascades et la confirmation inespérée que les trains, même japonais, sont faits pour dérailler. Et Brad à la manœuvre avec cette élégance inouïe qui le caractérise et le rend insaisissable.

Et puis on oublie très vite, il ne reste que la sensation vague d'une distraction agréable mais fugace qui s'estompe bientôt, pour ne laisser qu'une impression de vide. David Leitch, le pote cascadeur de Brad depuis *Fight Club*, il y a une vingtaine d'années, l'entraîneur de ses performances physiques sous les murs de Troie et dès qu'il y a une bagarre en perspective comme dans *Mr. et Mrs. Smith*, est certainement devenu un as de la réalisation survoltée et des carambolages pour rire. Il a appris sur le tas, il a tout bien retenu et il s'est aussi sans doute montré, en privé, comme on dit, un ami fidèle et discret, silencieux quand le vacarme est trop fort, et sachant plaisanter lorsque la lumière se rallume, mais dans un clip de deux heures super nourrissant en émotions fortes. Le second degré, pour lui, ne va pas au-delà de la blague à rallonges du potache surdoué. Il connaît certainement par cœur la filmographie de Brad, mais on se demande ce qu'il a retenu des obsessions morbides et terrifiantes de David Fincher, des délires labyrinthiques de Terry Gilliam, de la bizarrerie ravageuse des frères Coen, de la violence jubilatoire de Quentin Tarantino, du je-m'en-foutisme dragueur de Guy Ritchie, de la grâce poétique et lyrique de James Gray, de la solitude inquiète et altière de Terrence Malick et du talent original de tant d'autres réalisateurs qui ont trouvé en Brad l'interprète idéal de leurs névroses. Brad, le seul capable de les imposer aux mastodontes bornés des grands studios et de les incarner dans des films qui n'auraient sans doute pas existé sans lui. Sans parler de tous les films qu'il a produits, dont personne ne voulait et qui ont fait sauter le box-office, raflé les plus prestigieuses récompenses : les Oscars pour *Ten Years a Slave* et *Moonlight*, la Palme d'or pour *L'Arbre de vie*, etc. Mais bon, tout cela ne pèse plus très lourd, le projet de *Bullet Train* est différent, il s'agit de se marrer un bon coup dans le magasin de jouets et de le dévaliser en tirant des pétards et des feux d'artifice. En fait, David Leitch n'est qu'un complice, c'est évidemment Brad qui a tout décidé, le gamin à la jeunesse perpétuelle qui vient de faire semblant de tracer un trait sur son passé, le gosse qui s'enfuit dans un parc d'attractions puisqu'il ne peut plus rentrer à la maison où on lui a fracassé tous ses rêves. Quelque chose comme le Belmondo de *L'As des as* et du *Guignolo*, rigolade et cascades : à quoi bon se souvenir de Godard et Melville, Truffaut et de Broca, Chabrol et Louis Malle, des merveilleux Italiens des années soixante ? Par ici, la sortie. Et pourtant, Bébel, c'était aussi un type formidable, gentil et bienveillant, attentif aux autres, aimant ses enfants qui le lui rendaient bien, la politesse du rire et libre comme l'air. Comme Brad, en somme.

Il n'y a pas grand-chose à retenir des interviews et des reportages auxquels il s'est livré pour la promotion du film. Des détails techniques : les tournages en pleine pandémie avec les complications que l'on imagine, le Japon filmé en transparence dans un faux train de studio, la mise au point des cabrioles spectaculaires et dangereuses, avec éventuellement, pour les journalistes français, un ton un peu plus familier et un clin d'œil affectueux à notre pays et au Midi, mais attention, Miraval zone dangereuse, à éviter, pas de questions personnelles. Les journalistes ont été bien chapitrés, et puis ils n'en demandaient pas tant. Rien, donc. Ah si, quand même, dans un recoin d'Internet, une visite surprise avec David Leitch dans une boutique de vidéos à Paris. Le contrôle s'est un peu allégé, vingt minutes d'une discussion cinéphile avec le patron du magasin qui n'en revient pas. On explore les rayons, classiques français ou italiens, Bruce Lee, séries B américaines, florilège de stars légendaires et réalisateurs plus ou moins méconnus. On se croirait dans le hall d'une salle du Quartier latin entre les séances, dans les années d'avant Netflix, en compagnie de quelques sympathiques rats de cinémathèque qui possèdent leur Howard Hawks et leur Godard sur le bout des doigts. Il s'agit bien du Brad que ses amis intimes et les équipes de tournage adorent, si naturel, si courtois, si aimable. Il se dit aussi tant de choses quand on parle d'autre chose, et surtout des films que l'on aime. Mais pendant ce temps, le show Angelina passe toujours en boucle sur les réseaux sociaux, comme une vrille infernale dans un chantier de démolition.

De toute façon, les interviews de Brad pour la presse ou la télévision sont en général des modèles perfectionnés en stratégie d'évitement. Il lui a d'ailleurs fallu beaucoup de temps pour maîtriser ce genre d'exercice, en plusieurs étapes. Mais le jeu a ses limites. Brad est peut-être insaisissable, mais il n'est pas indéchiffrable, et la fuite sans fin ne va plus sans sorties de route. Flashback sur ses débuts et ses premières apparitions télé sur des petites chaînes californiennes – principalement regardées par des *teenagers* au quotient intellectuel indiscernable. Avec ou sans public. Atmosphère de rigolade obligatoire et chroniqueuses insinuantes et vulgaires tapinant sur les trottoirs de la presse people. Avec sa gueule d'ange, son accent Middle West et sa dégaine de jeune plouc à peine débarqué de Springfield, Missouri, Brad peut cocher plusieurs cases : mignon pour séries de l'après-midi, graine de star ou escort à l'usage de célébrités sur le retour. Un autre Johnny Depp, version gendre idéal ou *Macadam Cowboy* égaré sur Hollywood Boulevard ? Avenir incertain. Tout est possible, d'autant plus que Brad sort beaucoup le soir dans des endroits branchés avec plein de filles différentes et qu'il s'est fait très vite un petit nom, à force d'enquiller les figurations avec quelques lignes de texte. Il y a des photos de lui partout, les saintes-nitouches hypocrites et perverses voudraient en savoir plus. Peine perdue, il prend bien la lumière mais il refuse de répondre aux questions indiscrètes et affiche un sourire exaspérant de fausse candeur et d'insolence qui plombe l'atmosphère de ce genre de programmes. On lui fait, dans ces milieux carburant à la gaieté factice et aux confidences imaginaires et croustillantes, la réputation d'être un jeune sauvage rustique et difficile à manier, quoique plutôt excitant à regarder. Le souvenir de James Dean, une fois de plus, qui ricanait ou bâillait ostensiblement quand les questions lui cassaient les pieds. En mode mineur, évidemment, il n'a pas encore fait ses preuves, les beaux gosses se ramassent à la pelle aux portes des studios de télé et dans les tabloïds pour illettrés. Alors tant pis pour lui s'il ne comprend pas les règles du jeu, les pigistes lâchent prise, qu'il reste dans son coin. Il a tiré la mauvaise carte et il n'y a pas de raison pour que ça s'arrange et qu'il se comporte autrement. Le pli a été pris, il restera tel qu'en lui-même, aimable et méfiant, charmeur et distant. On ne sait pas que ça vient de très loin et, lui-même, il ne le sait pas encore.

Mais le scénario des rendez-vous ratés n'est pas figé et l'intrigue ne tarde pas à progresser. Lorsque sa carrière décolle et s'envole à une hauteur sidérale, finalement très vite, quand la marque indélébile qu'il imprime sur ses rôles et sur ses films fait de lui la super-sensation persistante de la ménagerie hollywoodienne, le cannibalisme des médias reprend de plus belle et change aussi de nature. On brode encore à l'infini à partir des bribes de micros-trottoirs glanées durant des premières ou des cérémonies plus ou moins glamoureuses, où le monde du cinéma se contemple lui-même, mais on lui délègue aussi des journalistes plus habiles et perspicaces. Émissions à grande audience et couvertures de magazines de prestige avec des articles de fond sur plusieurs pages. Brad, qui a toujours très bien mesuré l'importance des médias, malgré des premières expériences décevantes, et qui ne méprise personne a priori, essaye de se montrer un peu plus coopératif avec ceux qu'il a repérés comme étant attentifs et talentueux. Pas encore totalement confiant mais suffisamment disponible pour leur donner au moins un peu de ce qu'ils voudraient lui arracher. Sympa avec les mecs, délicieux avec les filles, d'une politesse parfaite avec tous. Et jamais vraiment là où on le cherche. *Positive attitude*, donc, et notable embellie sur le front d'une bonne centaine d'interviews télé. Ses entretiens avec Oprah Winfrey, par exemple, sont des modèles du genre. La star absolue des talk-shows pratique avec une redoutable intelligence la conversation amicale, en faux direct, devant un public à sa dévotion, et elle peut s'avérer très dangereuse. Son empathie et sa gaieté débordante de *black mama* hyper-sophistiquée font baisser la garde des célébrités les plus prudentes, et son *effusive* complicité les entraîne parfois dans des attitudes et des propos qu'on ne leur connaissait pas. Oprah, c'est la pente savonneuse de la société du spectacle, le piège assuré des confessions cathodiques, la dure-à-cuire de l'audimat qui balance dans l'Amérique profonde un cocktail enivrant de révélations intimes et d'attendrissement plus ou moins sincère. Et pourtant, avec Brad, elle a trouvé son maître. En une heure d'entretien, toutes ses tentatives pour le faire sortir de la franche bonne humeur qu'elle a imposée au début pour mieux trouver la faille émotive, où il se découvrirait enfin, se heurtent à des reparties à la fois lunaires et rigolotes qui la renvoient dans les cordes et l'accrochent à son prompteur. Il la sent venir, déjoue ses tentatives pour le déstabiliser, prend rapidement l'initiative des questions et des réponses. Il lui déclare sa flamme, se moque gentiment d'elle, cite de mémoire ses best-sellers, emballe le public, sans jamais se départir de sa gaieté et d'une sorte de gaminerie de brave garçon un peu rustaud qui la met en valeur sans lui accorder aucun avantage. C'est un match excitant, où elle a finalement l'intuition de s'avouer vaincue et bonne perdante. Il y en aura d'autres avec des intervieweurs de choc, toujours aussi amusants à suivre, où c'est lui qui tient encore la dragée haute. À l'exception tout de même d'une séquence ahurissante avec Raphaël

Mezrahi, où il semble complètement perdu devant le comportement surréaliste de son sympathique questionneur. Les attachées de presse n'ont pas fait leur boulot, elles auraient dû l'avertir du style passablement décalé du faux journaliste et poétique amuseur. On sent qu'il hésite à partir mais quelque chose le retient, malgré les invraisemblables silences de son vis-à-vis : la bizarrerie de la situation à laquelle il n'était pas du tout préparé mais qui l'intrigue quand même, le malaise qui s'installe et dont il n'a pas l'habitude, une expérience totalement insolite dont il est curieux de connaître la fin. Regards hors champ, rire nerveux, Brad n'a jamais vu l'interview de Françoise Sagan par Pierre Desproges.

La relation désormais plus décontractée de Brad vis-à-vis de la télévision lui permet aussi de faire passer des messages sur des sujets auxquels il tient : on le voit à New York, en hiver, distribuer des colis aux SDF pour des organisations caritatives, collecter personnellement des fonds au bénéfice de la recherche sur le sida, arpenter au Pakistan des camps où s'entassent les victimes des tremblements de terre et des inondations. L'exemple le plus probant d'une attitude plus offensive à l'égard des médias : son action pour venir en aide aux habitants de La Nouvelle-Orléans après le raz de marée qui a emporté des quartiers entiers. Brad a nettement contribué à secouer les autorités locales dans leur incurie et à obliger l'administration Bush à sortir de son indifférence. Il est même allé bien au-delà du rôle d'un lanceur d'alerte, en finançant la construction d'un ensemble de maisons à l'épreuve d'un nouveau cataclysme pour les sans-abri. On sait qu'il s'est toujours passionné pour l'architecture mais son initiative, qu'il a en partie dessinée et qui lui a coûté une fortune, s'est malheureusement soldée par une sérieuse déconvenue. Des malfaçons ont rongé les constructions, et il a fallu s'y reprendre à plusieurs reprises pour remettre les maisons d'aplomb. Plaintes des mal-logés, critiques, polémiques, pour les roquets de la calomnie, l'occasion était trop belle de se payer une célébrité. Au cours de plusieurs talk-shows plutôt tendus, Brad ne s'est pas défaussé de ses responsabilités sur les conducteurs des travaux et les entreprises comme d'autres que lui ne s'en seraient pas privés, quand ils n'auraient simplement pris la tangente. Au contraire, il a fait face bravement à ses détracteurs. Une leçon qu'il a retenue : les opérations humanitaires ne souffrent aucune improvisation, et il ne faut pas s'attendre à en tirer de la reconnaissance. Mais ce n'est pas une raison non plus pour décourager Brad, qui persévère. Nombre de stars, qui adorent les désastres humanitaires, les orphelins et les femmes violentées, s'adonnent au *charity business*, devant des caméras de télévision, mais c'est en général beaucoup de frime pour leur publicité personnelle, et l'intendance a du mal à suivre. On est loin de l'exemple d'Audrey Hepburn pilotant elle-même des camions dans l'enfer du Soudan pour apporter des vivres et des médicaments à des populations misérables, et qui n'hésitait pas à dire leurs quatre vérités à des chefs d'État, au détriment de sa santé minée par un cancer. Brad appartient à cette espèce rare, son engagement est réel et sa sincérité, évidente. Il se sert donc alors de la télévision comme d'une arme. Audrey s'exprimait avec une douceur indignée, Brad pratique plutôt un humour corrosif ; dans un cas comme dans l'autre, les résultats sont tangibles. Il suffit de l'entendre raconter le choc qu'il a subi, dans un pays d'Afrique ravagé par une de ces guerres auxquelles on ne comprend rien, en rencontrant une mère qui avait perdu toute sa famille mais qui parvenait encore à rire et à garder son espoir dans la vie, pour sentir à quel point il est sensible au malheur des plus démunis et des victimes comme au courage dont ils font preuve. Le spectacle de la bienfaisance n'est pas pour lui, il défend d'autres valeurs et il ne craint plus d'en faire état dans les médias.

Autre registre, mais pas si différent que ça, et toujours avec le même objectif de secouer le cocotier pour que se réveillent ceux qui dorment encore: le sketch désopilant où il imite le Dr Anthony Fauci, sommité médicale bombardée conseiller santé de Donald Trump pendant l'épidémie de la covid. L'infortuné praticien se comporte durant les conférences de presse à la Maison-Blanche comme l'infirmier d'un fou délirant qu'il ne faut surtout pas contredire, en arborant un perpétuel sourire indulgent. Il avale donc une couleuvre après l'autre pendant que ce bouffon de Donald aligne les déclarations aberrantes et les mensonges absurdes: «Le vaccin est pour bientôt, on peut se faire tester partout, un miracle va survenir, on devrait essayer de s'injecter de l'eau de Javel pour occire ce satané virus, etc.» Vu la carrière et l'expérience reconnue du bon docteur, il n'est pas difficile de deviner qu'il vit un véritable supplice et qu'il reste près de son patient à écouter ses dangereuses fariboles pour éviter le pire quand on s'oriente déjà vers les 500 000 morts. Mandaté par la mystérieuse Coronavirus Task Force, un Brad méconnaissable et s'exprimant sur un ton doucereux imite Fauci à la perfection, et fait parler le médecin qui ne parle pas pour qu'il livre enfin le fond de sa pensée. Le discours précis mais désabusé de Brad-Fauci est entrecoupé d'extraits des déclarations tonitruantes de super-Donald. Un petit chef-d'œuvre de parodie et d'humour noir, une performance qui tient de *Hellzapoppin'* et de Groucho Marx s'il avait fumé autre chose que son sempiternel cigare. Ça passera sur le « Saturday Night Live », le programme de divertissement le plus populaire, et en boucle durant plusieurs semaines sur les réseaux sociaux. Très efficace pour déciller les yeux de ceux qui n'auraient pas encore compris que le président des États-Unis est dingue et qu'il se contrefiche du sort des victimes de l'épidémie. À la fin des sketchs, bas les masques ! Brad enlève sa perruque et s'adresse gravement au public. Il sait que la bêtise et la folie ont encore une bonne réserve de grain à moudre.

Avec la presse, ça finit donc aussi par s'arranger. Il n'appelle plus son père au téléphone comme à ses débuts, ligne directe Springfield-Los Angeles, combiné dans un drugstore avec les pièces d'un *quarter* qui tintinnabulent, pour ne pas oublier que ça coûte cher et qu'il faut parler bref : « Dad, j'en ai marre de toute cette foutaise de journalistes qui fouillent dans mes affaires et écrivent de la merde. » Réponse de Bill : « Arrête, si tu en as marre, et reviens à la maison, tu feras autre chose ! » Dans le registre des encouragements, il aurait pu trouver mieux. Brad a bien compris que ses parents vivent décidément dans un autre monde et qu'il va lui falloir se débrouiller seul avec des scribouillards dont l'imagination est sans limite. Il a pris le parti d'en rire et régale ses potes de ses lectures et de ses découvertes :

« J'ai donné mon sperme à des lesbiennes qui voulaient faire un garçon comme moi sans être obligées de coucher et, variante intéressante, je l'ai aussi donné à des couples homos, c'était logique puisque tout le monde sait que je suis gay et que j'ai baisé avec tous les pédés qui pouvaient m'aider dans ma carrière. » « Je suis ignorant et stupide, je ne comprends rien à rien, je suis comme Reagan, j'ai trois livres chez moi mais je n'ai pas fini de les colorier. » « J'ai proposé à Oprah de coucher avec moi pour passer dans son émission, mais elle m'a répondu que ça ne l'intéressait pas. » « Je suis radin, alcoolo, drogué, je passe des heures au lit à regarder des trucs débiles à la télé. » « J'ai des pratiques bizarres avec les femmes, au lit je ne suis pas une affaire. » « Je laisse traîner mes chaussettes et mes slips par terre. » « J'ai filé de la coke à mon clebs. »

Il y a des trucs rigolos et d'autres qui le sont moins, les tabloïds de caniveau ne sont jamais en panne d'inspiration. Brad a décidé de ne pas répondre, une fois pour toutes. Mais ça se complique quand même lorsqu'il sort un soir avec une fille qui avait jusque-là échappé aux radars. C'est une nouvelle tartine qui recommence. Brad est un gentleman, il ne s'affiche jamais avec une inconnue sans la prévenir des menaces qui planent sur elle et il prend des précautions infinies pour préserver celles qui ont accepté de prendre le risque d'être vues et photographiées avec lui. Mais aucune protection n'est vraiment efficace, et il y a aussi des petites écervelées qui bavardent pour leur publicité personnelle. Mauvaise pioche, elles ne font pas long feu. Tout cela n'est pas très gai, mais le pire serait de s'en plaindre et de remettre une pièce dans le juke-box.

En revanche, si Brad est un partenaire en cavale – ou seulement compliqué pour la presse et la télé dès qu'elles s'approchent de sa vie privée d'un peu trop près –, il est un client idéal pour les séances de photo. Il sait qu'elles radiographient ses états d'âme, finalement tout aussi bien que les confidences qu'on tente de lui arracher et qu'il n'accorde pas. Mais il les contrôle aussi très bien avec des photographes qui ont gagné sa confiance. Il accepte ou refuse les situations qu'on lui propose et il les met souvent en scène lui-même. On n'est pas loin de Marilyn Monroe, de James Dean ou de David Bowie, dont les légendes se sont également écrites au travers d'une profusion d'images différentes. Il y en a dans tous les genres et pour toutes les périodes, du beau gosse bien *clean* au semi-voyou destroy, selon les phases qu'il traverse, de la gaieté à la mélancolie en passant par les périodes de dépression sévère. Il n'a pas peur de se montrer angoissé, vulnérable, soumis aux atteintes du temps qui passe et de la jeunesse qui s'enfuit, avant de reparaître lisse, joyeux, en pleine forme. En tout cas, toujours aussi beau malgré son âge et les tourments qu'il affronte. Les photos pour les marques publicitaires n'échappent pas à la règle, c'est encore lui qui dirige. Exemple : la très belle série récente pour la marque de vêtements Brioni, où il apparaît vieilli, fatigué mais encore incroyablement sexy, solide et mélancolique, tellement émouvant, pour tout dire. Et il y en a aussi pour tous les goûts, de la demoiselle soupirante du Minnesota qui échange des posters avec ses copines aux jeunes gars qui s'identifient à lui et ambitionnent de mener leur vie en le prenant comme modèle, sans négliger les homos qui n'ont pas été oubliés dans la distribution générale et se racontent de belles histoires pour tromper leur solitude. Rien d'étonnant non plus si les plus grands photographes s'intéressent à lui, d'Annie Leibovitz à Mario Testino, de Herb Ritts à Andrew MacPherson, et de Mark Seliger à Pavel Antonov. Et si tous les films venaient à être anéantis dans une catastrophe nucléaire, il faut espérer qu'il resterait encore des photos quelque part pour comprendre que Brad fut une icône d'un monde disparu.

Restent les photos qu'il ne peut contrôler, celles prises par des fans à la dérobée ou à la va-vite avec son accord souriant, comme celles prises par des paparazzis particulièrement audacieux et tenaces qui se planquent pendant des heures et multiplient les ruses pour l'attraper. Toutes circulent sur Internet, et il s'en arrange sans faire d'histoires. À une exception près, déjà évoquée mais qui mérite bien d'être rappelée : lors d'une escale amoureuse avec Gwyneth Paltrow à Saint-Barth, le rocher français des Antilles pour les *beautiful people*, à la fin des années quatre-vingt. Oui, Saint-Barth, bien avant que l'afflux des charters de mimiles en tongs et marcel vienne y troubler le sommeil des milliardaires pour piétiner en sanglotant la tombe de Johnny. Le Saint-Barth d'avant, ses hôtels American Express carte Platinum enfouis sous les palmiers, ses plages de sable fin et sa mer d'azur, où ne se croisent que des yachts supersoniques immatriculés dans le Delaware. Un petit malin qui faisait la planche avec son téléobjectif calé sur sa bouée Jeff Koons parvient donc à photographier Brad tout nu, folâtrant en plein soleil avant de vendre ses clichés à prix d'or au magazine *Playgirl*, une filiale de *Playboy* spécialisée cette fois dans les messieurs dévêtus pour un large panel de dames rêveuses, mais pas que. On s'arrache le magazine, la Toile s'emballe aussitôt, et les photos sont instantanément partout. La découverte des attributs naturels de Brad, qui s'avèrent d'un calibre tout à fait raisonnable, déclenche un tsunami planétaire de commentaires variés, certains admiratifs et d'autres plus sarcastiques. Des bars gays affichent les pièces à conviction, une pop-starlette anglaise décroche le tube de sa carrière en entonnant qu'elle n'est pas impressionnée, ce qui confirme que la mauvaise foi n'interdit pas le succès, le groupe de presse de Hugh Hefner, propriétaire de *Playgirl*, se fend d'un communiqué évoquant benoîtement la déontologie du journalisme et le devoir d'informer le public. L'inconscient collectif, allumé par les scènes chaudes de *Thelma et Louise* et toutes les autres séquences de films mettant en valeur le sex-appeal de Brad, tournait sans doute depuis quelques années autour de la question consistant à déterminer s'il était en mesure de tenir des promesses dignes de sa réputation. Quelques lacaniens égarés ou plus perspicaces, il y en a aussi peut-être à Los Angeles, n'hésitant pas à débusquer le lapsus révélateur : faut-il continuer à l'appeler Brad Pitt, si l'on essayait plutôt « Brave Bite » ? Heureusement pour lui, il ne maîtrisait pas encore très bien notre langue et, d'ailleurs, l'atmosphère n'était pas à la plaisanterie. Oui, rage froide du principal intéressé, particulièrement horrifié d'avoir vu Gwyneth Paltrow également prise au piège de ce traquenard, et saisie du magazine. Très vite, mais trop tard. Aujourd'hui, un simple clic et on se retrouve à Saint-Barth sans trop chercher, avec la « surprise » que le syndicat d'initiative de l'île enchantée n'a tout de même pas jugé bon de publier dans ses brochures touristiques. Il en est resté une blessure qui ne s'est jamais tout à fait refermée.

Il existe aussi un autre type de photos dont Brad s'accommode gaiement, celles qui sont produites en appuyant sur les bonnes touches de l'ordinateur par une floraison d'artistes conceptuels amateurs, dopés par l'exemple de la très talentueuse manipulatrice Cindy Sherman. Ils l'installent dans la vie familiale comme un ami de toujours. Brad partage la dinde de Thanksgiving, fête l'anniversaire de la grand-mère, danse à la surboum des voisins avec la blonde moche que personne n'invite, regarde le match de base-ball affalé sur le canapé du salon avec des ados à pop-corn qui l'ignorent et le gros chien poilu de la maison qui aimerait bien récupérer son coussin. C'est souvent extrêmement bien fait et incroyablement réaliste. On se croirait à Springfield ou dans des réunions d'anciens du Columbia College. En tout cas, pas à Hollywood ni dans le cercle argenté de la grosse galette. Ça sent plutôt l'Amérique profonde et ça en dit long sur la place que Brad occupe dans son imaginaire, mais c'est aussi affectueux et sympathique. Accrochés à leur rêve de l'avoir comme meilleur pote, les talentueux internautes échangent leurs découvertes, les publient dans des revues locales, les exposent dans des galeries sans prétention qui ont échappé à l'œil de lynx de Gagosian. Pour l'instant, le marché dort encore et il manque un Andy Warhol en herbe penché sur son ordinateur pour le réveiller. Et tant que l'on ne verra pas Brad au lit avec un de ses cousins virtuels ou en train de déchiqueter une vieille dame à la tronçonneuse électrique avec des tueurs en série racolés dans des faits divers vus à la télé, les virtuoses du copié-collé n'ont aucun souci à se faire.

Enfin, pour obtenir des confidences personnelles de la part de Brad, il faut quand même que les journalistes se lèvent encore tôt, malgré une détente notable à l'égard de ceux qu'il juge fiables et amicaux. Il les traite d'ailleurs avec beaucoup de gentillesse quand il les reçoit chez lui, même s'il y a plusieurs chez lui à Los Angeles, qu'il entrouvre selon une subtile gradation déterminée par l'état de sa confiance, de sa disponibilité et de son moral. Le nec plus ultra étant de se faire admettre dans la maison *craftsman style*, qu'il préfère parce qu'elle stimule son goût pour les arts décoratifs et l'architecture. Le traitement est toujours le même : il embobine les journalistes par son charme, les taquine plaisamment, leur donne l'impression touchante de leur faire partager sa solitude et son intimité. Sympa avec les hommes, gracieux avec les femmes, jamais de familiarités. De toute façon, il y a quelque chose en lui qui intimide, une sorte de barrière secrète que l'on n'ose pas franchir. L'entretien peut durer longtemps, il n'exprime jamais d'impatience, il les laisse repartir sans les avoir chassés mais sans leur avoir rien cédé non plus. Enchantés par son accueil amical, avant de se réveiller à peu près bredouilles et fort marris de s'être fait avoir une fois de plus, lorsqu'ils appuient sur la touche de leur magnétophone qui n'a enregistré que des plaisanteries amusantes et légères, des anecdotes déjà entendues vingt fois, des rires et, finalement, seulement le souffle du vent du désert. Il l'a dit et redit à de nombreuses reprises : « *The truth is I don't want people to know me* » (« La vérité, c'est que je ne veux pas que les gens me connaissent»). Il affirme aussi ne s'être jamais intéressé à la vie privée des acteurs qu'il admire, et il voudrait pouvoir faire appliquer la même règle quand il s'agit de lui. Pourtant, candidats et candidates à l'entretien décisif ne se découragent pas et continuent à tenter leur chance. «Pourquoi tenez-vous tellement à me poser des questions auxquelles je ne répondrai pas ? Passons plutôt un agréable moment ensemble. Puis-je vous servir un verre de cet excellent bordeaux ?» La maison est belle, les fenêtres ouvrent sur le jardin avec des fleurs partout, Jacques le bulldog, qui ne le quitte jamais, émet un grognement ensommeillé en attendant qu'il revienne avec la bouteille, tout est tranquille depuis qu'il a fait planter des arbres qui dissimulent la route où passaient des cars de touristes tentant de l'apercevoir. «Je vais vous faciliter la tâche, racontez ce que je vais vous montrer, les meubles que je fabrique moi-même ou mes projets d'architecture, l'atmosphère et le style de cette maison, par exemple, dites ce que vous voulez sur la manière dont je vis dans un cadre qui me convient et qui me ressemble, et ce sera très bien.» Il y a pourtant des journalistes particulièrement obstinés qui ne se contentent pas du *home sweet home* et qui le suivent à la trace. Telle cette rédactrice en chef d'un grand magazine dont les articles sont repris dans toute la presse américaine. Brad la connaît depuis longtemps, il apprécie ce qu'elle écrit, il l'aime bien et elle le sait. Elle quitte Los Angeles pour le rencontrer à Londres où il s'est enfui entre deux tournages, avec la ferme intention de le pousser dans ses derniers retranchements. Il se montre prévenant et absolument adorable, pas du tout surpris de la retrouver sur son chemin. La capitale britannique est paralysée par des grèves, il l'emmène en Écosse pour visiter les musées d'Édimbourg pendant trois jours. Avion privé dégoté par miracle, Jaguar en location qu'il conduit lui-même en tenant sa gauche, petites routes dans le brouillard, musique à fond, Tom Waits et Rolling Stones, l'aventure. Décalage horaire, chacun sa chambre, correct et régulier, repérage bien arrosé de tous les pubs, musées et tableaux de maître, petits cadeaux de tartans écossais. « Eh bien, voilà, vous avez tout ce qu'il faut pour votre article, on peut continuer jusqu'au loch Ness, si vous voulez, il paraît que le monstre est de sortie. On m'a aussi signalé des châteaux pleins de fantômes. » Elle n'était pas venue pour écrire un guide sur l'Écosse mystérieuse, elle retourne en Californie sans avoir rien appris de ce qu'elle voulait savoir, mais elle n'arrive pas à lui en vouloir non plus car, si l'expérience fut décevante, elle fut aussi bien agréable. « Voyager avec Brad, c'est rigoler tout le temps ; l'interviewer, c'est Pearl Harbor. » À l'arrivée, l'article n'est d'ailleurs pas mal du tout, à l'image de Brad : riche de poésie et de suspense, long comme un roman policier dont elle serait la victime consentante. Au fond, c'est Brad qui a raison : « Suivez-moi, ouvrez bien les yeux, parlons de ce qui m'intéresse et vous trouverez tout ce que vous cherchez, en filigrane. » Au jeu du chat et de la souris, la technique est imparable. Très vite, c'est lui qui pose l'essentiel des questions en donnant la sincère impression de s'intéresser vraiment à ceux qui tentent désespérément de s'intéresser à lui.

Mais comme il sait qu'il a aussi évidemment besoin de la presse et qu'il a appris à bien se repérer, il se laisse un peu apprivoiser quand même par les meilleurs limiers de *Rolling Stone*, *Vanity Fair* ou de *Studio Magazine*, *french touch* oblige. Çà et là, de petites phrases, des traits d'humour qui lèvent un coin du voile. À force de recoupements, le filigrane devient plus précis, même si la réserve de Brad reste une forteresse difficilement pénétrable. Les propos qu'il tient en public lors des remises de récompenses – un must protocolaire du cinéma américain, auquel personne ne déroge – sont aussi des exercices de réflexion personnelle sincère sur sa conduite et ses attitudes. Impromptus, émaillés de saillies humoristiques, mais évocateurs de ses expériences personnelles, émouvants et pudiques ; ils tranchent sur les discours écrits à l'avance par des attachées de presse. Ainsi de ses remerciements pour l'Oscar d'*Il était une fois à Hollywood*, magnifiques d'élégance et de sensibilité au point d'émouvoir un parterre de *beautiful people*, surpris par l'irruption des sentiments dans une cérémonie au glamour très codifié, aseptisée et conventionnelle.

Mais il faudra finalement attendre les entretiens accordés depuis quelques années au magazine *GQ* pour démonter un peu mieux les ressorts de cette volonté farouche de ne laisser personne prendre barre sur lui. D'autant plus que les articles sont illustrés par des photos qui accusent le passage du temps, le désarroi qui s'installe. L'image, comme toujours, plus parlante que l'écrit. Lorsque les papillons noirs du chagrin et de la détresse auront impitoyablement exercé leurs ravages et qu'il tentera de les identifier pour les combattre. Pas des appels au secours, car ce n'est pas son genre, mais l'inventaire désenchanté de toutes ses erreurs et de ses déceptions en remontant de Miraval à Springfield.

Et pourtant, apparemment, tout va bien. Autour du lancement de *Bullet Train*, Brad déploie une activité frénétique. Il a l'air en pleine forme, joyeux, le sourire aux lèvres. Promotion du film réussie, les fans se sont mobilisés pour les avant-premières avec la ferveur des supporters de foot, au Grand Rex à Paris, au Zoo Palast à Berlin. Les Allemands ont eu droit à une cerise sur la *Linzertörte*: Brad est apparu en jupe de lin, pour le *fun* et à cause de la canicule. De quoi rendre jaloux les Londoniens effrontés, qui ont été gratifiés d'un aperçu éclair sur le tatouage au nombril. Intéressants, les tatouages, les fans en sont fous ! Il semblerait d'ailleurs qu'il s'agisse de sa date de naissance en écriture khmère, héritage des années Angelina qu'il n'a pas fait effacer comme les autres – aïe, aïe, ça doit faire mal ! –, ou bien de l'un de ses dictons favoris, « absurdités de l'existence » en français, ou encore du poème de Rumi : « Il existe un domaine, au-delà de toutes les notions de juste et d'injuste. Je vous retrouverai là-bas. » Non, celui-là est trop long, il faut au moins un biceps pour accueillir la traduction anglaise des pensées du Persan mystique. De toute façon, on s'y perd un peu entre tous les tatouages de Brad, ceux qu'il retire et ceux qu'il rajoute en fonction de ses états d'âme ; il faudrait vivre avec lui dans un climat d'intimité pour s'en faire une idée précise, ce qui n'est pas donné à tout le monde, n'est-ce pas. On sait seulement que ça se regarde comme un film très personnel mais qu'il n'en abuse pas non plus, laissant ce genre de performance hiéroglyphique à David Beckham.

Mais il n'y a pas que la vie d'acteur et la légende romancée des stars dans l'existence de Brad, comme il l'a souvent dit et redit, « juste une petite tranche sur le gâteau. » Ou, autrement : « Quand vous sentez que vous maîtrisez quelque chose, cela veut dire qu'il est temps d'aller vers une autre aventure. » D'où une avalanche de projets : mise en chantier de plusieurs films par Plan B Entertainment, la maison de production qu'il a fondée avec Jennifer Aniston et dont il détient désormais la majorité : *Minari*, *Ad Astra*, *Blonde*. Il suit chaque projet de très près. Construction de nouveaux studios d'enregistrement à Miraval avec Damien Quintard, coup de foudre réciproque, et jeune surdoué en mixage et en musique contemporaine ; lancement d'une marque de cosmétiques et de produits de beauté pour hommes pressés et qui ne perdent pas trop de temps à contempler le désastre du réveil devant le miroir de la salle de bains – un peu le matin, un peu le soir et boum-boum, on repart avec une peau qui retrouve éclat et fraîcheur – ; parfum discret et subtil pour celui qui est asphyxié par les relents d'eau de Cologne d'inconnus qui traînent dans les suites des meilleurs hôtels – ça s'appelle *Le Domaine* et utilise des enzymes tirés des vignes de Miraval, approbation médicale et scientifique garantie, pas encore de réaction de la part d'Angelina dans son cahier de doléances pourtant bien pourvu – ; stylisme d'une ligne de chemises et de pulls avec la créatrice Sad Haris, « *God's True Cashmere* », vendus dans une chaîne de grands magasins US haut de gamme ; multiples interventions télévisées et dans la presse pour vanter les qualités du *streetwear*, la mode décontractée qui n'interdit ni le raffinement ni la sophistication et laisse deviner que de bons petits contrats pourraient suivre. Mais le tourbillon professionnel n'est pas tout,

Brad voyage beaucoup : tournées des grands musées en Europe, incognito de préférence mais avec photo éventuelle en compagnie impromptue de Roselyne Bachelot au Centre Pompidou, devant les effigies monumentales de Giacometti, et autre visite approfondie de la Collection Pinault pour admirer les œuvres de Charles Ray et converser longuement avec le remarquable mécène ; déclarations sympathiques en tous genres sur de nombreux sujets d'actualité tournant autour de la dangereuse dérive droitière d'une partie de l'opinion publique, et déclaration d'amour parodique à George Clooney, bombardé le plus bel homme du monde après Paul Newman. Paris, Berlin, Saint-Tropez, Londres, Venise et Rome, il est passé par ici, il repassera par là, un vrai furet du 7e art. Plusieurs apparitions avec un beau mannequin inconnu, Emily Ratajkowski, portant à ébullition le taux d'adrénaline de la presse people, mais aussi retrouvailles fort affectueuses avec Jennifer Aniston et plus secrètes avec Marion Cotillard ; rumeurs, supputations et démentis invérifiables à la clé. Achat pour la coquette somme de cinquante millions de dollars d'un palais à la Citizen Kane en surplomb de l'océan Pacifique et grands projets de décoration en conséquence. Et poursuite, *of course*, du feuilleton des procédures juridiques très médiatisées pour répondre aux morsures de la tigresse Angelina, avatar superlatif de la gentille maman parfaite qui emmène ses enfants au théâtre, dans les grands magasins, aux cours de danse, aux premières de cinéma, à l'université, aux réseaux sociaux pour résumer.

Mais il arrive aussi que, à force de rouler trop vite, le train fantôme laisse échapper des courts-circuits.

En septembre 2022, Brad assiste au vernissage d'une exposition au Sara Hildén Art Museum de Tampere, « ville d'art et d'histoire » au cœur de la Finlande. On y expose les travaux du ténébreux rockeur australien Nick Cave, le blond peroxydé rencontré dans une séquence d'anthologie de *Johnny Suede* – c'était il y a trente ans et ils ne se sont plus quittés. Ainsi que les œuvres de Thomas Houseago, l'artiste britannique de réputation internationale qui s'est installé à Los Angeles et chez qui Brad s'est claquemuré à plusieurs reprises après sa rupture avec Angelina. Pour d'assez longues périodes où il s'est initié avec passion à la pratique de la céramique. Deux acolytes qui lui sont très attachés, et réciproquement. Ils l'ont invité à montrer neuf de ses propres sculptures à cette occasion et c'est une première. C'est du sérieux, Tampere : des lacs, des forêts, des usines, en septembre, on s'y prépare pour la longue nuit d'hiver. Pas vraiment le circuit des marchands d'art et des commissaires d'expo qu'on voit dans les revues branchées, mais le musée est très beau et reçoit des milliers de visiteurs par an, un peu lapons sur les bords. Idéal pour se faire reconnaître par des amateurs instruits et passer incognito des journalistes qui vous cherchent encore à l'hôtel Costes. On le savait architecte, menuisier, décorateur, ébéniste, collectionneur avisé d'art contemporain, mais on ignorait qu'il était aussi sculpteur. On découvre une fresque de la dimension de *Guernica* qui met en scène une fusillade et s'intitule *Aiming At You I Saw Me, But It Was Too Late This Time* (« En te visant toi je me suis vu, mais il était trop tard cette fois »), une petite maison rafistolée avec du ruban adhésif, des cercueils de silicone avec des débris divers sur lesquels il a tiré au revolver, des postures de corps humains travaillés par la souffrance et par l'effort. Version personnelle d'*arte povera* et artisanat de sa propre main, impression générale de violence, de solitude et de douleur. Brad est tout sourire pour les photos parues dans la presse avec ses potes, mais ses déclarations sont nettement moins iréniques. « Je fais partie de ces gens qui s'expriment au travers de l'art sous toutes ses formes. Je veux toujours créer, si je ne crée pas, c'est simple, je meurs. Ces œuvres sont nées d'une volonté de m'emparer de ce que j'appelle "un inventaire radical de moi-même". Une manière d'être brutalement honnête avec moi et de prendre en compte ceux que j'ai pu blesser ou les moments où j'ai fait fausse route. » Voilà, nous y sommes.

Brad est peut-être la star mondiale numéro 1, mais il est profondément insatisfait. Beaucoup trop honnête pour incriminer le destin que le sort lui a réservé, il est parfaitement conscient de posséder ce que des millions d'hommes rêvent d'acquérir : la fortune, la notoriété, la puissance, la capacité de séduire les plus belles femmes, mille chemins ouverts, et il peut aussi aligner une quantité impressionnante de réussites dans sa partie, le cinéma. Il éprouve pourtant le sentiment angoissant d'être enfermé dans une bulle de verre incassable et de vivre sa vie à côté de la vie tout court. Ses tentatives pour explorer d'autres formes d'expression artistique sont bien plus que des exutoires à son anxiété perpétuelle, elles lui offrent des compensations qui le portent, mais il est aussi enchaîné à la machine cinéma qui respire près de lui et le réclame dès qu'il essaye de s'en éloigner. « Mais la tristesse me suivait le long des canaux d'Amsterdam » :

on a vu qu'il peut disparaître pendant des semaines entières, comme il lui arrive aussi de ne pas pouvoir se lever et de rester enfermé dans sa chambre, chez lui ou chez un de ses meilleurs amis. Mais il n'est pas vraiment seul non plus.

Jacques est toujours près de lui, dans les parages. Ne demandez pas à Jacques ce qu'il pense de Brad. Jacques ne répondra jamais à une question aussi indiscrète, si vous essayez de tourner la question autrement pour savoir s'il a l'impression d'être aimé de Brad, il ne vous dira rien non plus, et vous regardera avec l'air désolé qu'il faut réserver aux imbéciles quand ils persévèrent avec leurs interrogations stupides. De toute façon, Jacques n'est pas très porté aux confidences, et les gens qui le voient avec Brad comprennent tout de suite. Savoir regarder, c'est savoir, il n'y a pas à sortir de là. Brad et Jacques sont amis pour la vie, c'est l'évidence. Malgré ce que semble indiquer son nom, Jacques n'est pas français mais plutôt anglais de pure souche. En revanche, il semblerait qu'ils se soient rencontrés pour la première fois en France, quand Brad a commencé à s'intéresser à Miraval. Jacques était très jeune mais il n'a pas fait d'histoires quand il a compris que leur vie ne serait pas très tranquille et qu'il lui faudrait partager Brad avec Angelina et une famille avec des bébés qui grandissent, faire tout un tas de voyages, prendre l'avion, dormir un peu n'importe où. Il n'a pas eu besoin que Brad lui tienne de grands discours ou lui fasse des serments, il a eu aussitôt confiance. Brad ne le laisserait jamais tomber et l'emmènerait partout. Pas partout, partout, et pas tout le temps, bien sûr, les grands acteurs arpentent la planète, c'est leur métier qui veut ça. Les circonstances les obligeraient parfois à se séparer mais pour quelques semaines tout au plus, où ils continueraient à penser très fort l'un à l'autre et qui augmenteraient encore leur joie de se retrouver. Et puis Jacques est discret, il se fiche de la célébrité, il ne tient pas particulièrement à ce qu'on le voie sur les photos dans les magazines. Il faut vivre dans l'intimité de Brad pour remarquer sa présence et pour admettre que, vivre dans l'intimité de Brad, c'est vivre dans l'intimité de Brad et de Jacques. Entre autres qualités, il faut bien reconnaître que la patience de Jacques est à toute épreuve, car Brad a eu des épisodes animaliers aigus qui pouvaient s'avérer éprouvants. La période des iguanes, par exemple. Au retour d'un tournage au Mexique – ne demandez pas pour quel film à Jacques, il ne va pratiquement jamais au cinéma –, Brad s'était entiché d'une famille d'iguanes. Les horribles lézards géants, près d'un mètre de long avec des écailles partout, se pavanaient autour de la piscine à Malibu et terrorisaient toute la maison. Leurs morsures pouvaient être très douloureuses et lentes à guérir, à cause de toutes les bactéries qu'ils transportaient dans leurs mâchoires pourries. Ils faisaient plus peur aux enfants que les dinosaures carnivores de *Jurassic Park*. Et Jacques, malgré tous les différends qu'il a pu avoir avec Angelina, lui rend grâce au moins sur ce point : elle a viré les iguanes qui se sont retrouvés au zoo de Los Angeles. Mais il y a eu aussi l'épisode des caméléons, qui prennent toutes les couleurs et que les enfants s'amusaient à placer sur du tissu écossais pour les rendre fous ; le corbeau qui récitait « *to be or not to be* » et qui s'est sans doute envolé chez des gens de théâtre ;

les piranhas qui s'entre-dévoraient et puis des flopées de clébards ramassés sur les routes, que Brad ne consentait à laisser repartir que pour qu'ils soient confiés à des gens qui s'en occuperaient bien. Des chats, aussi, mais ils ne sont jamais restés très longtemps, tout le tintouin de la maison les fatiguait, et puis ils sentaient bien que Jacques les méprisait et ne les aimerait jamais. Jacques n'a pas eu besoin de donner son avis au sujet de la séparation des couples de stars, mais il a montré en toutes circonstances sa solidarité totale avec Brad – ses crises de révolte et d'angoisse, son chagrin, ses difficultés à chasser les papillons noirs. Mais enfin, maintenant, il a Brad pour lui tout seul et il s'apprête à le suivre dans le manoir à quarante millions de dollars qu'il vient d'acheter à Carmel Highlands, sur une falaise en surplomb du Pacifique. Un site magnifique, une vue panoramique, l'œuvre d'un architecte inspiré du siècle dernier, comme Brad les aime. Il en rêvait depuis longtemps. Bon, Jacques s'en fiche un peu, de tout cela, ce qui lui importe, c'est que Brad soit content et qu'il puisse se tenir près de lui quand il répond à des interviews avec tous ces journalistes qui font mine de s'étonner de sa présence. D'ailleurs, Jacques dort, pendant les interviews, ses ronflements sonores s'entendent jusque sur les magnétos et les vidéos. Il pète aussi beaucoup et très fort quand il change de position dans son sommeil ou quand il se réveille, comme pour se mettre en train. Les journalistes regardent en l'air et ne savent pas quoi dire. La flatulence théâtrale, c'est un must dans la famille de Jacques. Ça ne gêne pas Brad, ça le fait rire, ça lui rappelle Springfield quand il était encore petit, avec un vieil oncle qui dormait avec lui dans sa chambre et qui avait des problèmes d'aérophagie, et aussi les virées entre copains dans les Ozarks. Jacques, le bulldog au cœur fidèle, a le parfum de Springfield, en somme, et chaque fois qu'il pète, Brad a l'impression de retrouver un peu de son enfance.

Brad est aimé de ses proches, il a de vrais amis et pas seulement des potes – David Fincher, Nick Cave, Thomas Houseago, George Clooney. Mais ça ne suffit pas, car il est difficile de le suivre dans le déroulement ultra-rapide de son existence encombrée d'obligations. Ordinairement distant quand il soupçonne qu'on voudrait profiter de lui, il se montre d'un accès facile et se lie gentiment avec les gens les plus divers dès qu'il y a un courant de sympathie. Et il lui arrive aussi très souvent d'échapper à l'attention de ses proches et de garder un œil sur la sortie de secours quand il craint d'être piégé par ses sentiments.

Les papillons noirs ont toujours été là, mais ils se sont tenus longtemps tranquilles. Très longtemps. Dès l'enfance de Brad, ils passaient furtivement et sans laisser de traces notables avant de se réfugier dans un repli de la vie familiale où l'on ne faisait pas attention à eux. Jane et Bill n'avaient pas remarqué leur présence. Les difficultés, apparemment sans gravité, qu'ils pouvaient rencontrer avec leur petit garçon, hyperactif mais si intelligent et si charmant, ne différaient pas pour eux de celles que connaissaient les autres familles qu'ils côtoyaient à Springfield. Entre les réunions de parents d'élèves, les compétitions sportives en milieu scolaire, les barbecues du dimanche avec les voisins et l'assistance régulière au temple anabaptiste, la vie réglée et tranquille de gens ordinaires de l'Amérique profonde se déroulait sans écarts. Et Brad lui-même était encore bien trop jeune pour identifier la cause des moments de détresse ou de rébellion qui le saisissaient soudain et qui passaient finalement à peu près inaperçus. Jane avait sans doute vaguement conscience de certaines particularités du caractère de Brad, avant même qu'il ne devienne adolescent, quand elle disait qu'il n'en faisait qu'à sa tête et qu'il irait sans doute très loin. Mais c'étaient les formules rituelles de beaucoup d'autres mères affectueusement préoccupées pour l'avenir d'un fils un peu trop turbulent pour son âge. Soupir naturel et fierté maternelle devant une personnalité qui s'affirmait rapidement, et puis « aller très loin » ne signifiait pas forcément que ce serait aller loin de Springfield. Pour Bill, c'était plus simple. Il avait réussi à assurer la vie de sa famille en mouillant sa chemise, et ce gosse qui donnait l'impression de savoir ce qu'il voulait et ce qu'il ne voulait pas lui ressemblait. Il confortait son propre modèle de la virilité. Il se réjouissait de le sentir aussi aventureux et curieux de tout quand il l'emmenait dans une de ses tournées en camion ou pour une longue balade dans les Ozarks. Il suffisait de fixer des limites à ses accès de colère, comme dans l'épisode de la raquette jetée par terre, et de lui donner des exemples de moralité pratique pour contenir ses pulsions émancipatrices. Bill avait confiance en son fils et ne s'inquiétait pas pour lui. Beaucoup d'enfants se sentent incompris et se construisent ensuite tant bien que mal. Ils pardonnent parfois à leurs parents. Brad était seul et il n'avait pas l'intention de le leur reprocher : une chance inespérée pour les papillons noirs qui apprécient les impasses obscures.

Il faut peut-être repréciser : tout le monde s'aime chez les Pitt, et ils se sont toujours aimés. Brad est proche de ses parents. Il va les voir régulièrement ; ils se téléphonent et se retrouvent fréquemment. Brad dit souvent qu'il leur sera toujours reconnaissant d'avoir offert à leurs enfants un foyer protecteur, gai et chaleureux, ainsi que des principes d'éducation dont il a la nostalgie, à tel point qu'il a tenté de le reconstruire avec Angelina, hélas, en vain. Les photos parues dans la presse où ils apparaissent ensemble montrent une famille unie. Et d'ailleurs, c'est fou comme ils se ressemblent. Bill et Jane ont le physique de leur âge et de leur milieu, Bill a peut-être un peu de mal à porter un smoking et à le fermer, et Jane arbore sans complexe ses cheveux gris, mais ils sont beaux et il est difficile de déterminer la part de chacun dont Brad a hérité. Douglas, le second fils, est quasiment le sosie de son aîné, une photocopie couleur, seulement un peu délavée par la vie de province et une *square attitude* sans surprise. Quant à Julie Neal, la petite sœur, c'est la mère de famille épanouie des feuilletons télé, à la joliesse agréable mais au sex-appeal en demi-teinte. Douglas et Julie sont restés à Springfield, apparemment épargnés par Tennessee Williams et consacrant beaucoup de leur temps à des causes humanitaires. Il y a pourtant des sujets qui fâchent. Les films de Brad, sa vie privée, les tartines plus ou moins crapoteuses dans la presse people choquent Jane et Bill, mais ils sont officiellement solidaires de leur fils et opposent toujours le même sourire sans faille aux questions des journalistes. On devine qu'ils n'en pensent pas moins au travers de quelques rares réflexions amusées de Brad, et on sait que Jane n'hésite pas à donner des avis plutôt conservateurs sur des questions de société qui ne reflètent pas les opinions de son fils, mais c'est toujours avancé très gentiment et ça ne va pas très loin. Le fait est qu'elle a renoncé depuis longtemps à le contrer ailleurs qu'à la maison, quand ils se réunissent, et qu'elle irait le rechercher jusqu'en enfer s'il le fallait. Sort très partagé dans les familles où l'on a décidé une fois pour toutes de ne pas se faire de mal, puisque pour chaque faute il y a miséricorde.

Ils se parlent beaucoup mais ils n'entendent pas ce qu'ils se disent. Aveu récent de Brad : « Enfant, je me débattais avec des problèmes que je n'osais pas aborder, je posais plein de questions auxquelles on ne me répondait pas. Le gentil gamin au sourire d'ange était un sale gosse qui testait tout le temps les limites et qui infligeait des blessures à ses parents et à son frère, sans qu'ils sachent comment les prévenir et s'en défendre. Je me vengeais de quelque chose, je ne sais pas de quoi, je sentais leur inquiétude mais cela n'apaisait pas la mienne. » D'où les heures passées au drive-in à s'enfiler un film après l'autre, les équipées en solitaire dans les Ozarks, la fuite de l'université à la veille du diplôme, le brusque refus d'emprunter la route que l'on avait tracée pour lui, l'aventure de tenter sa chance à Hollywood, l'exact contraire de Springfield. « Je détestais tous ces profs suffisants qui voulaient m'enseigner des choses qui ne m'intéressaient plus, la compétition infernale pour attraper des filles qui ne pensaient déjà qu'à se caser, cet avenir sans espoir auquel j'étais condamné. » Il n'avait pas encore identifié les papillons noirs, en ce temps-là, et il avait encore moins perçu qu'il ne les identifierait peut-être jamais. Il sentait seulement leur présence obscure et obsédante. Mais il avait encore l'entrain et les illusions de sa jeunesse. Tout le monde a ses moments de cafard, n'est-ce pas ? Ensuite, le succès, la célébrité, les amours lui donnèrent l'impression d'avoir triomphé de ses angoisses. Les rôles de ses films avec leurs identités différentes, les états de rébellion, de transgression et de violence qu'ils lui faisaient endosser lui ouvrirent des chemins où il pensa pouvoir les perdre. Mais les papillons noirs n'ont jamais lâché prise. Ils sont devenus de plus en plus nombreux, de plus en plus pressants. Brad a cru durant des années que sa beauté physique et son sex-appeal étaient la cause de leur acharnement. Le salaire du diable prélevé sans pitié. Mais il s'agissait de données objectives irréfutables qui avaient largement favorisé son ascension, ils lui étaient nécessaires et il savait en jouer. Ils constituaient aussi un fardeau qui lui pesait et dont il n'arrivait pas à s'extraire. Il les prenait pour un mensonge, il les considéra bientôt comme une malédiction. Puisqu'on le prenait, selon lui, seulement pour un objet sexuel, il en vint à douter de son talent d'acteur. « Je ne suis pas un bon acteur. Juste quelqu'un qui essaye de faire passer quelque chose, mais je ne suis pas du tout sûr d'y parvenir. » Il ne pouvait s'en défaire, il multiplia les apparences pour qu'on le regarde autrement, les comportements excessifs entre les filles qui ne disaient jamais non, les joints, l'alcool. Beaucoup de filles, de joints et d'alcool. Mais la beauté et le sex-appeal demeuraient intacts, et les subterfuges ne suffisaient pas à le rassurer. Une conduite d'autant plus absurde que les films avaient très vite commencé à s'intéresser surtout à sa présence et à son talent, et que son succès grandissait encore. « J'aurais voulu changer de nom, devenir un autre et disparaître. » Peine perdue, il aimait trop le cinéma et mener un autre combat, celui de maîtriser sa carrière. Ça, au moins, c'était tangible, et ça valait la peine de s'accrocher encore. Dépressif, le nouveau roi de Hollywood ? Mais non, il a des hauts et des bas comme tout le monde, vous n'y pensez pas, c'est un artiste, les passages à vide lui servent à nourrir ses rôles. Brad apprit à donner le change. Il rencontra Jennifer, puis Angelina, il eut le sentiment d'aller mieux. Les papillons noirs s'étaient envolés ailleurs.

Ils ne sont pas partis très loin et ne vont pas tarder à revenir. Mais il existe un filet pour les empêcher de passer : Angelina, qui ne supporte pas ses moments d'absence ou d'angoisse, son addiction à l'alcool, ses manières rustiques et ses plaisanteries entre potes. « Je suis un gars des Ozarks, je n'ai pas fait la Juilliard School. » Les enfants qui l'enchantent par leur effronterie et des questions qu'il n'osait jamais poser lorsqu'il était encore gamin à Springfield. « On n'imagine pas ce que les enfants nous apprennent, avant d'en avoir. » Miraval comme un refuge inespéré de paix et de réflexion comparé à la vie sous pression, au cynisme et à la brutalité à Hollywood – « Je me souviens de plusieurs étapes sur la route où je n'en pouvais plus d'être moi-même. » Brad s'accroche alors à son rêve de toujours, celui d'une famille solide, avec des enfants remuants et heureux dont il est le père affectueux et attentionné, avec une femme princesse du cinéma, intelligente et belle, dont il est amoureux. Elle lui tient la dragée haute et il a le sentiment de devoir la conquérir chaque nouveau jour. Disputes, éclats et tourments. « Il n'y a pas d'amour sans risque de le perdre », des choses que l'on dit en pensant que ça n'arrivera jamais. Il faut assurer le grand train de vie de tous, les écoles, les voyages, les nounous, la sécurité ; maintenir son statut au sommet de l'industrie du cinéma ; protéger l'image d'un couple presque comme les autres malgré un style d'existence extraordinaire. Mais Brad se refuse à admettre les fêlures qui menacent une construction pour laquelle il redouble d'efforts. L'échec de *Vue sur mer*, le film raté, réalisé par Angelina et produit par lui, évoque pourtant amèrement une mésentente grandissante et une atmosphère de crise où les mots et les actes pour la conjurer tombent dans le vide. Finalement, la rupture avec Angelina, la destruction radicale de la vie familiale, le feuilleton ultra-médiatisé du divorce avec son cortège de griefs réciproques, de détails pénibles à entendre et de rebondissements judiciaires, le laissent seul et désemparé. La brisure est totale, la violence du choc pourrait tout emporter : les raisons de son existence, sa raison même. Il se sent si mal qu'il se confie. Il est bien celui qui ne parle pas et sur qui sont braqués tous les regards, à tel point qu'il en vient à prendre enfin la parole. Il tente de comprendre ce qui n'a pas marché. Il se fait un tas de reproches : « Je dis souvent la chose qu'il ne faut pas dire au mauvais moment et au mauvais endroit. » Ou autrement : « M'isoler des autres, c'est un problème, je dois apprendre à être accessible. » Ou, pire encore : « Je suis un assassin, je suis un amoureux. Je suis capable d'une grande empathie et de me laisser aller à la mesquinerie. » Les anciennes blessures ressortent, elles n'ont pas fait oublier les désenchantements de l'enfance : « La célébrité, c'est comme être une gazelle au milieu de la prairie. Les tigres ne sont pas loin dans l'herbe. Elle a perdu son troupeau. » La lucidité est inutile, elle ne permet pas de surmonter la détresse : « J'ai toujours su quand j'étais en train d'essayer d'éviter quelque chose. » Et pourtant, d'être au fond du gouffre ne l'empêche pas de vouloir encore réagir : « Hier, j'étais intelligent et je voulais changer le monde. Aujourd'hui, je suis sage, et je me change moi-même. » Avec une lueur d'espoir au bout du tunnel : « Quand tu vieillis, tes succès et tes échecs ne ressemblent plus tant que ça à des succès et à des échecs. Ce qui finit par compter le plus, c'est avec qui et comment tu passes ton temps. »

Oui, mais avec qui reconstruire sa vie après Angelina ? En attendant de trouver la réponse, suractivité, retour au cinéma, optimisme et rigolades forcenés de *Bullet Train*. Il a renoncé aux groupes de remise en forme et de soutien psychologique qui pullulent en Californie, après de mauvaises expériences de fuites et d'écrits indiscrets dans la presse, dans le genre : « Venez nous rejoindre, vous irez mieux, faites comme Brad Pitt qui est parmi nous ! » Mais il a entamé une troisième psychanalyse qui semble être la bonne après deux tentatives dont le langage inclusif et l'atmosphère pesante l'ont rebuté. Il reconnaît que c'est intéressant et que ça lui est utile ; il se refuse à en dire plus. Le cinéma est peut-être la seule thérapie possible. Mais il y a aussi ce rêve qu'il fait souvent : des inconnus, que des types, le poursuivent avec un couteau pour le tuer. Ils se rapprochent, ils le touchent presque mais il court plus vite, il leur échappe, et alors il se réveille. Le psy est à son affaire : des mecs agressifs, un couteau, il y a un fantasme gay quelque part, un traumatisme d'enfance, sans doute. Mais non, Brad a beau chercher dans sa mémoire, il ne trouve rien. On en reste là. Il a cessé de fumer mais ne précise pas si la disparition totale des joints est incluse dans le programme. Il a surtout arrêté l'alcool alors qu'il buvait depuis l'adolescence et les bitures carabinées des *happy hours* et *night parties* à l'université. Il en était arrivé au point qu'il restait quand même maître de lui quand « un Russe aurait roulé sous la table ». On ne sait pas s'il goûte tout de même ses excellents vins de Miraval, qui connaissent un succès formidable et que l'on sert aux banquets des Oscars.

Ainsi va le Brad d'aujourd'hui. Solitaire et entouré, triste à en mourir à certains moments et si gai à d'autres qu'on n'y comprend plus rien, rendant coup pour coup dans la lutte féroce de son divorce et restant aussi discret qu'il lui est possible de l'être sur les péripéties de la bataille, toujours aussi beau mais sans craindre de montrer qu'il vieillit, suractif et inerte, sympathique et secret, fiable et méfiant, fidèle et inconstant. Comment s'y retrouver ? Quand on sait qu'il n'est pas non plus bipolaire ou pervers dans ses relations avec les êtres, mais qu'il souffrirait de prosopagnosie, cette affection qui fait que l'on ne reconnaît pas des gens que l'on a rencontrés et bien connus. Oui, comment savoir où il se trouve vraiment ?

Les reportages récents du magazine *GQ*, qui a réussi à gagner sa confiance et l'a fait sortir de sa réserve, brouillent encore un peu plus les pistes. Sous prétexte de lui faire présenter une mode masculine « très tendance », façon *streetwear* sophistiqué, les photos de Ryan McGinley et d'Elizaveta Porodina paraissent en fait à l'opposé de leur raison d'être en montrant un homme las, déchiré, inquiet et habité par une profonde tristesse. Impression encore accentuée parce qu'elles sont belles, inspirées par le goût très sûr et la noblesse de leur modèle. Il semble d'ailleurs que les marques de vêtements n'y ont pas vu d'inconvénient puisque les campagnes, certainement très compliquées à organiser, se sont succédé en continuant à exprimer la même tristesse dramatique et indéchiffrable. La première série le suit dans les paysages grandioses de plusieurs parcs naturels, le gamin solitaire qui se perdait volontairement dans les Ozarks est de retour, mais c'est un homme encore très seul qui cherche toujours son chemin. La dernière série en date est franchement sinistre : Brad s'y met en scène en jouant avec des feux de Bengale, des ombres, des réflecteurs qui brouillent son apparence, dissimulent en partie son visage, et pourraient faire croire que cet homme étendu n'est plus en vie, terrassé par un mal irrémédiable et secret. Mais il y a encore d'autres images qui vont plus loin dans l'abandon, et l'expression d'un chagrin qui ne s'avouerait pas comme tel, celles des films qui ont accompagné les séances photo. Brad errant dans une forêt aux arbres immenses, Brad courant au milieu d'une jungle de roseaux effilés, Brad se laissant rouler au creux d'une abrupte carrière de sable comme s'il glissait vers un insondable tombeau. Impossible de penser qu'il n'a pas voulu ces effets inquiétants où l'on ne sait placer le curseur entre la dépression sévère et une provocation de narcissisme encore adolescent. Joue-t-il à se faire peur ou exprime-t-il l'état de ses sentiments profonds ? À rapprocher de la tenace sensation de mélancolie d'*Il était une fois à*

Hollywood, de son ami Tarantino qui le connaît sans doute mieux que personne, et des séances de rigolade débridée pour la promotion de *Bullet Train* ou ces taquineries charmantes échangées avec des petites journalistes toutes contentes sur le tapis rouge d'une première au Chinese Theatre.

On peut mettre une pièce de plus dans le juke-box de la déprime en constatant qu'il a produit *Blonde*, le film d'Andrew Dominik d'après Joyce Carol Oates, qui évoque la vie de Marilyn Monroe. Tout un programme pour commander un stock de Valium à la pharmacie la plus proche. Brad admire le rugueux Australien depuis qu'il a vu son premier long-métrage en 2000, *Chopper*, histoire pas très charmante mais superbement contée d'un criminel devenu écrivain à succès. Si vous cherchez Doris Day dans la chambre d'Andrew Dominik, il est probable que le concierge de l'hôtel se soit trompé de clé : le monde d'Andrew Dominik, une sorte de brute à demi-sourde au regard de feu et à l'intelligence acérée, est sombre et cruel quoique traversé d'éclairs d'humanité bouleversants. À côté de lui, Maurice Pialat, c'est Bernadette Soubirous. Un petit rappel : Brad n'a eu de cesse de tourner avec lui après l'avoir découvert : *L'Assassinat de Jesse James par le lâche Robert Ford* en 2007, qu'il considère comme son meilleur film bien qu'il n'ait pas du tout marché, et *Cogan* cinq ans plus tard, une histoire de gangsters au budget modeste qui a fait un meilleur score au box-office. Chaque fois, critique enthousiaste, appui définitif de Brad sans améliorer pour autant la réputation plutôt raide d'un réalisateur au caractère intraitable. Mais la fidélité de Brad est également intraitable, comme la confiance qui les attache l'un et l'autre à Nick Cave, coauteur de la musique de *Blonde*. Amitié, confiance, liens indestructibles dans ce trio infernal où Brad est certainement à la fois le plus avenant et le plus habile à trouver de l'argent comme à fourrer Netflix dans la corbeille de mariage. Le résultat est extraordinaire et terrible. Extraordinaire pour l'interprétation d'Ana de Armas, la semi-inconnue cubaine qui incarne Marilyn, extraordinaire pour la force du scénario et la maîtrise époustouflante de la mise en scène. Terrible par la noirceur, terrible par l'atmosphère poisseuse de cruauté et de désespoir qui colle au destin de l'inoubliable blonde. Le film d'un réalisateur de génie surgi des ténèbres ou d'un illuminé dont la générosité a été meurtrie et dévastée sans recours. En tout cas, bel et bien produit par Brad, envers et contre toutes les difficultés suscitées par l'exigence d'Andrew Dominik, terreur absolue des bureaucrates des studios. Bagarres à tous les stades du tournage, du montage, de la présentation du film au Festival de Venise, dans la presse américaine tétanisée par les ravages du typhon #metoo et Brad toujours calme au côté de celui qui a fait lever la tempête. De là à vouloir faire se rejoindre le destin fracassé de Marilyn Monroe, victime expiatoire de tous les vices de Hollywood, et l'état des sentiments de Brad vis-à-vis de l'industrie du cinéma et du cannibalisme des médias, il n'y a pas beaucoup de distance à parcourir. *Blonde*, c'est l'anti-*Bullet Train*, ou seulement l'autre versant d'une montagne infranchissable. Où se situe la vérité de Brad, et le sait-il lui-même ?

Et si l'on s'obstine encore à chercher, il reste une clé au fond de l'Eastpak, « Unconditional », le tube d'Arcade

Fire, comme une poésie d'enfance qu'il écoute en boucle, paraît-il :

« […] Lookout, kid, trust your mind
But you can't trust it everytime
You know it plays tricks on you
And it don't give a damn if you are happy or you're sad
But if you lost it, don't feel bad
Cause it's allright to be sad. »

« […] Attention, mon garçon, fais confiance à ton esprit,
Mais tu ne peux pas lui faire confiance tout le temps,
Tu sais qu'il te joue des tours,
Et il s'en fiche si tu es heureux ou si tu es triste
Mais, si tu l'as perdu, ne te sens pas triste,
Parce que c'est aussi bien d'être triste. »

« *Getting old is not for sissies.* » – Bette Davis (« Vieillir, ce n'est pas pour les poules mouillées. »)

Remerciements

Ce livre n'aurait pu être écrit sans l'amitié fervente d'Olivier Minne, les excellents conseils de Jean-Pierre Lavoignat, les chaleureux souvenirs de Jean-Jacques Annaud et d'Oliviero Toscani. Parmi les connaissances de Brad, amicales ou professionnelles, que soient également remerciés très sincèrement celles et ceux qui ont bien voulu me parler de lui avec affection mais dont j'ai promis de respecter l'anonymat. Enfin, dans l'abondante bibliographie que l'on peut rassembler à son sujet, une mention particulière doit saluer les livres de Brian J. Robb, *Brad Pitt, the Rise to Stardom* ; de Christopher Schaberg et Robert Bennett, *Deconstructing Brad Pitt*; de Toby A. Welch, *Brad Pitt on Love, Movies and Life*. Enfin, on se reportera avec beaucoup d'intérêt aux numéros spéciaux de *Rolling Stone*, de *Vanity Fair* et de *GQ* qui lui ont été consacrés.

TABLE

Crédits photographiques

Page 44 : *Thelma et Louise*, MGM — Page 65 : D.R. — Page 115 : D.R. — Page 177 : *The Tree of life*, Cottonwood Pictures — Page 232 : *Mr. et Mrs. Smith*, Regency Enterprises/Summit Entertainment — Page 266 : © Dana Edelson /NBC / Everett Collection / Bridgeman Images — Page 282 : D.R. — Page 326 : Photo12/ABC/Jennifer Graylock/PA Images

Mise en pages
Sylvie Denis

Achevé d'imprimer sur Roto-Page
par l'Imprimerie Floch à Mayenne
en mars 2023

Dépôt légal : avril 2023
N° d'édition : 4991/01 – N° d'impression : 102299

Imprimé en France